- 江苏省高校自然科学研究重大项目(项目编号:12KJA630001)
- 江苏省高校优势学科建设工程(审计科学与技术)

信息系统绩效评价与审计

张金城　李庭燎　沈静秋　编著

东南大学出版社
·南京·

内 容 提 要

本书以信息化环境下的审计理论与应用为导向，以信息系统绩效评价与审计为着眼点，在介绍绩效、绩效审计、信息、信息系统等相关概念的基础上，对信息系统绩效评价的基础体系进行阐释；引导读者建立评价信息系统绩效的若干视角，帮助读者明确绩效审计研究目标、内容和方法，并思考绩效审计成果应用领域和价值；以当今世界关于信息系统控制与审计的主要标准 COBIT 框架为依据，构建信息系统绩效评价与审计的指标体系，并采用 IT 平衡记分卡对 IT 过程目标的指标进行分解与度量，在此基础上，根据评价目的和特征的不同介绍不同的评价方法，为读者提供评价信息系统绩效的具体指导；最后本书还提供了信息系统绩效评价与审计的具体事项、案例以及相关标准与法规供读者参考。

本书适合高等院校审计学、信息管理学等相关专业的教学科研人员阅读，也可作为相关专业本科生和研究生教材，并可供审计实务工作者阅读参考。

图书在版编目(CIP)数据

信息系统绩效评价与审计/张金城等编著. —南京：东南大学出版社，2014.5

ISBN 978-7-5641-4056-4

Ⅰ.①信… Ⅱ.①张… Ⅲ.①信息系统-经济绩效-经济评价 ②信息系统-审计 Ⅳ.①G202 ②F239.6

中国版本图书馆 CIP 数据核字(2014)第 034375 号

信息系统绩效评价与审计

编　　著	张金城　李庭燎　沈静秋
责任编辑	宋华莉
编辑邮箱	52145104@qq.com
出版发行	东南大学出版社
出 版 人	江建中
社　　址	南京市四牌楼 2 号(邮编：210096)
网　　址	http://www.seupress.com
电子邮箱	press@seupress.com
印　　刷	江苏省南通印刷总厂有限公司
开　　本	700 mm×1 000 mm　1/16
印　　张	17
字　　数	318 千字
版　　次	2014 年 5 月第 1 版　2014 年 5 月第 1 次印刷
书　　号	ISBN 978-7-5641-4056-4
定　　价	36.00 元
经　　销	全国各地新华书店
发行热线	025-83790519　83791830

(本社图书若有印装质量问题，请直接与营销部联系，电话：025-83791830)

前　言

随着信息技术的普及和信息系统的广泛使用,信息系统的绩效越来越受到人们的关注。对信息系统的绩效进行评价与审计已成为各级审计部门重要的审计内容。有效的信息系统绩效评价与审计体系能够服务于组织IT管理,能够帮助组织对信息系统进行合理的战略定位,并在信息系统项目的立项、可行性研究、招投标、系统规划、技术选行、项目验收等阶段给出有力的决策依据,能够综合权衡财务上的实施可能性、应用方面的合理性和有效性,并能够通过持续的评价与审计进行有效的过程控制,从而对信息系统投资实施持续的过程管理和评价,保障信息系统投资的实际投放和效益反馈。

为了适应审计等相关行业的实际工作和信息系统审计相关的理论研究人员的需要,笔者编著了这本《信息系统绩效评价与审计》。本书在写作过程中,注意吸收和参考先进国家信息系统绩效评价与审计的基本理论和技术方法,并结合我国IT应用和信息系统绩效评价与审计发展的实际情况以及作者多年的研究成果,在内容上力求兼顾先进性和实用性,做到理论、方法与应用的有机结合。

本书共分7章,第1章论述了绩效与绩效审计、信息与信息系统、信息系统审计、信息系统绩效审计等基本知识;第2章论述了以战略实施、管理控制和项目管理为基础的信息系统的绩效评价体系;第3章从系统收益观、用户满意度观、系统质量观、系统应用观四种评价视角对信息系统绩效评价进行了论述;第4章论述了如何基于COBIT框架构建信息系统绩效评价与审计的指标体系;第5章论述了层次分析法、模糊综合评价法、主成分分析法等几种典型的信息系统绩效评价与审计方法;第6章论述了信息系统总体、管理决策支持能力、信息资源共享能力、经济业务协同能力、系统建设发展能力、信息系统贡献能力等信息系统绩效评价与审计的具体事项;第7章论述和分析了国内外信息系统绩效评价与审计的若干案例。

本书的撰写得到了江苏省高校自然科学研究重大项目（项目编号：12KJA630001）和江苏省高校优势学科建设工程（审计科学与技术）等项目的支持，在此表示感谢！

本书的编写过程中，褚宗明、郑毅、刁品庆、陈晓红等江苏省审计厅的领导和专家提出了宝贵意见并提供了有关素材，在此一并表示感谢！

由于信息技术的突飞猛进，信息系统绩效评价与审计涉及的知识范围的广泛性，书中难免会有错误和不当之处，恳请广大读者予以指正。

作　者

2013.12.18

目 录

第1章　信息系统绩效评价与审计概述 ·· 1
　1.1　绩效与绩效审计 ··· 1
　1.2　信息与信息系统 ··· 4
　1.3　信息系统审计 ··· 17
　1.4　信息系统绩效审计 ··· 27

第2章　信息系统绩效评价体系 ··· 34
　2.1　信息系统绩效评价体系概述 ··· 34
　2.2　战略实施为基础的评价 ·· 35
　2.3　管理控制为基础的评价 ·· 43
　2.4　项目管理为基础的评价 ·· 48

第3章　信息系统绩效评价的若干视角 ··· 59
　3.1　信息系统收益观点 ··· 59
　3.2　用户满意度观点 ··· 69
　3.3　信息系统质量观点 ··· 83
　3.4　信息系统应用观点 ··· 104

第4章　基于COBIT的信息系统绩效评价与审计 ···························· 107
　4.1　COBIT框架概述 ·· 107
　4.2　运用COBIT进行信息系统绩效评价与审计的意义 ················· 114
　4.3　基于COBIT的信息系统绩效评价与审计过程 ······················· 115
　4.4　平衡记分卡的IT环境拓展 ·· 127

第5章 信息系统绩效评价与审计方法 ······ 139
- 5.1 层次分析法 ······ 139
- 5.2 模糊综合评价法 ······ 154
- 5.3 主成分分析法 ······ 160

第6章 信息系统绩效评价与审计的具体事项 ······ 163
- 6.1 信息系统总体绩效评价与审计 ······ 163
- 6.2 管理决策支持能力的绩效评价与审计 ······ 167
- 6.3 信息资源共享能力的绩效评价与审计 ······ 170
- 6.4 经济业务协同能力的绩效评价与审计 ······ 173
- 6.5 系统建设发展能力的绩效评价与审计 ······ 176
- 6.6 信息系统贡献能力的绩效评价与审计 ······ 181

第7章 信息系统绩效评价与审计案例 ······ 186
- 7.1 案例1 英国国家审计署对政府税务部门IT系统的审计 ······ 186
- 7.2 案例2 某湖流域污染源在线监控系统投入绩效审计案例 ······ 189
- 7.3 案例3 某市中医医院经营管理绩效及信息系统审计案例 ······ 200
- 7.4 案例4 某市审计局关于某市政府部门信息化项目专项调查及绩效审计结果报告 ······ 213
- 7.5 案例5 某市建设工程招投标信息系统绩效审计实施方案 ······ 216
- 7.6 案例6 某公司信息系统审计项目报告 ······ 230

参考文献 ······ 240

附录 信息系统绩效评价与审计的相关标准和法规 ······ 252

第 1 章

信息系统绩效评价与审计概述

> 随着信息技术的普及和信息系统的广泛使用,信息系统的绩效越来越受到人们的关注。对信息系统的绩效进行评价与审计已成为各级审计部门重要的审计内容之一。本章主要论述绩效与绩效审计、系统与信息系统、信息系统审计、信息系统绩效审计等基本知识。

1.1 绩效与绩效审计

1.1.1 绩效的概念

绩效(效益)问题是人类有史以来就存在的问题,任何社会都力求以最小的投入获得最大的产出,人类社会的历史就是劳动生产力和经济效益不断提高的历史。古典经济学家亚当·斯密(Adam Smith,1723—1790)在其《国富论》中提出的"经济人"或"理性人"实际上就是一种效益观,认为每个人都力图使用自己的资本来使其生产的产品价值最大化。英国著名经济学家李嘉图(David Ricardo,1772—1823)也有过类似的描述:"真正的财富在于用尽量少的价值创造出尽量多的使用价值。换句话说,就是在尽量少的劳动时间里创造出尽量多的物质财富。"马克思和恩格斯用更简明的语言把商品经济中的经济效益概括为"生产费用对效用的关系",即这种物品的效用是否能抵偿生产费用的问题,一般用于解决某种物品是否应该生产的问题。近代经济学家则从不同的角度把经济效益概括为"投入与产出的比较"、"所费与所得的比较"等,并具体化为"以最小的耗费取得最大的效果"、"用尽可能节省的劳动耗费生产尽可能多和尽可能好的社会产品"等。西方经济学认为,这种假设的"理性人"或"经济人",在社会经济活动中面临着将有限的生产要素用于生产什么以及利用有限的收入来消费什么的选择问题,这种选择的标准就是要取得利润最大化。福利经济学代表人物帕累托(Vilfredo Pareto,1848—1923)提出帕累托最优标准(即一项方案的改变在保证不使任何一个人福利水平减少的情况下,其他人的社会福利也不会增加,那么这种资源配置状态就达到帕累托最优状态),满足帕累托最优状态就是具有经济效率的。

  绩效,从管理学的角度看,是组织期望的结果,是组织为实现其目标而展现在不同层面上的有效输出,它包括个人绩效和组织绩效两个方面。组织绩效的实现应在个人绩效实现的基础上,但是个人绩效的实现并不一定保证组织是有绩效的。如果组织的绩效按一定的逻辑关系被层层分解到每一个工作岗位以及每一个人的时候,只要每一个人都达成了组织的要求,组织的绩效就实现了。从字面意思分析,绩效是"绩"与"效"的组合。"绩"就是业绩,包括两部分:目标管理和职责要求。组织要有组织的目标要求,个人要有个人的目标要求,实现目标或者超额完成目标可以给予奖励,比如奖金、提成、效益工资等,目标管理能保证组织向着希望的方向前进;职责要求就是对员工日常工作的要求,比如业务员要完成销售目标、新客户开发、市场分析报告等工作,对这些职责工作应有要求,其体现形式就是工资。"效"就是效率、效果、态度、品行、行为、方法、方式等。"效"是一种行为,体现的是组织的管理成熟度目标。"效"包括纪律和品行两方面,纪律包括组织的规章制度、规范等,纪律严明的员工可以得到荣誉和肯定,比如表彰、奖状、奖杯等;品行指个人的行为,"小用看业绩,大用看品行",只有业绩突出且品行优秀的人员才能够得到晋升和重用。

  《世界审计组织效益审计指南》中关于"效益审计和两个基本问题"指出:"所有的政府项目或事业以及它们所产生的大多数工作过程至少可以在理论上通过一个公式得到分析,该公式所描述的是如何通过某种手段从一个阶段转移到另一个阶段,以实现具体的目标。"在绩效审计中,经常通过回答以下两个基本问题来做到这一点:

- 是否在以正确的方式行事?
- 是否做了正确的事情?

  第一个问题主要针对"生产者",大概含义是:政策决策是否得到恰当执行。此问题经常与合规性目的有关,即审计师需要知道行政部门是否遵守了有关的规则和要求。为了扩大分析,该问题应该延伸包括所开展的活动是否被认为是最恰当的,这里的前提是所做的事情是正确的。至此,绩效审计主要关注的是运作的经济性或效率性。

  第二个问题是否做了正确的事情,所制定的政策是否得到了恰当执行,是否应用了充分的手段来达到有关目的。此问题所针对的是社会影响或社会效果。所谓的投入-产出模式是说明这些联系的另一种手段。该模式假设了以下流程:事业-投入-行动生产-产出-成果。产出可以被视作投入和为实现具体目标而采取的行动的综合结果。经济性与资源有关,效率性与生产和输出有关,而效果性则与成果有关。效果是收支相抵后的有效成果,效果和效益是同一概念;是政府或企业战略方向性问题。而效率是措施、技术方法性问题,是表明用什么方法来做事的问题,用正确方法做事则效率高,用错误的方法则效率低。在国民经济中,那种投资大、产值大、速度快而使产品积压、国家积累减少和人民生活水平降低的情况,即属于效率高、效果坏的例子。科学发展观要求方向正确、做正确的事,正确地做事,做对社会、人民、单位有利益的事,做有效果的事。因此,经济性、效率性和效果性是一致的,三者构成绩效或效益概念的内涵。

1.1.2 绩效审计的概念

绩效审计有多种定义,20世纪70年代美国率先提出"3E"审计(经济性、效率性和效果性审计)。英国和加拿大称现金价值审计,德国称效率审计,瑞典称效果审计,荷兰称效益审计,在其他国家多称为绩效审计。最高审计机关国际组织1986年在澳大利亚会议上建议采用绩效审计的称谓。然而,尽管各国对绩效审计的定义不尽相同,绩效审计的实践也是大相径庭,但是对它主要方面的理解却是惊人的一致,定义几乎都围绕着"3E"展开。常见的关于绩效审计的定义有:

(1) 美国审计总署(General Accounting Office,简称GAO,2004年之前译为总会计办公室;2004年7月更名为Government Accountability Office,简称仍为GAO,译为政府责任办公室),1972年第一号《政府审计准则》率先以法定形式将经济性、效率性、效果性审计纳入政府审计范围,将政府绩效审计称为"3E"审计。即经济审计(Economy Audit)、效率审计(Efficiency Audit)、效果审计(Effectiveness Audit),前两者主要审核各项经济资源的利用是否节约、是否合理及各项经济活动是否有效率,后者,主要审核项目或方案的预期效果能否实现。目前,开展较多的是经济和效率审计,效果审计尚处于发展阶段。

(2) 最高审计机关国际组织在其《审计准则》中,明确将经济性、效率性和效果性审计称作绩效审计,包括:①根据健全的管理原则以及管理政策,审计管理活动的经济性;②对被审计单位,审计其人力、财力和其他资源的利用效率,包括审计信息系统、业绩测定、监控安排以及工作程序;③对被审计单位,根据其目标完成情况,审计其业绩效益,并根据原来预期的影响,审计其活动的真实影响。

(3) 英国国家审计署(National Audit Office,NAO)使用货币价值审计(Value for Money Audit)一词描述绩效审计。其在《绩效审计手册》中指出:"我们的货币价值调查评价收入、支出的主要方面以及资源管理方面的经济性、效率性和效果性。"

(4) 德国联邦审计院明确提出,除进行合法性审计外,还应进行经济性审计,即"业绩"审计,具体包含经济性、效率和效益等要素。

审计学者克里斯托弗等也认为:"绩效审计并不仅仅是一项技术,从事绩效审计的实践者认为他们是要确认公共政策、计划、项目或组织是否已经或正在按照经济性、效率性和效果性以及良好的管理实践的要求进行。"以上各种关于绩效审计的定义中,都谈到了"3E",并且都一致认为绩效审计就是围绕"3E"进行的审计。

1.2 信息与信息系统

1.2.1 信息概述

1) 信息的含义

在21世纪,人类仿佛置身于信息的海洋中。信息、信息技术、信息化、管理信息、经济信息、市场信息、信息系统、管理信息系统等各类名词术语层出不穷,但对于究竟什么是信息却众说纷纭。下面给出几个具有代表性的关于信息的定义:

(1) 信息是反映客观世界中各种事物的特征和变化的可通信的知识。

(2) 信息是经过加工处理后的数据,它对接收者有用,对接收者的决策或行为有现实或潜在的价值。

(3) 信息为不确定性的描述。

(4) 信息是熵的数理化。

上述几种关于信息的不同定义,关键在于理解信息的角度不同。以广义角度来看,我们认为:信息是客观事物的反映,它提供了有关现实世界事物的消息和知识。信息普遍存在于自然界、人类社会和思维领域中。

2) 信息的分类

信息的外延特征就是各种信息的类型,是对信息概念进一步形象化认识。按不同的分类标准,信息通常分以下几类:

(1) 按信息的特征可分为自然信息和社会信息。自然信息是反映自然事物的,由自然界产生的信息,如遗传信息、气象信息等;社会信息反映人类社会的有关信息,如市场信息、经济信息、管理信息、政务信息和科技信息等。自然信息与社会信息的本质区别在于,社会信息可以由人类进行各种加工处理,成为改造世界和进行不断发明创造的有用知识。

(2) 按信息的加工程度可分为原始信息和综合信息。从信息源直接收集的信息为原始信息;在原始信息的基础上,经过信息系统的综合、加工产生出来的新的数据称为综合信息。产生原始信息的信息源往往分布广且较分散,收集的工作量一般很大,而综合信息对管理决策更有用。原始信息也称为一次信息。综合信息,按加工的深度进一步划分,可分为二次信息、三次信息等。

(3) 按信息的来源可分为内部信息和外部信息。凡是在系统内部产生的信息称之为内部信息;在系统外部产生的信息称为外部信息(或称为环境信息)。对管理而言,一个组织系统的内、外信息都有用。

(4) 按照管理的层次可分为战略级信息、战术级信息和作业(执行)级信息。战略级信息提供高层管理人员制定组织长期策略的信息,如未来经济状况的预测信息;战术级信息为中层管理人员监督和控制业务活动、有效地分配资源提供所需的信息,如各种报表信息;作业级信息是反映组织具体业务情况的信息,如应付款信息、入库信息。战术级信息是建立在作业级信息基础上的信息,战略级信息则主要来自组织的外部环境信息。

信息还可以根据它的稳定性划分为固定的、流动的信息,也可以根据信息流向划分为输入信息、中间信息和输出信息等等。

3) 信息的特性

信息具有多种特性,信息的特性主要表现在以下几个方面。

(1) 真伪性。信息有真信息与假信息。真实、准确和客观的信息是真信息,可以帮助管理者作出正确的决策,否则将作出错误的决策。在信息系统中,我们应充分重视这一特性:一方面要注重收集信息的正确性,另一方面在对信息进行传送、贮存和加工处理时保证不失真。

(2) 层次性。系统、决策、管理、控制等都涉及层次问题,信息的层次性是对其的反映。比如,管理有层次性,不同层次的管理者有不同的职责,需要的信息也不同,因而信息也是分层的。与管理层次相对应,可人为地将信息分为战略级信息、战术级信息和作业级信息三个层次。组织的高层管理者站在战略高度,需要的是大量事关组织长远发展的前途和方向的综合信息,即战略级信息;战术级信息是管理控制信息,是使中层管理者能掌握资源利用情况,控制和组织指挥更有效地利用资源的信息,例如月计划与完成情况的比较信息、库存控制情况等,管理控制信息一般来自所属各部门,并跨越于各部门之间;作业级信息用来解决经常性的问题,它与组织日常活动有关,并用以保证切实地完成具体任务。例如每天统计产量、质量数据、领料信息等。在信息系统开发中明确系统中信息的级别,从而根据各级别信息的特征开发信息系统,才能满足不同层次管理人员的管理要求。

(3) 时效性。信息的时效是指从信息源出来,经过接收、加工、传递、利用的时间间隔及其效率。时间间隔愈短,使用信息愈及时,使用程度愈高,时效性愈强。

(4) 共享性。信息区别于物质的一个重要特征是它可以被共同占有,共同享用。比如在企(事)业单位中,许多信息可以被单位中各个部门使用,既保证了各部门使用信息的统一,也保证了决策的一致性。信息的共享有其两面性:一方面它有利于信息资源的充分利用,另一方面也可能造成信息的贬值,不利于保密。因此在信息系统的建设中,既需要利用先进的网络和通讯设备以利于信息的共享,又需要具有良好的保密保安手段,以防止保密信息的扩散。

(5) 可加工性,亦称可处理性。人们可以对信息进行加工处理,把信息从一种形式变换为另一种形式,并保持一定的信息量。如一个企业可将全年的生产经营的情况压缩成几项经济指标来高度概括。信息系统是对信息进行处理的系统,应注重对信息的分析与综合、扩充或浓缩。基于计算机的信息系统处理信息要靠人编写程序来实现。

(6) 可存储性。信息的可存储性即信息存储的可能程度。信息的形式多种多样,它的可存储性表现在要求能存储信息的真实内容而不畸变,要求在较小的空间中存储更多的信息,要求贮存安全而不丢失,要求能在不同形式和内容之间很方便地进行转换和连接,对已贮存的信息可随时随地以最快的速度检索所需的信息。计算机技术为信息的可存储性提供了条件。

(7) 可传输性。信息可通过各种各样的手段进行传输。信息传输要借助于一定的物质载体,实现信息传输功能的载体称为信息媒介。一个完整的信息传输过程必须具备信源(信息的发出方)、信宿(信息的接收方)、信道(媒介)、信息四个基本要素。

(8) 价值性。信息作为一种资源是有使用价值的。信息的使用价值必须经过转换才能得到。鉴于信息存在生命周期,转换必须及时,如企业得知要停电的信息,及时备足柴油安排发电,信息资源就转换为物质财富。反之,事已临头,知道了也没有用,转换已不可能,信息也就没有什么价值了。管理者要善于转换信息,去实现信息的价值。

信息的价值有两种衡量方法。一种是按所花的社会必要劳动时间来计算,另一种按信息的使用效果来计算。

前一种方法称为内在方法,用于生产信息的单位。计算公式为

$$V = C + P$$

其中:

V——信息产品或服务价值;

C——生产信息所花成本;

P——利润。

后一种方法称为外延价值,用于信息单位。其计算方式为在决策中用了信息所增加的收益减去所花的费用(即信息成本)。

(9) 动态性。客观事物本身都在不停地运动变化着，信息也在不断发展更新。随着时间的推移，情况在变，反映情况的信息也在变。因此在获取与利用信息时必须树立时效观念，不能一劳永逸。

4) 信息的生命周期

信息和其他资源一样是有生命周期的。从产生到消亡，经历需求、获得、服务、退出四个阶段。信息的生命周期由信息的收集、传输、加工、存储、维护、使用等环节组成。

(1) 信息的收集

信息收集首先要解决信息的识别，即从现实世界千变万化的大量信息中识别出所需的信息。信息识别的方法有三种：①由管理者识别。他们最清楚系统的目标和信息的需求。向决策者调查可采用交谈或发调查表的方法。②信息系统分析人员识别。信息系统分析人员亲自参加业务实践活动，通过调研、观察和了解信息的需要。③由管理者、系统分析人员共同识别。管理者提出信息需求，系统分析人员首先进行识别，然后再将识别出的信息交与管理人员共同讨论，进一步补充信息，采用这种方法了解信息更真实、全面。

信息识别以后，下一步是信息的收集。信息的收集通常采用三种方法。①自下而上广泛收集，如全国人口普查是自下而上进行的；②有目的的专项收集，根据特定的目的需要，围绕决策主题收集相关信息，如某企业了解老新产品市场销售情况；③随机积累法，没有明确目标，或是很宽的目标，只要是"新鲜"的，就把它积累下来，以备后用。今后是否有用，现在还不是很清楚。

信息收集的最后一个问题是如何将收集到的信息表达出来。常规的信息表达有文字、数字、图形、表格等形式。①文字表达要简练、确定、不漏失主要信息，避免使用过分专业化的术语，避免使用双关和二意词的语句，避免让人误解；②数字表述要比较严密，但是要注意数字的正确性，注意数字表达方式会引起的误解；③图形表达方式是目前信息表达的趋势，具有整体性、直观性、可塑性等特点，可以反映出发展的趋势，使人容易地作出判断，图形表达的主要缺点是准确性相对较差；④表格表达能给人以确切的总数和个别项目的比较。

(2) 信息的传输

信息传输的理论最早是在通信中研究的，它一般遵守香农模型，如图1-1：

图1-1 信息传输

由图我们可以看出，从信息源出发的信息要经过编码器变成信道容易传输的形式，通过信道发送到目的地，然后经过译码器进行解码将信号转化为信息，由接收器负责接受。由于信道中的噪声干扰可以将正确的电信号变成错误信号，因此在信息传输过程中要注意提高传输的抗干扰能力。

在信息传输过程中主要考虑信道的传输速率和抗干扰能力、编码和译码、变换（调制、解调）等几个主要问题。目前的信息系统大都是基于计算机网络的，信息是在网络上进行传输，因此在网络的选型上主要是从信道容量大、抗干扰能力强、传输时间短、能够进行双向传输并且保密性好等方面来考虑。信息传输是信息系统的重要一环，也是衡量信息系统效率的一个重要尺度。

（3）信息的加工处理

信息处理不仅包括对已录入的数据进行加工，获得信息，而且包括对加工过的信息进行选择、查询、排序、归并，直到复杂模型调试及预测等。

数据需要经过加工以后才能成为人们所需要的信息，信息加工的一般模式如图1-2所示：

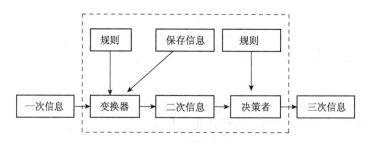

图1-2　信息加工的一般模式

信息的加工处理不可避免地产生时间延迟，出现信息的滞后现象/情况。

在批处理和实时处理方式中，信息的滞后情况是不相同的。可根据需要，选取适当方式，缩短处理的延迟，提高信息的新度（信息和现实间的时间差）。使用数学、运筹学、系统动态学、经济学、管理学等知识，根据大量的数据资料，建立各种模型，通过计算和模拟技术求得某些模拟和预测结果，给管理者，尤其是高层管理者提供必要的信息。为了实现这些功能，要求信息系统必须配备标准的软件包，如统计包、数学规划软件包、模拟软件包等。现在许多的系统为了有效地产生决策信息都备有数据库、方法库、模型库等。数据库存放大量的二次信息，方法库存放许多标准的算法，而模型库中存放了针对不同问题的模型，应用起来十分方便。另外，人工智能技术的发展，为提高数据和信息的处理能力开辟了广阔的前景。

计算机、人工智能等技术的不断发展和应用，大大缩短了信息加工处理时间，满足了管理者的需求，同时也将人们从繁琐的手工处理方式中解放出来。

（4）信息的存储

信息存储是将信息保存起来以便需要时使用。信息存储的概念十分广泛，包括：为什么要存储这些信息，以什么方式储存这些信息，存在什么介质上，存储多长时间等。

存储介质主要有三种：纸、胶片和计算机存储器。纸介质具有存量大、便宜、永久保存好、不易涂改，数字、文字和图像一样容易存储的优点，但传送信息慢，检索不方便；胶片存贮密度大，查询容易，但人阅读必须通过专门的接口设备，不方便且价格昂贵；计算机存储器的形式很多，按其功主要分为内存和外存。外存由磁盘、磁带、光盘等组成。计算机存储器允许存储大量的信息，检索方便，并且可以通过网络快速地传输以实现信息的共享。随着计算机存储器存储信息的单位成本不断下降，无纸的信息系统将会得到极大地推广。

什么信息存储在什么介质上比较合适？总的来说凭证文件应当用纸介质存储；业务文件用纸或磁带存储；而主文件，如企业中产品结构、人力资源方面的档案材料、设备或材料的库存账目，应当存于磁盘，以便联机检索和查询。

存储什么信息、存多长时间、用什么方式存储主要由系统目标确定。在系统目标确定以后，根据支持系统目标的数学方法和各种报表的要求确定信息存储的要求。如为了预测国家长远的经济发展，我们要存几十年的年度经济信息。而要了解仓库物品的数量则要存每种产品现在数量的数据。信息的层次性表明，战略级信息的存储时间较长，有的长达十几年甚至几十年，而作业级信息的存储时间相对要短一些。不同的信息有不同的存储方式，在考虑信息存储方式的同时还要考虑信息的可维护性。集中存放的信息可以减少冗余，且可维护性好。对于公用的信息，在有能力提供共享设备的支持下应集中存放，如图书馆的过期书籍就可以只存一份，应用电子数据库技术更可以减少存储信息的冗余量。分散存放的信息有冗余且共享性、可维护性差，但使用起来方便。在没有设备和非公用的数据情况下，分散存储是合理的。系统中的信息存储既有集中也有分散，确定合理的集中与分散的关系是信息存储研究的重要内容。

信息存储是信息系统的重要方面，但要注意并不是存储的信息越多越好，只有正确地舍弃信息，才能正确地使用信息。即使在将来存储技术高度发展的时代也应记住这一点。

（5）信息的维护

信息维护的目的是保证信息的准确、及时、安全和保密。

保证信息的准确性，首先要保证数据更新的状态，数据要在合理的误差范围内，同时要保证数据的唯一性，应用数据库，容易保证数据唯一性。要保证数据的正确性，一方面要严格操作规程，对输入数据进行正确性检查，避免把一种数据放到另一种数据的位置，或者把错误的数据放进去；另一方面，在键入计算机时，系统应采用检验技术，以保证数据的准确性。

保证信息的及时性，把常用信息放在易取位置，各种设备状态良好，操作人员技术熟练，及时提供信息。

安全性是防止信息受到破坏，要采取一些安全措施，在万一受到破坏后，较容易地恢复数据。为了保证信息的安全，首先要保证存储介质的环境，要防尘，要干燥，并要维持一定的恒温。为了防止信息的丢失，要保持备份，如软盘要定期复制。其次，一旦信息丢失或遭到破坏，应有补救的措施。如我们可以根据前几天的总账和今天的原始凭证恢复现在的总账。为了考虑特殊情况的发生，为水灾、火灾、地震等，对于一些重要的信息应双备份，并分处存放。

信息是一种资源，也是无形财富，人们越来越重视信息的保密性问题。而目前信息被盗或者被非法用户查阅的事件越来越多，防止信息失窃是信息维护的重要问题。机器内部可采用口令等方式实现信息的保密。在机器外部也应采取一些措施，如应用严格的处理手续，实行机房的严格管理，加强人员的保密教育等。

信息的维护是信息管理的重要一环，没有好的信息维护，就没有好的信息使用，要克服重使用、轻维护的倾向，强调信息维护的重要性。

（6）信息使用

信息的使用包括技术方面和信息价值转化问题。技术方面，通过一定的手段，高速高质量的把加工的有用信息提供给使用者。现代信息技术的发展，使信息提供已由过去的定期报告发展为实时检索，由报表形式到图形图像、直至声景。人机对话方式也有很大发展，使得非专业的管理人员也可以直接和机器对话；信息价值转化问题相比之下差得很远。信息价值转化是信息使用概念上的深化、信息内容使用深度上的提高。信息使用深度大体上可分为三个阶段，即提高效率阶段、及时转化价值阶段和寻找机会阶段。提高效率阶段联系于数据处理阶段，信息技术使手工事务处理工作现代化，节省了人力，提高了效率；及时转化阶段已认识到管理的艺术在于驾驭信息，把信息及时用于管理控制，提高管理水平，实现价值转化；寻找机会阶段，利用信息系统的信息能力并借助于预测决策技术，从信息的汪洋大海中寻找机会，是信息使用的高级阶段。这个阶段目前还未成功。

在现代社会和经济发展中，信息资源的价值和作用日益提高和加强，信息资源利用的好坏已成为一个国家的振兴、一个企业发展的关键因素。但人们对信息资源的认识远没有对物质、能源的认识那么直接。了解信息的生命周期，有利于人们对信息资源的认识，促进人们对信息资源的开发和利用。

1.2.2　信息系统

信息系统是以加工处理信息为主的系统。随着现代社会信息量及信息处理量的逐渐扩大,手工处理方式显然已远远不能满足人类生产活动的需要。本书中讨论的是以计算机为主要工具的信息系统。

1) 信息系统的定义

所谓信息系统,是一个对信息进行采集、处理、存储、管理、检索,必要时并能向有关人员提供有用信息的系统。

广义上说,任何系统中进行信息加工处理的系统都可视为信息系统,如生命信息系统、企业信息系统、文献信息系统、地理信息系统等等。本书讨论的信息系统是狭义概念,它是一个专门的系统,是基于计算机、通信技术等现代化信息技术手段且服务于管理决策领域的系统。

信息系统由系统资源、应用软件、系统管理等部分所组成,这些部分相互作用以达到提供信息的目的。

系统资源是信息系统基础。其中硬件部分包括支持信息处理、通信处理的计算机装置和其他与计算机有关的设备。操作系统、数据库管理系统、程序语言、网络软件、通用工具等属系统软件。

信息系统应用软件由支持特定管理功能的程序构成。

系统管理是保证信息系统正常运行的重要条件之一。它包括一系列的有关规章制度、组织机构、人员管理、系统规划、人工处理、相应设计文件等组成。

同时也可以从逻辑功能的角度考虑信息系统的构成。一个信息系统一般都具有信息的输入、处理、存储、检索、传输、管理、输出等功能。

信息系统本身也是一个系统,它具有系统的一般特征,其整体性表现在信息系统是一个组织的内部的神经系统,具有整体效应;目的性在于提供各种管理决策所需的信息;信息系统是可以分解的,通常把一个组织的信息系统分解成若干子系统,而各个子系统又可以划分为若干个模块,为了需要,每个功能模块又可以分成若干子功能模块,表现了信息系统的层次性;整个信息系统内部各部分(子系统)之间又存在着各种形式的联系体现出其相关性;信息系统是整个组织系统中的一个子系统,因此它又依赖于组织内部其他部分的变化,依赖于组织外部环境的影响,一个好的信息系统应具有良好的环境适应性。信息系统除了具有系统的一般特征之外,还具有自身的一些特点,在信息系统的开发建设中,不仅涉及计算机的软硬件技术、通讯技术、数学、运筹学、控制论、信息等方面的学科知识,还涉及社会科学领域中的有关政治、经济、管理、法律、组织行为学、人际关系学等许多方面。由此可见,信息系统本身是一个复杂的、大型的系统。

2) 信息系统的物理结构

信息系统的硬件结构是避开信息系统各部分的实际工作和软件结构只抽象地考察其硬件系统的拓扑结构。信息系统的物理结构一般有三种类型:

(1) 集中式

集中式是由一台主机带若干终端,运行多用户操作系统供多个用户使用。早期的信息系统,由于计算机和通信技术等水平的限制,都采用这种集中式结构。在这种结构方式下,主机承担系统的所有数据处理、存储及应用管理,因此必须是大容量、高速度的,一般由小型机甚至中大型机承担;终端无信息处理能力,负责输入和输出信息;多用户操作系统很多,不同的机器应配备能在其上运行的多用户操作系统。

这种系统结构的优点是信息高度集中,便于管理;缺点是系统灵活性、可靠性差,维护困难,一旦主机出现事故会造成整个系统的瘫痪。

(2) 分散—集中式

这种结构是将微机或工作站通过局域网与一台或几台作为主机的小型机乃至大型机相连。这种结构的优点是,主机主要作为文件服务器负责用户的读、取、传送文件的请求,集中管理共享资源,各个微机和工作站既可独立处理自身的业务,又可通过网络实现信息的传送和共享,因而灵活性好,易扩展;缺点是文件服务器的能力有限,它是以将整个文件在网络中传输的方式进行服务,导致网络通信负荷重,系统维护较困难。

(3) 分布式

这种结构由微机、工作站充当客户机,用一台或分散在不同地点的多台微机、工作站、小型机或大中型机充当服务器,再用总线结构的网络把客户机和服务器连接起来。随着Internet技术的发展,又出现了浏览器/服务器模式(B/S)。分布式与分散—集中式的区别在于,客户机承担每个用户专有的外围应用功能,负责处理用户的应用程序。而服务器承担数据库系统的数据服务功能,负责执行数据库管理软件。这样,两种设备功能明确,可以高度化系统的功能。数据库服务器处理客户的请求,然后只返回结果。这就大大减少了网络的负担,避免网络堵塞。这种结构还有任务分布合理,资源利用率高、扩展性好、维护方便、可靠性高等优点。

3) 组织中常见的信息系统

信息系统的发展与计算机技术、通信技术和管理科学等的发展紧密相关。近半个多世纪以来,信息系统的发展经历了从单机到网络,从电子数据处理系统到管理信息系统,再到决策支持系统等,从数据处理到智能处理的各个阶段。且仍在不断发展着,而且是相互交叉的关系。

(1) 电子数据处理系统(Electronic Data Processing System,EDPS)

在电子数据处理系统阶段,计算机主要用于对具体业务的简单处理,如产量统计、成本计算、库存记录等。目标是能迅速、及时、正确地处理大量数据,提高数据处理的效率,实现手工作业的自动化,将人们从繁重的手工数据处理工作中解放出来,从而提高工作效率。电子数据处理系统阶段具体又分为单项业务数据处理阶段和综合业务数据处理阶段。

（2）管理信息系统（Management Information System，MIS）

20世纪70年代初，随着数据库技术、网络技术和科学管理方法的发展，计算机在管理中的应用日益广泛，管理信息系统逐渐成熟起来。

管理信息系统是在电子数据处理系统的基础上发展起来的。一方面支持日常业务的数据处理工作，这一层次上的管理信息系统又称业务信息系统或事物处理系统；另一方面又能将组织中的数据和信息集中起来，进行综合处理，统一使用。为管理者执行计划、组织、指挥和控制职能提供所需信息。运用一些确定的决策模型进行自动求解，为中层管理者做决策提供支持。

MIS的主要特征是：信息集中统一，具备辅助事务管理、辅助决策的功能，有一个中心数据库及网络系统。

（3）决策支持系统（Decision Support System，DSS）

决策支持系统是MIS的更高一层。在管理信息系统的使用中发现它对管理者的决策支持不够，因此提出了决策支持系统。决策支持系统运用了数据库、模型库、知识库、方法库等更新的技术，为高层领导提供决策支持。DSS需要从管理信息系统中抽取一些决策支持所需的数据。

决策支持系统的特点在于以交互方式支持决策者，解决半结构化决策为主。决策支持系统是对管理人员决策的支持而不是代替，系统本身要求具有灵活性，采用联机对话方式，以便利用人的经验和系统提供的可供分析的信息来解决问题。

（4）办公自动化系统（Office Automation System，OAS）

这类信息系统主要是为了有效地应用信息技术，提高办公人员的工作效率。目前办公自动化系统的主要内容包括文字处理、电子邮件、电视会议、档案储存、桌面排版等。

（5）群体决策支持系统（Group Decision Support System，GDSS）

群体决策支持系统是一个会话型的计算机系统，它将计算机软、硬件设备和群体成员融为一体，支持群体对非结构化问题进行共同决策。具体地说，该系统就是以计算机网络通讯技术为基础的人机系统。它利用人工智能（AI）、心理学、行为科学、决策科学、网络技术、数据库等技术为群体决策者或决策分析人员提供一个决策分析和决策形成的环境。

（6）专家系统（Expert System，ES）

专家系统是依据知识法则，运用推理规则来解决某类问题的信息系统。其特点是：能对复杂情况做出诊断，能处理不确定情况，并能对方案做出解释。

（7）智能决策支持系统（Intelligent Decision Support System，IDSS）

智能决策支持系统是决策支持系统与专家系统的基础上形成的系统，通过定性分析辅助决策的专家系统与以定量分析为主辅助决策的决策支持系统的结合，进一步提高了辅助决策能力，智能决策支持系统是决策支持系统发展的一个新阶段。开发一个实际的IDSS需要解决以下关键技术：①模型库系统的设计和实现；②部件接口；③系统综合集成。

（8）总裁信息系统（Executive Information System，EIS）

总裁信息系统又称经理信息处理系统或高层管理信息系统，EIS是20世纪80年代中期出现的面向组织高层领导，能支持领导管理工作，为他们提高效率和改善有效性的信息系统。EIS的主要目标是帮助企业高层领导规划、控制企业的运作，获得整个企业内部和外部信息，以辅助他们决策。EIS与其他信息系统相比有重叠，也有区别，从EIS的形式、内涵与功能来看，EIS有以下特点：①人机界面友善且富有个性化；②提供的信息是关系到组织生存与发展的关键信息；③决策功能面对非结构化问题；④具有丰富的办公功能，如电子邮件、传真、电子会议、安排与公文处理等。开发EIS难度大，费用高，目前国内基本上还停留在研究与探索阶段。

（9）战略信息系统（Strategic Information System，SIS）

战略信息系统是一种支持企业赢得或保持竞争优势，制定企业中长期发展战略规划的信息系统。SIS利用反映环境和竞争对手等状况的企业外部信息及企业内部关键因素信息，借助市场分析预测与战略决策等模型，以人机对话的方式在计算机上作出供高层管理者决断的企业中长期战略发展方案。SIS是一个较新的概念，涉及许多非结构化的问题，有关SIS的结构、人机交互方法等尚不很成熟。此外，SIS的实现还必须以传统的管理信息系统为基础。

（10）计算机集成制造系统（Computer Integrated Manufacturing System，CIMS）

该系统是现代信息技术、自动控制、机器人和管理科学为一体的综合性很强的技术。该系统包括计算机辅助设计（CAD）、计算机辅助制造（CAM）、管理信息系统（MIS）或制造资源计划（MRPⅡ）、决策支持系统（DSS）等。以最终达到一体化生产，使企业走向高度集成化、自动化、智能化的生产技术与组织方式。

随着信息技术的发展应用，信息系统是一个不断发展的概念，EDPS是面向业务的信息系统，MIS是面向管理的信息系统，DSS则是面向决策的信息系统（也被看作为MIS的一个高层子系统）。在此基础上，MIS、DSS与人工智能、网络技术等结合形成了GDSS和IDSS、EIS、SIS；MIS、DSS与CAD、CAM等技术结合形成了CMIS。随着各种新技术的涌现，信息系统将趋向更高阶段。

到20世纪80年代中期，出现了主管信息系统，该系统着眼于管理高层，辅助企业规划，控制企业运作。信息系统辅助企业的层次越高，对企业的影响面越来越广。到90年代，提出了企业过程重组BPR（Business Process Reengineering）的概念,这也是信息技术及其应用发展的结果。

4) 信息系统的生命周期

任何事物都有产生、发展、成熟、消亡(更新)的过程。信息系统也不例外。信息系统在使用过程中随着其自下而上环境的变化,需要不断地进行维护和修改,当它不再适应的时候就要被淘汰,新的系统取代旧系统投入运行,周而复始,循环往复。其中的每个循环周期称为信息系统的生命周期。信息系统的生命周期分为系统规划、系统分析、系统设计、系统实施、系统运行和维护五个阶段。

(1) 系统规划阶段

系统规划阶段的主要任务是在对组织的环境、目标、现行系统状况的调查基础之上,根据组织目标和发展战略,制定系统的发展战略。在调查分析组织信息需求的基础上,提供系统的总体结构方案。根据发展战略和总体结构方案,安排项目开发计划。

(2) 系统分析阶段

系统分析阶段的主要任务是根据系统开发方案,对组织的管理业务现状和资源条件等进行初步调查,在此基础上进行可行性分析,写出可行性分析报告。对于可行性方案,则对现行系统进行详细调查,描述现行系统的业务流程和数据流程,指出现行系统存在的问题和不足,提出改进意见,确定新系统的业务流程和数据流程,提出新系统的逻辑方案,编制系统说明书。系统分析阶段是整个信息系统建设的关键阶段。

(3) 系统设计阶段

系统设计阶段的主要任务是在系统分析提出的逻辑模型的基础上设计新系统的物理模型,回答"怎么做"的问题。该阶段又可分为总体设计和详细设计两个阶段。总体设计阶段的主要任务是进行系统的流程图设计、功能结构图设计和功能模块图设计等;详细设计阶段的主要任务包括:编码方案的设计、系统物理配置方案设计、数据存储设计、输入输出设计、处理流程图设计等。这个阶段的技术文档是系统设计说明书。

(4) 系统实施阶段

系统实施阶段的主要任务是将设计的系统付诸实施,它是整个信息系统生命周期的关键阶段。该阶段的内容包括:设备的购买、安装与调试,程序设计与调试,人员培训,数据准备,系统测试与转换等。实施阶段的任务多且复杂,必须精心安排、合理组织。要制定周密计划,确定系统实施各阶段的进度和费用,以保证系统实施工作的顺利进行。

(5) 系统运行和维护

该阶段的主要任务是负责系统投入正常运行后的管理、维护和评价工作。系统投入运行后,为了保证系统的正常发挥作用,需要加强系统的日常管理和维护,制定相关制度,评价系统的运行情况。

5) 信息系统与管理

管理需要信息,有效的管理要求对与组织活动及其环境状况有关的信息进行全面的收集、正确的处理和及时的利用。因此,有效的管理需要信息系统的支持。

现代社会的特点是生产社会化程度不断提高,组织规模进一步扩大,这使得管理变得越来越复杂,需要的信息量越来越大,时间性越来越强。现代管理方法的运用,需要数学模型的支持,涉及大量的计算工作,很显然,传统的手工系统已无法应付其对信息的需要,而基于计算机的信息系统,由于其处理速度快、存储量大等特点,正发挥着越来越大的作用。后者能把来自组织活动过程中的巨大信息流收集、组织和控制起来,经过处理、分析,提炼出各管理层所需的管理和决策信息。信息系统的完善程度已成为衡量现代企业管理水平的一个重要标志。

管理过程包括计划、组织、决策和控制人员与活动。不同的管理层为完成这些任务所担负的职责也不一样,高层管理者负责确立整个组织的目标群,中层管理者组织和控制企业的资源来达到这些目标,而低层管理者则监督管理日常的业务活动。这三个层次上的管理者对信息的需求并不完全相同,低层管理者需要日常业务的反馈信息—作业级信息。中层管理者需要能使他们有效地分配资源来达到组织目标的信息—战术级信息。高层管理者使用内部和外部(主要是外部)的信息—战略级信息来寻找新的商机并建立组织的目标。作业级、战术级、战略级的信息都需要专门的信息系统支持。

作业级的信息系统是供低层管理人员使用的系统,它支持日常的业务处理。系统通过计算机输入原始数据信息,如采购单信息、客户订单信息、职工考勤信息等,存储在存储器中,并对数据以批处理或实时的方式进行累加和分析,提供反映组织的业务现状的信息,如应收和应付款信息、库存信息、工资信息等。该层次的信息系统的特点是:处理的数据量大,精确度高,输入数据和输出信息均经过仔细校验;反映的是组织已发生的业务信息,即历史信息;系统的数据全部来自于组织内部;输入数据和输出信息的形式及格式都是高度结构化的;信息非常详细,反映每笔(每日、每周或每月等)的业务信息;提供查询功能。

战术级的信息系统是供中层管理人员使用的系统。本层系统主要对业务信息进行概括、集中、比较和分析,为中层管理人员监督和控制业务活动、有效地分配资源提供所需的信息。作业系统的输入信息是战术系统的数据来源,因此战术级的信息系统必须建立在作业级的信息系统基础上。战术级的信息系统产生预测类信息,通过预测未来事件防止问题的出现。如系统被用来预测收入和企业活动,确定资金的最佳来源和用途;系统支持计划的职能,通过收集历史的和当前的数据,分析和研究变化的趋势和预测未来,选择合适计划模型,进行反复试算,产生各种计划方案,供管理者使用;系统通过进行各种定额、计划指标信息与当前企业实际运营信息的比较,产生各种反馈信息和警示信息,帮助管理人员的管理控制和决策活动,帮助人们何时何地采取行动。如反馈信息表明某种存货的库存水平正在不断下降,那么,管理者就可以利用它来决定订购更多的该种存货。战术级的信息系统产生一系列报表报告,一般有定期报告、总结性报告、比较报告、例外报告等。定期报告是按照预先确定的时间间隔产生的报告,可以是每天、每周、每月、每年等等;总结性报告是指那些以某种方法汇总信息的报告,如按销售人员汇总的销售情况,按产品种类汇总的次品返修情况等;比较报告显示两个或更多相似的信息集,以阐明它们彼此的关系,如产量与成本的关系;例外报告主要提供异常情况的信息,如导致应收账款迅速增加的欠款对象的评估信息。

战略级的信息系统提供辅助高层管理人员制定组织长期策略的信息。战略系统与战术系统的区别通常不够明确,因为这两类系统可能使用某些相同的数据。例如,如果当中层管理者利用预测和计划信息来分配资源以达到最佳的组织目标时,该预测和计划类信息就是战术级的信息;而当预测和计划信息被高层管理人员用来制定组织长期活动计划时,就是战略级的信息。战略级的信息系统的特点主要有:①随机性,即战略级信息的产生在多数情况下具有时间不确定性,是随机产生的,是根据临时决策需要产生的;②预测性,由于组织长期计划决策通常会对未来一段时期(3～5年)产生影响,因此战略级信息系统的信息不仅要能描述过去的事件,更要能预测未来发生的事件,例如,未来经济状况的预测、产品市场状况的预测等;③概要性,战略级信息是关系组织未来长远发展的信息,而影响组织未来发展的因素较多,十分复杂,因此,该类信息并不要求十分精确,通常是概括性的;④数据来源外部性,大部分战略级信息的主要数据来源于组织外部环境;⑤非结构化,战略级信息系统的输入数据通常是非结构化的,例如,对未来市场销售趋势预测可能会用到从偶然谈话中得知的信息,如批发商、销售人员和市场分析员的观点。

从广义的角度看,信息系统是一种集业务数据处理、管理和决策为一体的立足整个组织管理的信息系统,信息系统集作业级、战术级、战略级信息系统的功能于一体,通过信息系统能够辅助组织的低、中、高层管理的作业级、战术级和战略级的活动。

1.3 信息系统审计

1.3.1 信息系统审计的定义

关于信息系统审计,目前还没有一个统一的定义。国际信息系统审计领域的权威专家 Ron Weber 将它定义为"收集并评价证据,以判断一个计算机系统(信息系统)是否有效做到保护资产、维护数据完整、完成组织目标,同时最经济地使用资源"。1996年日本通产省情报处理开发协会信息系统审计委员会将信息系统审计定义为"为了信息系统的安全、可靠与有效,由独立于审计对象的信息系统审计师,以第三方的客观立场对以计算机为核心的信息系统进行综合的检查与评价,向信息系统审计对象的最高领导层,提出问题与建议的一连串的活动"。

综合有关各方面对信息系统审计的定义,我们可以看出,信息系统审计既包括了信息系统的外部审计的目标——鉴证目标,即对被审计单位的信息系统保护资产安全及数据完整的鉴证;又包括了内部审计的目标——管理目标,即信息系统的有效性目标(包括效率性和效益性)。

通过以上概念的辨析,我们可将"信息系统审计"界定为:信息系统审计是指根据公认的标准和指导规范,对信息系统从计划、研发、实施到运行维护各个环节进行审查评价,对信息系统及其业务应用的完整性、有效性、效率性、安全性等进行监测、评估和控制的过程,以确认预定的业务目标得以实现,并提出一系列改进建议的管理活动。

理解信息系统审计的定义,可以从以下几点把握:

(1) 信息系统审计的主体是"有胜任能力的信息系统独立审计机构或人员"。独立审计机构是指政府审计机关、内部审计机构、会计和审计事务所以及独立的信息化鉴证咨询机构等中介组织。独立人员主要指两方面的力量,一方面是指专门从事政府审计、内部审计工作的工作人员以及依法经批准执业的注册会计师和审计师等;另一方面是主要从事信息化咨询的IT技术人员。由于信息系统审计的专业性要求,且与传统审计方式下对审计人员的要求有了不同,因此,从事信息系统审计的人员必须具备完成审计工作所需要的专业知识和技能,并取得相应的资格。实施信息系统审计(ISA)的人员称为信息系统审计师(IS Auditor),国际信息系统审计与控制协会(ISACA)是国际上唯一可授权信息系统审计师的权威机构,通过考试可获得注册信息系统审计师(CISA)证书,该证书被世界各国广泛认可。

(2) 信息系统审计的对象是"被审计的信息系统",包括由计算机软硬件组成的信息系统和与信息输入、输出相关的活动,即信息系统以及信息系统生命周期的所有活动。由于计算机技术、网络通信技术等的应用,使得信息系统审计的对象具有多样性、复杂性、特殊性和高技术性等特征,并且随着信息技术的发展而不断扩展。

(3) 信息系统审计工作的核心是"客观地收集和评估证据"。它是进行信息系统审计工作的出发点,在对信息系统的审计中,审计人员的主要工作环节就是收集足够的证据和评价证据的符合程度,并为此判断和确定一个计算机化的信息系统是否能有效地保护资产、维护数据的完整,以及是否能以最低的成本费用和最少的时间达到企业目标的过程。在审计过程中,信息系统审计师应获得充分、可靠、相关和有用的证据,以有效地实现审计目标,审计结论应当建立在对证据合理的分析和解释的基础之上。

(4)信息系统审计的目的是评估并提供反馈、保证及建议。其关注之处可被分为如下三类:

可用性——商业高度依赖的信息系统能否在任何需要的时刻提供服务,信息系统是否被完好保护以应对各种损失和灾难。

保密性——系统保存的信息是否仅对需要这些信息的人员开放,而不对其他任何人开放。

完整性——信息系统提供的信息是否始终保持正确、可信、及时,能否防止未授权的对系统数据和软件的修改。

1.3.2 信息系统审计的产生与发展

1954年,通用电气公司利用计算机进行工资计算成为基于计算机的企业信息系统应用的开端。这一时期,企业对计算机的作用有了初步的认识,并尝试着引进了少量的计算机数据处理系统,应用于财务、统计、库存等方面以替代人进行计算工作。

由于第二代晶体管计算机的出现和信息技术的发展,到了20世纪60年代,计算机的应用开始延展到企业大多数部门,这些部门独立开发了简单的系统,用来改善部门事务处理的效率。这时出现了数据处理部门。企业的经营管理方式发生了显著的变化,尤其是企业会计信息处理实现了电算化即计算机化。纸质会计凭证的电子化使得审计人员在开展传统审计业务的过程中不得不关注电子数据的取得、分析、计算等数据处理业务。那时人们开始称这种审计为电子数据处理审计(EDP审计)。

为了解决会计师在新环境中开展审计工作时所面临的问题,美国等发达国家的注册会计师职业组织对在电子数据处理环境下如何开展内部和外部审计进行了大量的研究并取得了引人注目的成果。1969年,电子数据处理审计师协会(EDPAA)在美国洛杉矶成立,这个协会下设的电子数据处理审计师基金负责研究当时情况下一个胜任的信息系统审计师应该具备哪些类型、什么水平的知识,并将其主要研究成果收录成书。总体来讲,这一时期社会对信息系统审计的认识不够,信息系统审计远未普及,审计人员本身也缺乏对信息系统的知识。

20世纪70年代,随着计算机系统的继续发展,计算机在企业中得到了更广泛的应用,电子数据处理在企业间普及。企业开始关注计算机应用带来的成本和效益问题,并注意召集各部门人员共同对信息系统的建设和发展进行规划。数据库管理技术的逐渐成熟使得企业可以解决因各部门独立开发数据处理系统所带来的数据冗余和数据很难共享等问题;60年代中期发展起来的管理信息系统得以广泛应用于企业,使企业可以从整体目标出发,对各项管理信息进行系统和综合的处理,来为企业的管理决策服务。计算机以及信息系统在企业的普及使得这一时期利用计算机进行欺诈舞弊的犯罪事件不断出现,如1973年1月美国"产权基金公司"的保险经营商就利用计算机诈骗了数亿美元。这些事件让负责对实施欺诈的公司进行审计的注册会计师事务所在经济和信誉上都遭受了巨大的损失,美国审计界开始重视信息系统在企业的应用给审计工作带来的风险,并对电子数据处理审计的标准、计算机系统内部控制设置与评审、信息系统审计方法、计算机辅助审计技术和工具(CAATT)等问题进行了详细的研究。日本也派人到美国进行考察,以借鉴美国的经验,研究如何在日本开展信息系统审计工作。

进入20世纪80年代,网络和通讯技术迅速发展。企业业务的发展使得企业必须把其本地的信息系统和外地分支机构的信息系统互联互通,以共享信息等资源;同时,企业更注重从战略目标出发,建立一个支持全企业的集成信息系统,来实现管理控制上的统一和协调。闭环物料需求计划(闭环MRP)系统和制造资源计划(MRPⅡ)系统相继在企业中广泛应用,企业的物流和资金流实现了集成。这样,业务系统数据能够向财务会计信息系统自动转换和传送,企业可以随时控制和指导生产经营活动,使其与企业战略目标相符合。由于这时财务数据的采集是由整个信息系统实时完成的,在进行财务审计时,必须考虑信息系统的安全性、可靠性和效率,以保证信息的真实和可靠。

随着社会对信息系统的依赖性普遍增强,利用计算机犯罪的案件也不断增多。如日本,仅1982年一年利用磁卡欺诈犯罪的案件数量就相当于该年之前确认的所有计算机犯罪案件之和;在美国,仅1987年一年因公司之间间谍利用信息技术窃取公司系统中的信息所造成的损失就高达500多亿美元。这些都说明信息系统的防范体系还很不完善。

越来越多的人认识到了信息系统审计的重要性。审计师们开始利用先进的工具和技术,研究与被审计信息系统相联系的有关开发、程序设计和计算机处理的具体过程和内容,以便更好地开展信息系统审计工作。1981年,美国电子数据处理审计师协会开始举办注册信息系统审计师认证考试。日本也在1985年发表了《系统审计标准》,并在全国软件水平考试中增加了"系统审计师"一级的考试。信息系统审计师成为一种专门的职业。

20世纪90年代以来,互联网技术和信息技术高速持续发展,网络向世界范围不断扩充。人类社会开发利用信息资源的方式和能力发生了很大的变化。信息系统变得越来越复杂化、大型化、多样化和网络化。企业开始注重外部信息的处理效率和利用效益,逐渐对自己价值链上各类信息进行全面的管理和集成,以此来提高企业在市场中的竞争力。企业外联网(Extranet)、企业资源计划(ERP)、供应链管理(SCM)以及客户关系管理(CRM)为企业实现目标提供了有力的保证。信息和信息技术对企业生存和保持可持续发展能力的影响越来越大,信息和信息系统已经成为了企业的重要资产,像企业的其他资产那样对信息系统加以控制和审计变成了企业必然的要求。

企业对外业务的自动化要求业务单证必须电子化,这就使得对企业的信息系统进行审计的同时,不得不考虑与之相关的企业外部的信息系统。况且,因特网在成为电子商务、金融证券的运作平台的同时,也成为犯罪分子危害地区、国家甚至全世界经济安全的场所。如何确保网络平台上的信息系统的安全、可靠和有效变得越来越重要。

世界各国的学者、审计机关和组织都积极对此进行研究与探索。1994年,电子数据处理审计师协会名为信息系统审计与控制协会,从而成为从事信息系统审计的专业人员唯一的国际性组织,这个组织的注册信息系统审计师资格认证也是信息系统审计领域的唯一职业资格认证。东南亚各国也开始制定电子商务法规,成立专门机构开展信息系统审计业务,并制定技术标准。

从前面可以看出,随着企业信息化过程中信息系统的发展,信息系统审计的对象从企业单个部门的数据处理系统发展到整个企业集成的信息系统,甚至企业外部的信息系统;审计的目标从对数据处理系统的效率和可靠性进行审查发展到对整个信息系统的效率、可靠性、有效性和安全性的审查。审计的方法从手工审计发展到手工审计与计算机辅助审计工具和技术兼而有之。开展审计的人员从注册会计师发展到信息系统审计师。指导信息系统审计的组织从传统的审计机关和组织发展成为专业的信息系统审计组织。另外,信息系统审计的内容、依据、准则等也在随着信息技术和信息系统的发展而不断发展与完善。

在这里,引用国际信息系统审计领域的权威专家 Ron Weber 对信息系统审计的定义,即信息系统审计就是"收集并评估证据,以判断一个计算机系统(信息系统)是否有效做到保护资产、维护数据完整、完成组织目标,同时最经济地使用资源"。

目前,一些国际大型会计公司中已经出现了没有注册会计师资格的合伙人,他们持有的职业资格是注册信息系统审计师。很多大公司也高薪聘请注册信息系统审计师为公司的发展出谋划策。尽管如此,注册会计师和会计师组织仍将在信息系统审计领域发挥重要的作用。

现代以风险为基础的审计模式使得注册会计师在对企业进行审计时必须考虑企业应用信息技术给企业带来的风险,而他们对企业财务会计和内部控制的深刻理解有助于他们采取措施控制这些风险。同时,长期以来在企业信息化过程中积累的审计工作的经验和他们在风险控制方面的良好声誉也有助于他们开展信息系统审计工作。

可以预见,随着信息技术以及供应链管理、客户关系管理的不断发展,企业将在网络的基础上实现其内部与外部的完全整合。当电子商务成为网络经济时代商务活动的核心,企业的物流、资金流和信息流会更大程度地依靠基于网络的信息系统。在这种环境下,信息系统审计的重点将是对网络系统的审计,这主要包括:对网络系统的开发进行审计;对企业内部网络和外部网络的功能与控制进行审计;对网上认证机构、网上银行等与电子商务活动相关的单位进行审计等。审计人员还会建立审计网络作为辅助手段对企业信息系统进行网上实时审计,以及建立审计专家系统和采用并行审计技术等。当然,这必将需要所有审计机构和审计人员的共同努力与合作。

1.3.3 信息系统审计的特点

(1) 审计范围的广泛性

在信息系统中,原始数据一经输入,即由计算机按程序自动进行处理,中间一般不再经过人工的干预。这样,系统的合法性、效益性、系统输出结果的真实性,不仅取决于输入的数据、系统的工作人员,还取决于计算机的硬件和软件等。因此,要确定系统的合法性、效益性、系统输出结果的真实性,不仅要对输出数据、系统的工作人员、打印输出的资料进行审查,而且还要对计算机的硬件、系统软件、应用程序和机内的数据文件进行审查,而这些在传统的手工审计中是没有的。另外,由于信息系统投入使用后,对它进行修改,要比在系统开发、设计阶段进行困难得多,代价也要昂贵得多。因此,除了要对投入使用后的信息系统进行事后审计外,审计人员还要对系统进行事前审计和事中审计。随着信息技术的发展,还必将包括联网审计、电子商务审计、网站审计、ASP 审计和 XBRL 审计等。因此,信息系统的审计范围比传统的手工审计较为广泛。

(2) 审计线索的隐蔽性、易逝性

在信息系统中,审计需要跟踪的审计线索,大部分存储在各种肉眼不可见的介质上,这些线索既容易被更改、隐匿,也容易被转移、销毁和伪造。在审计中,如果操作不当,很可能破坏系统的数据文件和程序,从而销毁了重要的审计线索,甚至干扰被审系统的工作。

(3) 审计取证的动态性

在大中型企事业单位中,信息系统是一个不可缺少的神经系统,系统如果停止工作,有时会直接影响单位的生产经营活动。例如,有些企业的信息系统每天都要结算成本和利润,进行生产动态分析,以供领导进行决策和指挥参考。在这些企业中,系统如果停止运行,会给企业带来巨大的损失。因此,对信息系统的审计,往往是在系统运行过程中进行审计取证,审计人员一方面要及时完成审计任务,另一方面又要不妨碍和干扰被审系统的正常工作,这就给审计工作带来了一定的难度。

(4) 审计技术的复杂性

首先,由于不同被审单位的信息系统所配备的计算机设备各式各样,有大中型机,也有小型机、微型机,有国产机、进口机。各种机器的功能各异,所配备的系统软件也各不相同。审计人员在审计过程中,必然要和计算机的硬件和系统软件打交道,各种机型功能不一,配备的系统软件各异,必然增加了审计技术的复杂性。其次,由于不同被审单位的业务规模和性质不同,所采用的数据处理及存储方式也不同,不同的数据处理、存储方式,审计所采用的方法、技术也不同。此外,不同被审单位其应用软件的开发方式、软件开发的程序设计语言也不尽相同。例如,有的是被审单位组织本单位有关人员开发的,有的是被审单位聘请外单位专家开发的,有的是购买商业软件。不同的开发方式以及用不同的程序设计语言开发的应用软件,其审计的方法与技术也不一样。

1.3.4 信息系统审计目标

(1) 保护资产的完整性

信息系统的资产包括硬件、软件、设备、人员、数据文件、系统文档等。由于重要的系统文档、软件、数据文件等资产经常集中在信息系统中存放。因此,信息系统的运行如果经常出现故障,如网络掉线、服务器宕机、病毒肆虐、客户资料被盗、电脑售票系统突然发生死机等故障,则会对组织的资产造成巨大威胁。所以,保护信息系统资产的完整性成为许多组织要达到的一个重要目标,也是 IS 审计所追求的目标之一。

(2) 保证数据的准确性

数据完整性是指数据能够满足规定的条件,防止错误信息的输入和输出,以及非授权状态下修改信息所造成的无效操作和错误后果。网上银行、网络证券交易等复杂业务的出现对信息是否真实、完整等提出了鉴证要求。如果数据完整性得不到保证,企业就会失去竞争优势。然而,维护数据的完整性需要成本,因此,要确保所获收益大于所需的控制步骤的成本。审计体系有助于控制信息处理系统的风险、加强事务处理的完整性,实现组织目标。

(3) 提高系统的有效性

系统的有效性表明系统能否获得预期的目标。有效性审计常在系统运行一段时间之后,管理者申请实施后审计以决定系统是否获得所声明的目标,这个评估为系统是否继续运行或者进行某种程度的修改提供决策。有效性审计也可以在系统设计阶段进行。如果系统复杂,实施成本高,而且用户经常很难识别需求或达成一致性建议,在设计者和用户之间也存在很大的沟通问题,管理者则希望通过执行独立审计的方式评估是否满足用户的需求,以便及时做出更为科学的决策。IS审计从独立、客观、公正的第三方的角度,以目标驱动,对信息的质量进行审查,对产生信息的系统、信息的产生过程及相应的内部控制进行评价、审计,审查交易数据和评估其完整性及可靠性,从而为管理者了解用户的特征和决策环境提供了依据。

(4) 提高系统的效率性

系统效率是指系统达到预定目标所消耗的资源,一个效率高的信息系统能够以尽量少的资源达到需要的目标。信息系统消耗不同资源:机器时间、设备、系统软件、劳动力等,这些资源是稀缺资源,不同的系统经常为争夺这些资源而竞争。由于组织的利益环境复杂,信息系统的决策难免会牵涉部门利益之间的冲突,所以系统效率的评价很难独立于其他系统,也就导致了经常没有明确答案。然而,系统效率与用户满意度息息相关。如果计算机的容量不能满足需求,或应用系统性能下降时,用户会非常恼怒,此时管理者需要了解原因,如,个人应用系统效率低或者是由于现有计算机的资源配置产生了瓶颈,从而决定是否需要购买额外资源,是否进行效率改善,并确定控制硬件和软件设计成本问题。由于审计师的独立性,管理者通常需要他们帮助解决评估的效率问题。通过介入独立的IS审计,可以分析信息系统给组织所带来的各种影响,例如信息系统产生效益的同时,可能给企业带来什么新的问题;信息系统对组织机构和工作流程的影响等,可以在安全性、稳定性和效率、效用之间进行权衡,为企业信息系统的改造提供建议。

(5) 保证信息系统的合规性与合法性

随着信息系统在组织中应用的范围日益扩大和水平的日益提高,利用信息系统进行违法犯罪活动的可能性也越来越大,并且手段也越来越隐蔽。在信息化环境下,一个组织依赖于信息系统,通过对信息系统的输入、处理、输出及控制功能是否符合国家的法律、法规和有关部门的规章制度的审查,不仅可以有效地堵塞犯罪,而且可以避免组织和国家遭受由此带来的损失。

1.3.5 信息系统审计的内容

由于审计的具体目的不同,审计的内容也有所不同,但总的来说,信息系统审计包括内部控制系统审计、系统开发审计、应用程序审计、数据文件审计等内容。

(1) 内部控制系统审计

信息系统的内部控制系统由两个子系统构成:一是一般控制系统,它是系统运行环境方面的控制,为应用程序的正常运行提供外围保障。一般控制包含组织控制、系统开发控制、系统安全控制、硬件和系统软件控制等方面。另一个是应用控制系统,它是针对具体的应用系统和程序而设置的各种控制措施。由于各应用系统有着不同的目的、任务和运行规律,因此,需要根据特定的应用系统设置相应的控制措施。不过尽管各应用系统所需要的控制措施不同,但每个应用系统均由输入、处理和输出三个部分构成,因此,可以把应用控制分为输入控制、处理控制和输出控制。

对信息系统的内部控制系统进行审计有两个目的:一是为了在内部控制审计的基础上对信息系统的处理结果进行审计;二是为了加强内部控制,完善内部控制系统。

(2) 系统开发审计

系统开发审计是指对信息系统开发过程所进行的审计。这是一种事前审计,它具有积极的意义。内部审计人员最适合于进行这种审计,因为他们在地理、人事关系、被审单位的地位等方面都有很多有利的条件。

系统开发审计实际上是审计人员对系统分析、设计、实施等的审查。它的积极意义表现在:①审计人员可借此熟悉系统的结构、功能、控制措施;②审计人员可借此了解系统控制的强弱;③通过修改审计人员的建议,使系统更可靠、更具有可审性;④可以让审计人员嵌入审计程序段,便于今后开展审计。

系统开发审计一方面要检查开发活动是否受到恰当的控制以及系统开发的方法是否科学、先进和合理,另一方面还要检查系统开发过程中是否产生了必要的系统文档资料以及这些文档资料是否符合规范。

(3) 应用程序审计

应用程序决定了数据处理的合规性、正确性。对应用程序的审计,可以是对程序直接进行审查,也可以通过数据在程序上的运行进行间接测试。对程序进行直接检查,可借助流程图作为工具,用标准的图形、符号等来反映程序的处理逻辑。在对程序进行间接测试时,往往需要设计测试数据。这种测试数据可以是真实的数据,也可以是模拟的数据。

审查应用程序有两个目的,一是测试应用控制系统的符合性;二是通过检查程序运算和逻辑的正确性达到实质性测试目的。测试应用控制的符合性是指对嵌入应用程序中的控制措施进行测试,看它们是否按设计要求在运行和起作用。

(4) 数据文件审计

在信息系统中,各种凭证、账簿及报表中的数据均以数据文件的形式存储在硬盘或软盘等存储介质中。对数据文件进行审计,可以将该文件打印出来进行检查,也可以在计算机内直接进行审查。

数据文件审计有两个目的,一是对数据文件进行实质性测试,二是通过数据文件的审计,测试一般控制或应用控制的符合性。但数据文件审计主要是为了实质性测试。

1.3.6 信息系统审计的基本方法

对信息系统审计的基本方法可归纳为两种:绕过信息系统审计和通过信息系统审计。

(1) 绕过信息系统审计

绕过信息系统审计是指审计人员不审查计算机内的程序和文件,只审查输入数据和打印输出资料及其管理制度的方法。这种审计方法的理论基础是"黑箱原理",即审计人员把信息系统看成是一个"黑箱",审计时,审计人员追查审计线索直到输入信息系统,然后核对系统的输出与输入,如果输出与输入不匹配,则可以肯定信息系统的处理过程是错误的。

绕过信息系统审计的优点:①审计技术简单。绕过信息系统审计与信息化以前的审计方法没有多大区别,即使没有 IT 知识,亦可进行审计,它是信息系统审计的初期阶段,审计人员对 IT 了解不多的情况下广泛采用的一种方法。②较少干扰被审系统的工作。由于采用的是绕过信息系统的审计方法,审计人员既不需要使用被审系统的计算机硬件,也不需要查看被审系统的程序。因此,也就不会干扰被审系统的工作,因而审计工作易于得到被审单位的理解与支持。

绕过信息系统审计的缺点:①只有打印文件充分时才适用。绕过信息系统的审计方法首先要求系统的打印文件必须充分,也就是说,审计所需要的线索和证据都必须打印齐全。但我们知道,计算机具有强大的数据存储能力,而打印出来的信息只是为数有限的一部分,这主要是必须上报的报表和内部管理所需的报告,很可能审计中需要检查的一些数据文件并没有打印出来。因此,在某些信息系统中,绕过信息系统所能取得的肉眼可见的审计线索和证据是不充分的。②要求输入与输出联系比较密切。即输入数据进入信息系统经过简单的处理以后,即可打印输出。例如,将记账凭证输入系统以后,经过简单的分类汇总,即编成日记账打印输出。这样,输入的记账凭证和输出的日记账并未经过很多的数据处理,审计人员很容易将输入的记账凭证和输出的日记账进行核对,如果存在问题,也容易发现。但是,如果输入数据经过多次计算和处理,反复进行分类、合并、分配、收集等处理以后,就不可能从直观上看出输出与输入之间的内在联系。例如,在成本核算系统中,只看输入的费用数和其他输入数据,再和输出的产品成本计算表进行比较,就很难确定成本报表的正确性。因此,在有的信息系统中,单纯采用绕过信息系统审计的方法,是不能取得足够审计证据的。③审计结果不太可靠。绕过信息系统的审计方法,只能依靠被审单位打印出来的书面资料进行审计,但这些资料是否真实,审计人员并没有把握。因此,审计人员如果过分依赖被审单位提供的书面资料进行审计,有可能发生错误的判断。

（2）通过信息系统审计

通过信息系统审计是指除了审查输入和输出数据以外,还要对系统内的程序和文件进行审查。这种方法是以信息系统为基础的审计,通过对系统的处理和控制功能的审查,确定数据文件审查的范围和数量。

通过信息系统审计的优点：①审计结果较为可靠。由于这种方法要求审查系统内的程序和文件,这样就可以把系统进行数据处理的方法和原则审查清楚,从而得到对系统进行评价的可靠证据。②审计独立性较强。通过信息系统的审计方法直接对被审单位的各个运行部分进行审查,而不完全依靠系统的运行结果进行审查,因而较少依赖被审单位提供的书面资料,审计的独立性较强。

通过信息系统审计的缺点：①审计技术较复杂。通过信息系统的审计方法,要求审计人员具有较多的计算机知识,要了解被审计信息系统所使用的操作系统、程序设计所采用的语言、数据的结构、系统的主要功能等等。要使用一定的IT辅助审计技术进行审查,这样给不懂IT的审计人员带来了一定的难度。②审计成本较高。通过信息系统审计,要使用IT辅助审计技术,往往要购置或开发辅助审计软件,要占用被审系统的工作时间,有时还要聘请IT专家参加审计,这无疑会增加审计的成本。

1.4 信息系统绩效审计

1.4.1 信息系统绩效审计的含义

信息系统绩效审计是绩效审计的一个新方向。随着信息化的不断加快以及信息技术的不断提高,信息系统的绩效审计作用显得越来越重要。

对于信息系统绩效审计这一概念,我们可以从狭义和广义两个方面来理解：狭义的信息系统绩效审计,是指信息系统建设完成后的验收效果、使用过程的运行情况、项目的成本效益情况等审计与评价;广义的信息系统绩效审计,是贯穿于信息系统整个生命周期的一系列过程的绩效审计评价,其目的主要是提高系统的整体运行效率,更好地满足组织发展需求。

1.4.2 开展信息系统绩效审计的意义

近年来,随着计算机技术的普及和信息化建设的发展,各级政府部门、企事业单位热衷于开发适合于自己的管理信息系统、办公自动化系统、业务信息系统等,多数信息化建设项目在战略投资、运营与控制、项目管理等方面考虑欠缺,陷入屡遭失败而难以自拔的境地。部分单位的信息系统建设项目甚至成了领导者的"政绩工程",在信息化方面投资巨大,但却盲目建设,收效甚微,存在严重的技术高消费和物质资源浪费。因此,开展信息系统绩效审计就显得非常必要。

(1) 开展信息系统绩效审计是审计工作自身发展的需要

审计署"十二五"审计工作发展规划指出:全面推进绩效审计,促进加快转变经济发展方式,提高财政资金和公共资源管理活动的经济性、效率性和效果性,促进建设资源节约型和环境友好型社会,推动建立健全政府绩效管理制度,促进提高政府绩效管理水平和建立健全政府部门责任追究制。

一个信息系统建设项目涉及硬件和软件等诸多方面,包括资金的筹措、使用和管理,信息化基础设施建设、计算机购置、网络设施建设、系统开发等,涉及固定资产投资、财务管理、计算机技术应用等领域。由于信息技术专业性和多变性的特点,以往类似的项目审计,固定资产投资审计人员局限于对信息化用房等基础设施进行审计,财务审计人员局限于对信息化建设资金的收支情况审计,计算机审计人员局限于对计算机购置、系统生命周期建设以及计算机数据等技术层面的审计,一定程度上导致对组织信息系统绩效审计监督的缺位。因此,对组织的信息系统进行绩效审计,是审计工作自身发展的需要。

(2) 开展信息系统绩效审计是信息化建设项目绩效评估的基础

信息化建设项目的绩效评估包括信息化建设的经济性、效率性和效果性。信息化建设的经济性,即一个信息化建设项目投入是否节约,是否按照项目建设方案进行设备采购和系统开发,有无超标准、超预算、损失浪费的情况;信息化建设的效率性,即信息化建设项目投入有无按规定的内容完成,开发的系统功能应用是否达到设计要求,资源是否闲置,是否实现了项目应有的建设目标和功能,是否在规定的时间内完成了规定的建设内容,其投入与产出的关系如何等;信息化建设的效果性,即信息化建设项目建成投入使用后,有无达到预期的建设目标,产生了实际的效果,发挥了应有的经济效益、社会效益和环境效益。

当今,信息技术正日益渗透到我们生活、工作的方方面面,当人们越来越依赖它的时候,我们要保持清醒的头脑,以科学发展观为指导,使它为建成资源节约型和环境友好型社会而服务。

(3) 开展信息系统绩效审计是加强管理促进规范的必要手段

我国的信息系统建设已发展到一个新的阶段,但从建设现状来看,盲目建设、重复投资、高配低用、信息孤岛、损失浪费、系统使用率低、信息资源不能共享等问题还较严重,远未发挥出预期的效果。因此,开展信息系统绩效审计,是加强规范管理、发现问题、挖潜创新、规范完善信息系统项目的建设标准、运维检测标准和验收标准的必要手段。

1.4.3 信息系统绩效审计的基本原则

1) 经济性、效率性和效果性原则

对于组织不同的历史时期，不同的战略目的，经济性、效率性和效果性原则的实现方式和侧重面也是不同的。有的组织建立信息系统的目的可能是为了成本减至最低，通过实施信息系统可以减少大量的人力成本，提高组织未来长期收益，这样的组织就侧重于经济性原则，以节约成本，降低损耗为目的；有的组织建立信息系统的目的可能是为了达到最佳的投入和产出比例，这样的组织就侧重于效率性原则，以提高组织的效率为目的；有的组织建立信息系统的目的可能是为了更好地实现预期效果，保持实际效果与预期效果的一致性，这样的组织就侧重于效果性原则，以提高组织实际效果与预期效果的一致性。

2) 目标一致性原则

目标一致性原则包括两方面的内容，一方面是组织战略目标与信息系统建设目标的一致性；另一方面是信息系统建设目标与信息系统评价目标的一致性。

（1）与组织战略目标的一致性

组织运营的目的是实现组织自身的战略目标，当然，信息系统作为组织的一部分，其绩效审计目标也应当与组织的战略目标保持一致。有效的信息系统绩效审计评价体系，它的评价指标应当是组织战略目标的分解，通过完成各个分解指标，来实现组织的战略目标。从制度经济学角度来看，如果存在一定的交易费用，那么安排不同制度将会导致资源配置利用效率的显著不同。从本质上来讲，绩效审计评价指标实质上是组织内部制度的安排，因此必须充分考虑组织的战略目标与信息系统建设目标的高度一致性，才能实现组织资源的合理有效配置和组织利益的最大化。

（2）与绩效评价目标的一致性

审计目标是进行审计活动所要达到的目的。审计范围的界定、审计程序的选用以及审计评价具体标准的确定都应始终坚持以审计目标为中心。一个真实可靠的恰当的绩效评价结论，必须充分体现具体绩效审计目标；任何偏离审计目标而得出的评价报告也必将是不可信的。

传统的财务审计目标主要关注财务收支的真实性和合法性，因此，它的评价标准也就是财务收支是否真实、合法。绩效审计的目标则更加关注组织资源使用的有效性，它的评价标准主要关注组织资源利用的经济性、效率性和效果性。然而，对于绩效评价而言，则要综合考虑两者的目标和标准。尤其对于企业信息系统来说，相关的人力、物力以及财力的投入往往需要未来长期的收益来体现，加上信息系统产出效果的无形性，导致评估具有一定的主观性，预期值与实际值之间存在着一定的差异,因此,就需要企业信息系统的建设目标与信息系统的评价目标相一致。

3) 适应性原则

随着环境的变化和信息技术的发展,组织信息系统绩效审计标准和方法也应随之作出改进和调整。在实际审计过程中,就要求组织根据信息系统所处的时间、地域和环境等条件确定适应的绩效审计评价标准来进行绩效审计评价。因此,在设计评价指标的时候,必须考虑环境变化因素带来的变化,以增强组织信息系统绩效审计评价指标体系的适应性。

4) 可行性原则

进行信息系统绩效审计,需要对信息系统绩效进行评价;进行信息系统绩效评价,需要设计一系列评价指标。所谓可行性原则,是指设计指标要易于取得,指标具有可操作性。评估指标之间要保持相对独立,彼此不存在交叉关系,以避免指标重复,简化评价指标。

由于绩效评价的指标很多,收集相关指标数据时所花费的人力和财力就会很大,会给指标数据的处理带来一定的困难,所以要求组织在考虑指标全面性的同时,也必须有所突出,进一步简化指标。但同时也要考虑到指标之间的关联性,最大限度地屏蔽不必要的干扰数据,保证数据的准确性。

1.4.4 信息系统绩效审计的主要内容

1) 系统规划阶段绩效审计的主要内容

(1) 信息系统建设与组织发展目标和战略是否匹配。

(2) 信息系统战略规划的制定是否具有全局性和长远性。

(3) 规划的信息系统是否能够适应各层次管理的需求。

(4) 信息系统战略规划是否摆脱了系统对组织机构的依赖。

(5) 是否采用了科学合理的方法来制定信息系统的战略规划。

2) 系统分析阶段绩效审计的主要内容

(1) 信息系统项目建设的各项审批手续是否完备、合法,有无可行性研究报告(含技术方案)以及专家论证意见,是否经过批准立项。

(2) 是否对现行系统进行了调查并对现行系统中存在的问题进行了分析。

(3) 根据新系统建设的目标,组织拟投入的建设资金是否充合理,有无存在资金不足或资金浪费现象。

(4) 是否采用了结构化方法对系统进行分析。

(5) 对用户的需求是否进行了全面、完整、准确的分析。

(6) 用户需求分析是否采用科学合理的方法。

(7) 系统可行性分析的文档资料是否全面完整。
3) 系统设计阶段绩效审计的主要内容
(1) 是否遵循了系统性、可靠性、灵活性、经济性、用户友好性等系统设计的基本原则。
(2) 是否采用了结构化系统设计方法。
(3) 系统模块的划分是否遵循了"高聚合、低耦合"的原则。
(4) 代码的设计是否遵循了简短性、实用性、标准化等基本原则。
(5) 用户界面设计是否具有用户友好性。
4) 系统实施阶段绩效审计的主要内容
(1) 项目招投标是否符合规定,手续是否完备合法,项目的设备、材料等物资是否进行了政府采购,设备购置是否按设计要求,设备验收、保管手续是否合规,软件硬件是否按规定入账核算,重点抽查自行采购部分的设备材料。
(2) 是否制定了系统实施计划。
(3) 系统实施人员的职责分工是否明确。
(4) 系统测试是否全面。
(5) 新旧系统的转换方式是否适当。
(6) 系统有无经过一定时间的试运行。
(7) 系统在正式投入运行前有无对操作人员、系统管理员等进行培训。
5) 系统运行与维护阶段绩效审计的主要内容
(1) 是否建立了使系统能够有效运行的组织机构。
(2) 是否制定了科学合理的系统运行管理制度。
(3) 是否对系统开发的全部文档进行了分类、归档,存储介质是否安全可靠。
(4) 系统是否制定了数据备份计划和灾难恢复策略。
(5) 是否制定了系统维护计划适时对系统进行维护。
(6) 是否对系统定期进行评价,评价指标体系的设计是否全面、合理,有无从系统的建设性能、技术、效益等进行全方位评价,评价方法的选用是否恰当。

1.4.5 信息系统绩效审计的主要方法

根据信息系统绩效审计的过程,信息系统绩效审计常用的方法包括:
1) **访谈观察法**

通过座谈、现场观察等方法,掌握被审计单位信息系统的总体情况、主要业务信息系统的运行状况。主要内容包括:①被审计单位的信息化程度,了解单位信息化项目建成后的应用状况,分析部门间应用的差异。②信息系统的管理情况。审查被审单位的信息化管理资源力量、系统可持续发展能力、系统安全保障等情况。

2）控制流程图检查法

（1）项目管理流程控制审计。根据信息系统建设流程规范要求，设计信息化项目审计基本程序流程控制图表，对被审计单位信息系统的建设过程进行审计。

（2）信息系统的数据流程审计。利用流程图表进行"穿透"测试，检查各业务关键环节实现的程度有无满足工作需求。

3）调查表法

为了便于分类和量化表述，设置封闭性问题调查表（以"是、否"回答为主）和开放性调查表（以提供数据和原因说明为主），对被审计单位的主要系统和管理环节进行审计。

4）功能与需求对比法

通过资料查阅结合系统测试，将系统功能与业务需求进行对比分析。

（1）查阅资料确定系业务需求。通过对被审单位的信息系统规划、用户需求等文档资料的查阅，确定信息系统需求功能。

（2）通过系统测试以及数据抽取分析，确定已实现功能。通过比较，审查系统开发的实现度及应用度。

5）数据采集法

通过采集系统数据的方法来佐证审计观点。

（1）采集系统时点运行数据，审查信息系统的运行效率。

（2）采集系统的历史日志文件，推算该系统自建成以来的使用情况。通过采集到的上述数据，分析系统软硬件的实际使用效率，从而推算硬件购置是否存在高配低用，软件是否能满足用户需要、是否存在功能闲置等问题。

6）系统测试法

由于信息系统绩效审计对象的特殊性，审计人员在实施审计时可采取人工测试和计算机测试相结合的方法来验证系统开发成熟度和需求功能符合性。测试可采用黑箱法，也可采用白箱法。黑箱法是指审计人员把信息系统视为一个"黑箱"、不过多探究被审系统审计信息系统的绩效。审计人员在采用黑箱法进行审计时，不依赖于有关应用程序的内部逻辑的具体知识，而是通过查阅信息系统流程图和询问被审单位专业人员来了解信息系统的功能和程序，并对信息系统程序的输入和输出结果进行核对，证实信息系统的输出是否满足功能需求。白箱法直接对应用程序逻辑进行测试，能比较深入地对被审系统进行审查，易于查出比较深层次的问题，为绩效审计结论的形成提供科学、客观的证据。但由于采用白箱法进行审计需对被审系统的内部工作机制进行深入了解，需要掌握较多的信息技术，对审计人员的知识结构要求比较高，所花费的审计资源也比较多。

7）事前审计法

信息系统建设项目是由规划、立项、建设、实施、应用、推广各阶段组成的系统工程,而且重复建设、建设失败等问题导致的资金损失浪费的概率远比一般的建设项目大。因此,对信息系统进行绩效审计,不仅是事后审计,更要从规划立项阶段入手,有效整合资源,避免重复建设或盲目投资,同时关注系统的建设运行现状,审计人员要对项目的开发或变更过程进行审计,保证足够的控制得以顺利实施。

8) 系统分析法

系统分析方法是指把要解决的问题作为一个系统,对系统要素进行综合分析,找出解决问题的可行方案的咨询方法。兰德公司认为,系统分析是一种研究方略,它能在不确定的情况下,确定问题的本质和起因,明确咨询目标,找出各种可行方案,并通过一定标准对这些方案进行比较,帮助决策者在复杂的问题和环境中做出科学抉择。系统分析是咨询研究的最基本的方法,我们可以把一个复杂的咨询项目看成为系统工程,通过系统目标分析、系统要素分析、系统环境分析、系统资源分析和系统管理分析,可以准确地诊断问题,深刻地揭示问题起因,有效地提出解决方案和满足客户的需求。系统分析方法的具体步骤包括:限定问题、确定目标、调查研究收集数据、提出备选方案和评价标准、备选方案评估和提出最可行方案。就信息系统绩效审计而言,由于信息系统构成要素多,系统结构复杂,采用系统分析法,能够对被审计信息系统的绩效进行整体的评价。

9) 系统评价法

常见的信息系统绩效评价方法主要有:

(1) 专家意见法。它是依靠专家的知识和经验,让专家在掌握一定客观情况和资料的基础上对不成熟领域问题进行决策。用于信息系统绩效评价的专家意见法通常有专家打分法、专家组定性评审法、德尔菲法等。

(2) 成本效益分析法。该方法是对信息系统建设项目的成本及效益进行量化和量度,成本效益分析的理想结果应该是系统的总收益超过总成本。

(3) 层次分析法。该方法的基本思路是把系统各因素间的隶属关系由高到低排成若干层次,建立不同层次元素之间的相互关系,根据对一定客观事实的判断,就每一层次的相对重要性给予定量表示,运用数学方法,确定表达每一层次的相对重要性次序的权重。在信息系统绩效评价的过程中,它可以用于按照一定的评价指标体系,对多个投标方案或投标书进行评估和选择或对已实现的系统进行评价,并按照优劣次序进行排队。

(4) 数据包络分析法。该方法是按照多指标投入和多指标产出,对同类型单位进行有效性评价的一种方法。其评价的依据是指标的输入数据和输出数据。输入数据是指标在某种活动中需要耗费的某些量,如投入的资金总额等,输出数据是指标经过一定的输入之后的产出,如产品的质量、经济效益等。

第 2 章 信息系统绩效评价体系

> 审计的本质是评价,要建立信息系统绩效审计体系,首先应该确立信息系统绩效评价体系。组织规模不同,涉及的信息系统复杂程度和数量也大不相同,根据信息系统在组织中不同层面的影响,以及信息系统的风险关注点的不同,常见的对于信息系统的绩效评价可以分为三类:以战略实施为基础的评价,以管理控制为基础的评价,以及以项目管理为基础的评价。本章主要介绍基于不同基础的信息系统的绩效评价体系。

2.1 信息系统绩效评价体系概述

任何一个评估体系都要解决"谁评估?评估什么?如何评估?"的基本问题,"谁评估"实际是描述评估主体,即发起评估的人或组织。"评估什么"描述的是评估客体,即围绕什么进行评估,评估对象是什么?"如何评估"是一个较为复杂的问题,首先要在评估目标的指导下,形成一定的评估思路,沿着评估思路构建评估模型。评估模型又包括评估方法、评估基准、评估指标、评估数据,遵循一定的评估步骤,运用评估模型对评估的客体进行评估,最后得出评估结果,形成评估报告。

而对于任何一个评估体系来说,出发点和立场决定了评估的问题重点。关注的目标不同,可能会得出迥异的结论。战术上的正确,未必代表战略的正确。功能正确,也未必就是最好的选择。假如在预算之内,按照传统的软件开发方法完成了一个软件系统,且它正确地执行了用户指定的功能,能否说这样的软件系统是一个质量很高的系统呢?这也未必。Boelim 提出了下列原因:

(1) 该软件系统可能难于读懂和修改,这将增加维护阶段的费用。
(2) 该软件系统可能不易使用或很易用错。
(3) 该软件系统可能依赖于所实现的机器,或难以与其他系统集成。
(4) 该软件系统的可靠性很差。

不同类型和用户对信息系统的关注点是不同的,作为管理人员,可能最关心的是业务功能能否按流程运行;对于控制人员,可能关注点是每笔交易是否都有轨迹可查;而对于一线业务人员来说,关注点最有可能的是操作是否便利。由此,基于什么基础进行评价,就变成了评价的前提。从组织的战略层、管理层和执行层的角度来看信息系统的不同视角和关注重心,是不同基础评价体系建立的依据。常见的评价方法有基于战略实施的评价、基于管理控制的评价以及基于项目管理的评价。

2.2 战略实施为基础的评价

组织面临内部和外部的多重挑战:飞速发展的商业环境,与日俱增的竞争压力,日益增长的客户期望。要想成功赢得竞争,就必须制定清晰的组织战略并将该战略实施到底。Ran Charan曾说过"大多数案例,估计有70%失败的原因不是专家们热衷讨论的高深概念所造成的,而是战略执行不到位所导致的。"要成功实施组织战略确实是个很大的挑战,尤其是如何在既定时间内确保战略目标的实现。

组织信息化是组织战略实现的支撑平台,而组织的信息化战略又是以经营战略为基础,从组织战略出发,结合组织自身的业务流程特点、组织自身的实力来制定的,并随着组织业务流程的调整而进行调整。因此,正确的组织信息化战略的制定和实施对组织的整体战略实施具有十分重要的意义。

2.2.1 战略实施工具——平衡计分卡和IT平衡计分卡

面临内外部的挑战,组织需要更加成功制定和实施组织战略。战略实施需要有效的工具支撑,而只有少数管理工具才能作为有效的基础架构来支持和推动组织战略目标和实施。国内外的实践经验表明,平衡计分卡(The Balanced Score Card, BSC)是一个重要的战略管理工具,它为组织的战略管理活动创建了很好的基础构架,可以在建立战略时使重点更加突出,有助于组织战略的实施。平衡记分卡是20世纪90年代初由哈佛商学院的罗伯特·卡普兰(Robert Kaplan)和诺朗诺顿研究所(Nolan Norton Institute)所长、美国复兴全球战略集团创始人兼总裁戴维·诺顿(David Norton)提出的一种绩效评价体系。当时该计划的目的在于找出超越传统以财务量度为主的绩效评价模式,以使组织的"策略"能够转变为"行动"而发展出来的一种全新的组织绩效管理方法。

平衡记分卡自创立以来,很快引起了理论界和实务界的浓厚兴趣与反响,被《哈佛商业评论》评为1975年以来最具影响力的管理工具之一,它打破了传统的单一使用财务指标衡量业绩的方法,在财务指标的基础上加入了未来驱动因素,即客户因素、内部经营管理过程和员工的学习成长,在集团战略规划与执行管理方面发挥非常重要的作用。由于平衡计分卡是一个衡量、评价组织的综合计分指标体系;是一系列财务绩效衡量指标与非财务绩效衡量指标的综合体;更是一种管理方法,其注意力主要放在组织战略目标的实现方面。因而,卡普兰和诺顿把"平衡计分卡作为战略管理体系的基石"。

在信息化战略制定和实施过程中,也可以借鉴和使用IT平衡计分卡。以平衡计分卡作为信息化战略的基础,可以将各种衡量方法整合为一个有机的整体,它既包含具有反映"硬件"的财务指标,同时又具备能在竞争中取胜的"软件"指标。这样,就使组织既能够追踪信息化所带来的业务贡献结果,又能够密切关注能使组织提高能力并获得未来增长潜力的驱动因素。

2.2.2 平衡计分卡原理

平衡计分卡方法打破了传统的只注重财务指标的业绩管理方法,认为传统的财务会计模式只能衡量过去发生的事情(落后的结果因素),无法评估组织前瞻性的投资(领先的驱动因素)。在工业时代,注重财务指标的管理方法还是有效的。但在信息社会里,传统的业绩管理方法并不全面,组织必须通过在客户、供应商、员工、组织流程、技术和革新等方面的投资,获得持续发展的动力。正是基于这样的认识,平衡计分卡方法认为,组织应从四个角度(图2-1)审视自身业绩:学习与成长、业务流程、顾客、财务。

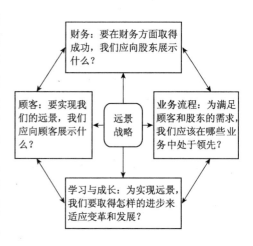

图 2-1 平衡计分卡将战略转化为行动的框架

1) 财务角度——目标是解决"股东如何看待我们"的问题

它主要考量管理者的努力是否对组织经济效益产生了积极的作用,因此是其他三个方面的出发点和归宿。财务指标主要包括收入增长指标(如销售额、利润额),成本减少或生产率提高指标,资本利用率或投资战略指标等,由于财务数据是有效管理组织的重要因素,因此财务目标大多是管理者优先考虑的目标。

2) 顾客角度——目标是解决"顾客如何看待我们"的问题

"顾客满意度的高低是组织成败的关键",因此现代组织的活动必须以客户价值为出发点,以顾客角度从时间(交货周期)、质量、服务和成本几个方面关注市场份额以及顾客的需求和满意程度来看一个组织。顾客指标体现了组织对外界变化的反映,主要包括市场份额、客户保留度、客户获取率、客户满意度、客户利润贡献率、送货准时率、产品退货率、合同取消数等。

3) 业务流程角度——目标是解决"我们擅长什么"的问题

它反映组织内部效率,关注导致组织整体绩效更好的,特别是对顾客满意度有重要影响的过程、决策和行动。其主要指标有:

(1) 评价组织创新能力的指标,如新产品开发所用的时间、新产品销售额在总销售额中所占的比例、所耗开发费用与营业利润的比例等;

(2) 评价组织生产经营绩效的指标,如产品生产时间和经营周转时间、产品和服务的质量、产品和服务的成本等;

(3) 评价组织售后服务绩效的指标,如组织对产品故障的反应时间和处理时间、售后服务的一次成功率、客户付款的时间等。

4) 学习与成长角度——目标是解决"我们是在进步吗"的问题

它将注意力引向组织未来成功的基础,涉及人员、信息系统和市场创新等问题,评估组织获得持续发展能力的情况,主要包括:

(1) 评价员工能力的指标,如员工满意程度、员工保持率、员工工作效率、员工培训次数等;

(2) 评价组织信息能力的指标,如信息覆盖率、信息系统反映的时间、当前可能取得的信息与期望所需要的信息的比例等;

(3) 评价激励、授权与协作的指标,如员工所提建议的数量、所采纳建议的数量、个人和部门之间的协作程度等。根据指标彼此的"因果关系"形成相辅相成的链条,并以兼顾四方面的"平衡"来追求组织的整体效益和健康发展。

尽管平衡计分卡的指标各有特定的内容,但彼此并非孤立、完全割裂的,而是既常常冲突对立又密不可分的。正如卡普兰所言"平衡计分卡的四个维度并不是罗列,学习维度、流程维度、客户维度、财务维度所组成的平衡计分卡既包含结果指标,也包含促成这些结果的先导性指标,并且这些指标之间存在因果关系",这种内部逻辑关系,其根本为投资者需要的财务角度,但投资收益是有一个价值产生过程的,先有员工的创新学习,组织内部管理才有优化的可能和基础,内部管理优化后就能更好地为顾客服务,顾客认可组织的产品和服务,才会进行有效消费,组织的价值才能实现,才能有投资收益。组织发展了一步,产生新情况,又需要员工创新学习,开始下一个循环,由此形成一个完整、均衡的关联指标体系。同时,为了保障战略的有效执行,BSC在评价系统中通过因果关系链整合了财务指标和非财务战略指标,既包括结果指标也包括驱动指标,使其自身成为一个前向反馈的管理控制系统。各指标平衡时,产生良性互动;当某个指标片面偏离目标发生冲突时,协调、沟通、评价机制发挥作用推动财务指标与非财务指标之间,领先指标与落后指标之间,长期指标与短期指标之间,外部指标与内部指标之间达到平衡。

通过理论探索与实践检验,要运用平衡记分卡,一般应具备以下四个前提条件:

(1) 组织的战略目标能够层层分解,并能够与组织内部的部门、工作组、个人的目标达成一致,其中个人利益能够服从组织的整体利益,这是平衡记分卡研究的一个重要前提。

(2) 记分卡所揭示的四个方面指标——包括财务、客户、内部经营过程、学习与成长——之间存在明确的因果驱动关系。但是这种严密的因果关系链在一个战略业务单位内部针对不同类别的职位系列却不易找到,或者说针对不同职位类别的个人,记分卡所涵盖的四个方面指标并不是必须的。

(3) 组织内部与实施平衡记分卡相配套的其他制度是健全的,包括财务核算体系的运作、内部信息平台的建设、岗位权责划分、业务流程管理以及与绩效考核相配套的人力资源管理的其他环节等。

(4) 组织内部每个岗位的员工都是胜任各自工作的,在此基础上研究一个战略业务单位的组织绩效才有意义。

在平衡记分卡的四个方面指标中,财务指标是结果性指标,是事后指标;客户、内部流程、学习与成长这三个方面指标是过程性指标,具有先导性作用。

2.2.3 IT平衡计分卡

IT平衡计分卡可以看做是组织信息化战略实施的工具。它可以将信息化的愿景、使命和发展战略与信息化的绩效评价联系起来,它把信息化的使命和战略转变为具体的目标和评测指标,以实现战略和绩效的有机结合。

平衡计分卡是对照业务目标进行信息化绩效管理的导航工具,并能够指出最佳行动路线。借助IT平衡计分卡,组织能够实现以下一些目标:

(1) 帮助组织树立IT价值观,建立起业务战略目标和IT目标的匹配,帮助组织建立信息化战略实施的基本路线,并促使组织从长期的目标考虑IT规划。

(2) 为组织提供综合的信息化绩效管理框架,既总结运营结果,又注重对将来业绩的驱动情况。

(3) 促进组织变革,落实切实可行的流程,通过对目标、指标和行动方案的制订、执行、评估和调整,使组织逐渐转变成为战略中心型组织,真正实现组织管理的变革和提升。

(4) 作为沟通平台,为规划目标的高层领导和贡献实际绩效的基层员工二者之间的差距找到链接和沟通渠道。

(5) 通过IT平衡计分卡能够使整个评价框架获得指标间的平衡,通过度量IT四个领域的性能,限制了过度强调某一方面而忽略其他方面的片面性。

(6) 增加度量的范围,从不同角度评价与衡量IT绩效有助于加强对无形收益和有形收益的分析。

(7) 合理的IT平衡计分卡可以反映组织的信息化战略,并可以将组织的策略转化为一系列相互联系的指标;明确结果指标和产生这些结果的执行动因间的因果关系。

2.2.4 业务与IT平衡计分卡

IT平衡计分卡是为组织信息化战略和业务战略目标的实现服务的,如果没有将IT和业务之间的关系明确,就不能在IT平衡计分卡中转换和表达公司的愿景和战略。因此,组织在引入平衡计分卡之前,一定要清楚定义组织的业务战略和信息化战略目标,从战略角度进行信息化的绩效管理和筹划,将IT平衡计分卡和组织平衡计分卡紧密结合起来,建立起业务战略和IT战略之间的对应关系,在分析业务计分卡的基础上,再定义出IT目标、关键绩效指标、目标值和行动方案。IT平衡计分卡必须从业务战略考虑,关注为组织创造价值;而在业务平衡计分卡中也需要包含基于IT的能力。

其中,业务计分卡的重点在于业务规划,覆盖整个业务部门。主要负责人是CEO,他主要关注的是IT的业务价值能否实现。而IT计分卡的重点在于IT规划,主要涵盖IT相关部门,主要负责人是CIO,他主要关注的是IT的有效性,即IT如何实现其业务价值。

2.2.5 IT平衡计分卡的构成

尽管组织类型有所不同,例如生产型组织和服务型组织的总体目标也各有不同。但是受组织最终目标——提高利润的驱使,各组织共享一些基本目标,这些基本目标适合于绝大多数组织。罗伯特·卡普兰所创建的平衡计分卡就是针对绝大多数组织的通用目标,提出的四个方面也是一般性的解决思路。以卡普兰创建的平衡计分卡为基础,从信息化与组织目标之间的关系出发,将IT与业务平衡计分卡的四个方面进行关联,创建适合于绝大多数组织信息化建设的通用IT平衡计分卡,如图2-2所示。

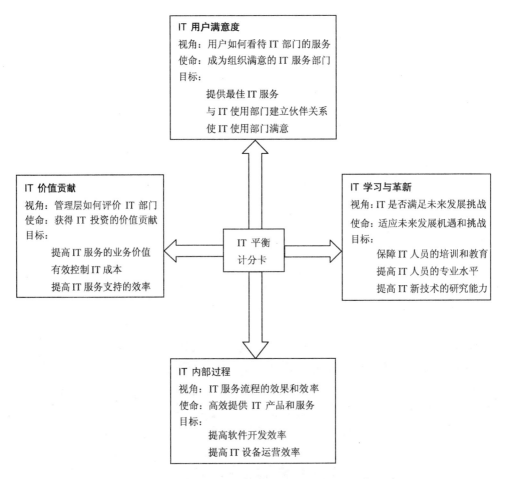

图 2-2　IT 平衡计分卡示意图

1）IT 价值贡献

信息化能够为组织带来价值，IT 价值贡献方面主要用于评价 IT 投资对组织的综合影响，价值比收益的范围更为广泛。这里价值贡献主要指与组织的预期相比，IT 是否满足组织的战略需要以及是否交付预期的财务收益。传统的财务视角关注信息化预算的控制以及能够从 IT 提供的服务中可以得到的收益，典型的财务度量是 IT 预算占营业额的百分数。从价值贡献的角度看待 IT，不仅只考虑到财务收益，更重要的是考虑由于战略协同带来的潜在影响。例如，当实施新的营销数据库时，会减少大量由于个别询问而对程序员产生的干扰，从而产生直接收益，但这个项目的真正价值在于营销人员能够将数据库集成到他们的工作中，从而产生高的交易额。表 2-1 列举了 IT 价值贡献的度量所关注的问题：

表 2-1 IT 价值贡献度量

目标	度量
组织使命目标	使命改善的百分数(成本、时间、质量、数量) IT 解决方案与服务的贡献 IT 收益实现情况与预期的比较
组合分析与管理	IT 投资举措评审与采纳的比例 旧 IT 应用淘汰率 应用淘汰计划达到的百分数 核心应用模块的可重用性 新 IT 投资占 IT 总投资的百分比
财务与投资绩效	内部提供的服务成本与行业标准的百分比 IT 目标预算占运营预算的比例 净现值、内部收益率、投资回报率、净资产收益率等
IT 资源的使用	跨组织资源的使用比例 跨部门共享数据库与应用的百分比 具备互操作能力的软硬件百分比

2) IT 用户满意度

IT 用户满意度方面主要从用户的视角评价 IT 产品和服务的质量与成本的有效性,即 IT 提供的服务与支持在满足个人用户方面达到的水平。这里用户主要是指终端用户、组织内部 IT 部门的客户。如果是跨组织的信息系统,这些用户可以是公司的客户。表 2-2 列举了 IT 用户满意度层面所关注的问题。

表 2-2 IT 用户满意度度量

目标	度量
客户参与度	使用整合的项目团队的项目比例 联合了 IT 客户与供应商的服务水平协议的比例
客户满意度	客户对产品交付的满意比例 客户对问题解决的满意比例 客户对 IT 管理的支持比例 客户对 IT 培训的支持比例 及时启动的产品比例 满足服务级别协议的比例
业务支持过程	IT 解决方案支持过程改进计划的比例 通过培训使用新的 IT 解决方案的比例 新用户在经过初步培训后能够使用 IT 应用的比例

3）IT 内部过程

IT 内部过程度量主要用于评价 IT 部门本身的操作有效性和效率性，主要包括两个方面：一是 IT 功能本身的卓越性；二是 IT 在业务过程中的使用。IT 内部过程关注 IT 部门两个基本过程的改进和度量：系统开发过程以及系统的运营过程，此外也关注其他过程，如问题管理、用户教育、人员管理、通信渠道的使用等。IT 交付质量产品与服务的能力对客户满意度产生直接影响，IT 应该为用户以最低成本交付高质量服务，这只有通过优化管理过程才能实现，并且通过改进内部过程的度量准则才行。这些准则不仅随时间变化，而且要尽量遵循工业标准和管理。表 2-3 列举了 IT 内部过程所关注的主要内容：

表 2-3　IT 内部过程度量

目标	度量
应用开发与维护	每人每小时交付的功能点数 在用户接受的每百个功能点中的缺陷数 每百个功能点中的关键失败数 解决关键缺陷的平均时间 开发周期
项目绩效	项目按时、按目标完成的百分比 满足功能需求的项目比例 使用标准方法论开发的项目比例 分析与设计
基础设施可用性	计算可用的百分比 通信可用的百分比 应用可用的百分比 联机系统可用的百分比
组织基础设施的标准化程度	每年被审计查出与标准偏差的数目 系统中使用的基础设施的增加数 相关标准培训的比例

4）IT 学习与革新

IT 学习与革新层面主要用于评估 IT 组织的技能水平以及持续学习和革新的能力。信息化过程的改善和绩效的实现最终离不开正确的人、正确的技术使用和正确的方法论。信息化的发展方向要能够适应或者引导组织的战略方向，发挥导航器和使能器的作用，就必须让雇员为未来准备应用举措，保证在未来 3～5 年内交付高质量的信息服务，并将努力投入到新兴技术的研究中，顺应并引导信息化的发展。信息化的发展带动雇员的学习能力，学习能力的增强进而推动信息化的建设。表 2-4 列举了 IT 学习与革新所关注的主要内容：

表 2-4　IT 学习与革新度量

目　标	度　量
工作队伍能力与开发	在使用新技术中受到培训的员工比例 专业人员的比例 IT 人员进行管理培训的比例 IT 预算是否有培训和发展员工的比例
先进技术的使用	对先进技术掌握熟练的员工比例 用于支持先进技术经验的资金数
方法论的同步性	应用方法是否新颖 熟悉先进应用开发技术的员工比例 使用认可的方法与工具的项目比例
客户满意度与保留	雇员对现存技术与操作环境支持使命表示满意的比例 员工的交易额

IT 平衡计分卡各维度之间不是孤立而是互相联系的,在平衡计分卡的使用过程中要特别注意策略背后的因果关系。在 IT 平衡计分卡的四个维度中,IT 学习与革新维度为其他三个维度的目标提供了基础构架,是使其他三个维度获得卓越成果的动力,通过学习与革新,可以使 IT 员工技能上升,生产率改进,从而提高 IT 应用开发能力与服务能力,IT 内部过程的改善可以提供更适合客户需要的产品或者服务,从而提高对业务能力的支持,增加 IT 的价值贡献。采用平衡计分卡能够描述组织的信息化战略,形成有形和无形收益集成的框架;它不仅是已取得成果的记录,而且也是预期结果的预示;将业务愿景和具体操作结合起来,从而在目标与易于度量的结果指标之间取得平衡。

2.3　管理控制为基础的评价

2.3.1　组织信息化管理控制的背景

随着信息技术本身的不断发展及其在组织中的应用日益广泛,组织信息化进程不断推进,组织对信息技术的关系越来越密切。一方面,信息技术的扩散与渗透应为组织目标的实现带来迅速的高增值服务;能够大幅度改变组织结构和组织经营行为,具有创造新的机会并降低成本的潜在能力。另一方面,组织对信息和交付这些信息的系统的依赖性日益提高;信息技术与网络技术的迅速变化也为组织带来了更大的风险,信息系统自身的脆弱性及网络入侵等的威胁与灾害等也时刻困扰着组织。对许多组织来说,信息和支撑这些信息的技术代表着这个组织最有价值的资产。管理层需要对组织内所有层次的IT风险和限制进行评价和分析,这样才能实现对信息及相关技术有效的指导和充分的控制。可以说,一个有效的信息化管理控制体系是任何组织能长期取得成功的关键因素。

从经营环境上看,组织正在进行重新构造来使操作流程趋于合理化,同时利用先进信息技术的优势来提高他们竞争的地位。组织重组、规模优化、向外寻求资源、向下授权、组织扁平化及分布式处理都是影响组织运作方式的变革。这些变革正在并将继续与全球组织内的管理及运作控制结构产生深刻的内部联系。信息技术已经融合到组织战略规划中,成为改善组织经营环境的主导力量。这也意味着需要采用更加强大的控制机制融入计算机和网络中去,这同时包括以硬件为基础的控制机制和以软件为基础的控制机制两方面。

在加速变革的信息技术时代,如果管理人员、信息系统专家及审计人员确实能够有效地履行他们的职责,他们的技能必须同技术及环境发展得一样快。如果他们要在评价典型的组织控制行为时作出合理且深谋远虑的判断,他们必须了解相关的控制技术及其变化特征。

简而言之,信息技术不断变化并快速扩张,管理者和员工很容易为这些新兴信息技术的特征所迷惑,以至于很容易忽略重要的控制和审计属性,与此同时,组织的结构也在发生剧烈变化。这就区别于在过去的大型机时代,用户很难确定数据、控制真正在哪里。比如说,网管员第二天进入的网络可能与前一天进入的就不一样,信息系统已经变得越来越难以管理。所以,我们迫切需要弹性化的信息化管控体系。

另外,许多组织认识到信息技术能带来潜在收益,成功的组织能够理解并能有效管理实施新技术带来的风险。因此,对于管理者而言,他们必须确定什么是对IT管理和控制的合理投资,怎样在一个总是不可预测的IT环境下平衡风险和实施控制的投资。因此,管理部门非常需要一个被广泛接受的IT管理和控制行为框架来对现存的和计划的IT环境拟定基准,从而辅助管理风险,并确定可接受的风险层次。此外,用户也越来越需要有保证的IT服务来确保存在充分的管理和控制。

信息化管控强调有效管理渗透其整个组织的复杂的信息技术,既能使组织充分利用其信息,达到收益最大化,又能更好地控制信息,降低应用信息技术的风险。

2.3.2 信息化管理控制的基本思想

1) 面向业务目标

管理控制的最终目标是追求组织的业务目标。需要在IT控制目标与组织业务目标之间建立清晰而明显的联系纽带。控制目标是根据组织重组再造的原则以面向过程的方法来定义的。在已确定的领域和过程中,高层控制目标被定义为理论基础并以文档的形式说明与业务目标的联系。此外,还提供了考虑因素和指导方法定义并实施 IT 控制目标。

信息化管理控制提供了把 IT 过程、IT 资源和信息连接到组织战略和目标上去的结构。而成功的组织会保证其战略计划及其 IT 活动之间的相互依赖性。组织活动为了达到业务目标需要从 IT 活动中获取信息。IT 必须与组织目标一致,并使组织能充分利用其信息优势,由此使利润最大化并抓住机遇,获得竞争优势。

为了保证 IT 实现其业务目标,必须指导并管理 IT 活动以达到管理风险和实施利益的有效平衡,需要一定的管理控制手段为 IT 活动,如计划和组织、获取和实施、交付和支持、监控等活动建立指导方法的基础。为了达到这个目标,管理部门需要弄清楚哪些是应该执行的最重要的活动及为了达到目标的度量过程,同时还应确定 IT 过程执行的优劣。此外,它需要有衡量不同于行业最佳行为以及国际标准的组织成熟度的能力。

2) 设定 IT 准则

业务和 IT 的目标和测量方法是如何联系在一起的呢?通常可以采用 IT 准则来描述,即为了实现组织的经营目标,需要信息技术遵循哪些准则。这些准则通常用以下术语来表达:

(1) 系统和服务的有效性;
(2) 缺乏完整和机密性的操作;
(3) 处理过程和操作的开销;
(4) 可信度、有效性和依赖度的状况。

IT 目标可以被描绘为传递符合 IT 准则的组织经营信息,这些经营信息用于组织的经营决策。IT 准则是由组织的经营指导方针所提供的,并且显示他们之中哪些是对处理过程至关重要的,哪些是次要的。信息准则将 IT 目标与组织目标集成起来。为了满足组织业务目标,需要制定信息准则,典型的信息准则应该满足质量要求、信用要求、安全要求。如表 2-5 所示:

表 2-5 典型的信息化管控信息准则

质量要求	信用要求	安全要求
质量	运作的效率和效益	保密性
成本	信息可靠性	完整性
交付	与法律法规一致	可用性

以上所提到的每条IT准则的重要程度是经营业务和组织运作环境的一个功能。IT组织的目标是根据IT准则的描述,传递组织为实现其经营目标所需求的信息。每一个组织都必须为它的经营活动决定每一条IT准则的重要性,实际上重要性也描述了组织的风险程度。

3) 控制IT过程

信息化管理控制通过在相关组织过程上确保有效的、高效的且可测量的改进方法来集成到组织业务管理中,使组织充分利用其信息优势,从而使利润最大化并抓住机遇,获得竞争优势。我们知道,IT目标取决于组织的目标,也就是为业务服务。为了履行职责和达到组织目标,管理者需要理解组织IT系统的状态并决定应该采取什么管理措施和控制手段。信息化管理控制中采用过程控制的方法,使计划和组织、获取和实施、交付和支持、监控IT绩效等过程以最优的方式结合在一起并使之制度化。通过这种方式保证组织内部的控制系统或者框架的适当性,从而支持组织流程。

4) 利用IT资源

信息化管理控制的价值最后体现在对IT资源的优化和利用上,即对IT资源进行规划、预算、组织、协调、控制与开发,以实现最大效用。所谓IT资源,就是指在信息活动中积累起来的以信息为核心的各类信息活动的要素的集合,IT资源的价值实现离不开这些要素的综合运用。这些要素包括:经过加工处理有序化并大量积累起来的有用数据的集合;为某种目的而生产信息的信息生产者集合;加工处理和传递信息的设备和技术的集合;信息活动要素的应用集合等。

2.3.3 信息化管理控制模型——COBIT

当前比较流行的控制目标分为以下几类:

(1) 商业控制模型。主要从受托责任方面来考虑一般控制框架的价值,如美国的COSO,加拿大的COCO。

(2) 集中于技术的IT控制模型。如CICA(加拿大特许会计师协会)的IT控制指南和NIST(美国标准技术协会)的安全手册。

(3) 连接IT与商业的控制模型,以COBIT为代表。

商业控制模型集中体现在对业务的控制,缺少对IT控制的阐述与说明;而集中于技术控制的模型没有为支持组织业务过程提供全面有用的IT控制目标。COBIT的目标就是在着重于IT的同时,通过提供紧密联系组织目标的基础来克服商业控制与IT控制之间的鸿沟。COBIT也是主要从组织经营目标和需求角度出发发展控制目标(与COSO视角一致),COSO是最早也是最重要的一个内部控制管理框架,信息系统包含在COSO的"信息与沟通部分"中。COBIT的控制目标由审计目标(财务信息鉴证、内部控制有效性评价)的视角发展而来。因此,COBIT的定位面向更加综合而全面的管理并且在比信息系统管理技术标准更高的层次上进行操作,它是一个IT管理与控制相结合的模型,从整体上来讲,COSO和COBIT一个是非IT的控制模型,一个是IT的控制模型,两者具有很好的互补作用。

COBIT并不是要取代其他控制模型,它只是在借鉴这些控制模型的基础上,在IT环境中提供更加详细的控制框架。与COBIT联系最紧密的是关于系统可靠性的AICPA/CICA SysTrust原则和标准。SysTrust是一个有可能用于设计、实施和评估内部控制系统的模型,特别在组织的运营活动对信息技术很依赖的情形下。SysTrust提供鉴证服务,用于增强管理者、客户和商业伙伴对支持业务和某种特别活动的系统的信任。

2.3.4 基于管理控制的IT绩效评价

基于组织经营需求的信息化管理控制模型能够评价其IT环境并能决定对组织信息及相关技术的控制进行改善和实施。可以帮助组织管理者回答下面的典型管理问题:组织的IT控制维持在什么水平能够有效支持业务目标?存在哪些风险?收益是否能够弥补成本?好的IT绩效表现的指标是什么?关键成功因素是什么?其他组织在做什么?我们应该怎么进行测量和比较?

管理指南通过关键成功因素、成熟度模型、关键目标指标、关键绩效指标四个方面的有机作用,使组织中的信息资源得到有效的管理,各部分功能如下:

成熟度模型——为了战略性判断和基准点对比。

CSFs——为了战略性判断和基准点对比。

KGIs——为了使IT过程处于控制之下。

KPIs——为了监控每一个IT过程的绩效或性能。

COBIT给出了通用的成熟度模型供参考:

0——无级别。完全没有可识别的流程,组织还未意识到需要解决的问题。

1——初始级。组织已意识到问题存在并需要加以解决,但没有标准的工作流程,仍然基于个人与一事一办原则采用临时解决办法;管理缺乏统筹规划。

2——可重复级。已建立工作流程,使不同人员在执行相同任务时能够采用类似的操作程序,但未对这些流程组织正式的培训和贯彻,其职责仍停留在个人阶段;实际工作对个人知识与能力存在很强的依赖性,错误时有发生。

3——已定义级。已建立标准化的书面程序,并通过正式的培训进行贯彻;虽已明确要求工作中必须遵循这些流程,但偏离流程的现象仍有发生;程序本身还不尽完善,只是现有工作惯例的正式化。

4——可管理级。管理层监督和衡量对程序的遵循性,并在流程失效时采取必要的纠正措施；工作流程已处于持续改进中并能作为最佳实践；自动化和工具在有限范围内分散使用。

5——优化级。基于持续改进的结果及外部组织的成熟度模型，工作流程已被优化为最佳实践。IT作为一个整体以使工作流程自动化、提供改进工作质量和效率的工具、使组织快速适应。

2.4 项目管理为基础的评价

2.4.1 信息化项目评价概述

信息化项目一般是指有明确的达到目标又有技术不确定性的限于一次性的信息化建设过程。项目是针对要解决的问题而建立的，它具有明确的完整目标，并以此目标决定其价值。因此，项目的成败取决于是否完成了预期的目标。为了达到目标，通常要组织一个有限期的团队来进行项目的开发，并在项目完成后解散。

20世纪80年代开始，以项目为主的组织形式日益受到国际上一些公司的青睐。从组织结构上来看，不少组织都在经历组织结构的转型。由于原有组织的传统职能部门缺乏灵活性，无法适应变幻莫测的信息化时代对组织变革的要求。随着组织日趋扁平化与动态化，项目制受到很多组织管理者的关注，其灵活的组织方式和对有限资源的合理组合分配将组织的适应性大为提高，对市场的变化能够迅速响应。这样，项目管理逐渐代替中层管理成为保障任务完成的方式。国际上很多公司认识到项目管理的重要性，将战略方法转向通过项目来管理组织。

目前，我国很多信息化建设的开展都是以项目形式推动的，而组织信息化项目实施成功的比例远远低于其他高技术研究开发项目。人们对这个问题进行的研究探讨大体分为三个方面，一是对软件本身的思考，认为软件的质量不高，管理思想不适合组织的实际情况；二是对组织业务过程的思考，认为在实施之前没有采用有效的理论和方法手段对组织的过程进行优化调整，不可能得到预期的效果；三是对实施过程本身的思考，认为信息化项目实施过程中缺乏有效的项目管理，这是导致项目管理失败的最主要原因。

2.4.2 信息化项目评价的形式

从评价的性质来看，评价主要扮演两种角色，一种是前瞻性的，目的是为了解决缺点以扬长避短，不断改善；另一种是回顾性的，目的是评估具体取得的成绩作为奖惩的依据。前者通常称为形式化评价，后者可以称为总结性评价。形式化评价和总体性评价相对应。

(1) 形式化评价

Worthen，Sanders，Fitzpatrick(1997)认为：形式化评价用于提供程序人员改善项目的有益信息。形式化评价通常在项目和产品开发或者改善阶段进行，通常是内部人员为了实现改善而进行的不止一次的评价。Weston，McAlpine，Bordonaro(1995)认为，形式化评价的目的是保证所要求的目标都已经实现，同时鉴别问题的所在。Bhola H. S.(1990)认为：形式化评价的目的是评价正在进行的项目活动，评价关注过程，始于项目开始，贯穿整个项目过程，延伸至项目结束。它的目的是提供有效改善项目的信息，在项目开发生命周期的许多节点处进行。

与总结性评价相比，形式化评价在开发与实施阶段进行，着眼于改善而不是判断，具有非正式性，过程导向，有一定的改善时间和余地。

(2) 总结性评价

总结性评价的目的是评价项目的结果。总结性评价通常发生在变更之后，在项目已经进入稳定之后以及在项目的影响已经形成之后。总结性评价回答的基本问题有：项目是否成功，其优点和缺点；项目对于预期目标的实现程度；参与者是否从项目中收益，以哪种方法受益；哪些组件最有效；项目结果与预期成本相比是否值得；项目是否可复制，是否透明化。

总结性评价主要收集关于过程影响以及成果方面的信息，告诉决策者战略是否成功，参与者是否达到目标，也描述了目标的实现程度。二者区别如表2-6所示：

表2-6 形式化评价与总结性评价比较

形式化评价	总结性评价
前瞻性	回顾性
面向改善，分析优缺点	将结果形成文档
形成习惯	总结习惯
形成方向	显示结果
进行反思的机会	形式化评估的证据
反馈	证据

对于信息化项目而言，其整个生命周期的评价是形式化评价和总结性评价的结合。对于每个过程域中的各阶段而言，需要通过持续的形式化评价使每个阶段的目标不断完善，而进行到一定阶段时也需要进行总结性评价，有利于对照目标的实现程度，总结成果，发现问题。

2.4.3 信息化项目评价的内容

1）规划与组织的过程评价

信息化项目开始于规划和组织过程,该过程主要根据组织目标进行信息化战略规划,组织和流程的重新设计,以及从不同的角度对信息化项目进行计划、沟通和管理。项目不是在结束时失败,而是在开始时失败。许多实施过项目的人都会对这句话感触良深。充分的规划与组织通常可以避免由于需求原因引起的重复劳动所造成的资金的浪费。

因此,规划与组织过程的评价特别重要,规划与组织过程的评价不等同于一般项目上的可行性分析,除了论证各投资方案的可行性进行抉择外,还包括与项目相关的战略需求评价、项目建设能力分析、项目可行性评价、风险评价、投资方案的确定等内容,该过程的评价主要包括表2-7所示内容:

表2-7 规划与组织过程评价主要内容

评价事项	主要内容
IT战略需求评价	组织目标分析 IT应用目标分析 IT战略规划
信息化项目组织和建设能力评价	建设能力分析 组织结构和特征分析
可行性分析	目标和方案可行性 技术可行性 管理可行性 经济可行性 内部和外部环境可行性
风险评价	规模风险 结构化程度风险 技术风险
投资效益评价	成本预测 效益预测

(1) IT战略需求评价

IT战略需求评价是指在了解目前信息化应用的基础上和组织长远发展的需求综合形成评价的过程,与项目启动后详细的需求分析是完全不同的两个阶段。

在分析战略需求时,我们可以借助成熟的工具使得战略需求分析更加精确和清晰。例如诺兰模型,该模型可以帮助组织设计信息系统发展的蓝图,使组织能够组织评估其现在所处的 IT 发展阶段,并以此制定组织信息化下一个阶段战略。

对信息需求的分析还可以采用战略栅格法,其中最著名的是 1983 年 McFarlan 等人开发的战略网络模型,其从当前的信息系统应用对组织生存的重要性和未来新系统应用对组织发展和生存的重要性两个维度归纳出组织对信息系统的需求。

(2) 项目组织和建设能力评价

信息化项目最重要的是将先进的管理理念通过 IT 的方式实现,能否实施这些管理理念,关键是看组织能不能吸收并通过 IT 固化这些理念,也就是组织信息化建设能力的高低。建设能力的评价一方面可以帮助组织确定是不是有能力实施项目,另一方面在项目正式启动前了解自身在能力方面的欠缺,可以有针对性地加强和培养,提高项目的成功率。

对于项目建设能力,可以借鉴美国两位学者 Pinto 和 Slevin 通过对美国 409 个项目进行调查分析,归纳出 10 类项目成败因素,根据重要性排序如下:

① 定义明确的项目目标;
② 高层管理人员的行政支持;
③ 明确界定项目组成成员责任并制定详尽实施计划;
④ 充分了解客户对项目的要求;
⑤ 项目成员的选择、任用和培训;
⑥ 为达到技术要求所需要的技术基础和专家;
⑦ 客户或委托人对最终产品和服务的认可;
⑧ 上级组织定期的监督和反馈;
⑨ 畅通的沟通渠道;
⑩ 项目组解决冲突的能力。

进行项目建设能力评价时,可以借鉴这些因素设计调查问卷,对项目建设能力进行综合判断,对比同行业平均水平或成功实施者,得出有实践意义的结果。

(3) 风险评估

风险评估应该贯穿在项目整个生命周期中,好的风险评估应是一个持续评估的过程。在系统规划阶段的风险评估主要侧重与分析组织面临的整体环境风险,包括识别潜在风险和脆弱性,分析风险程度,考虑风险对实现信息化项目使命的影响有多大,组织可以接受的风险程度,从而对项目的总体情况进行一个初步的判断。

风险评估主要包括以下几个步骤:

① 风险识别;
② 风险分析;

③ 风险测算；
④ 风险决策。

2) 建设与实施阶段评价

建设与实施阶段的总体目标是：为实现信息系统战略而进行的项目开发或者系统外包，确保所规划的系统得以实现，并进行资源的获取以及系统的开发和测试，实施和整合业务过程。建设与实施直接决定所产生的系统的质量。系统建设与实施的成本不断上升，将会消耗大量人力、物力、财力，如果开发不当，后期运行维护的费用通常会超过开发阶段费用，并且影响到信息系统交付的服务质量，从而影响绩效。在建设与实施过程，Hannu Kivijarvi 等(1995)的研究表明，系统开发的成熟度与组织高层财务绩效相关联，如果忽视开发阶段的质量，将会对系统后期的应用绩效产生负面影响。在系统开发阶段，投入成本不断上升，将消耗大量人力、物力、财力，如果开发不当，系统投入运行后的费用通常会超出开发费用。

总体而言，可以将该阶段的评价任务归结为两个方面(表2-8)：

表2-8 建设与实施过程评价

评价事项	评价内容
项目进程评价与控制	测定进度、质量、成本与目标的偏差 分析偏差的影响因素 采取必要的调控措施
项目中止决策评价	技术原因分析 经济原因分析 市场原因分析 管理原因分析

(1) 项目进程评价与控制

信息化项目实施过程是一项复杂的系统工程，它不仅涉及技术，而且涉及管理业务、组织和行为，需要各方人员的协调与配合，不仅需要项目管理者和项目工作人员的协调，也需要用户的参与和合作。美国项目管理协会(PMI)于1996年完善了所谓的"项目管理知识体系"(简称"PMBOK")，将项目管理划分成9个知识领域，即综合管理、范围管理、时间管理、成本管理、质量管理、人力资源管理、沟通管理、项目风险管理、项目采购管理。可见，其项目管理内容繁多，管理过程复杂。

无数经验教训告诉我们：项目管理不善将会造成很有前景的项目半路夭折，损失惨重，这绝非危言耸听。由于每个项目都有它特定的目标和特征，最终产品和服务的独特性增加了管理者经验在不同的项目之间进行复制的难度；此外，项目的执行过程是动态的，即使是在项目计划制定得非常详尽的情况下，也会随时发生各种变化。因此，在项目过程中需要进行控制，通过设置控制点，根据项目的进展对项目计划进行必要的调整。

项目过程控制的目的在于检测项目实施状态与目标状态的偏差,分析其原因和可能的影响因素,并及时反馈信息,做出决策并采取必要的管理措施来实现既定的目标。在计划实施过程中经常会随着需求的逐渐明确而引起成本和进度的变更,如果不能及时维护更新计划和采取控制措施,那么计划与实际的偏离会越来越大,从而导致失控的局面。因此需要有具体的责任人和一套规范来对项目实施跟踪与控制。由于项目实施过程主要表现为项目计划与控制过程,控制也是反馈的过程,除了采取管理措施纠正偏差外,由于在某些情况下,偏差是由于项目计划的制订而导致的,因此需要进一步的修正预期目标体系和计划,以使项目建设达到最佳的效果。

时间、成本、质量是项目成功的基本要素,而这三者之间相互矛盾,不可能使三个控制目标同时达到最优。提高质量意味着投资增加或者延长进度;压缩进度就会出现盲目赶工,势必影响成本与质量。因此,合理地控制进度、成本和质量,对于项目的成败起着至关重要的作用。本章将在最后重点介绍如何进行进度控制、成本控制、质量控制,从而保证对信息化项目实施过程的有效管理和控制。

(2) 中止决策评价

对于开发者而言,其目标是按要求按期完成开发任务,如果在实施过程中因外部环境发生重大变化,如市场需求变化、竞争性技术或者更完美的替代系统出现,或者原有设计方案中存在重大失误等,那么就需要对项目的方案进行重新评价,以决定继续执行还是中止项目方案。

项目中止是指项目的实质性工作已经停止,项目停滞不前,即项目不再有任何进展的可能性,具体表现在项目已经无限期拖延,项目资源已经转移到了其他项目中,项目团队已经解散。

项目中止决策是指对正在实施的项目,根据其进展及外部条件的变化,采取一定的方法对项目的前景进行推断,并决定项目是否中止的一种决策行为。

项目被中止的原因有很多,有一些情况是显而易见必须强迫中止的,主要有以下几种原因:

① 在项目建设过程中出现重大的修改意见,以至于需要推翻全部原方案,重新设计方案;

② 管理层或上级指示要求中止项目;

③ 项目实际耗费远超出预期,出现严重预算危机,使得项目停滞不前;

④ 外部环境变化导致组织流程变化,不需要在建项目继续进行下去;

⑤ 项目组主力人员离职,导致项目无法继续;

⑥ 项目由于资金无法于近期到位并且无法确定可能到位的具体期限,出现

"烂尾"。

还有一种情况需要进行理性谨慎的决策。即项目在进行过程中已经进行了一部分投入,中止项目会导致项目投入的损失,同时丧失机会;但如果继续进行下去,一旦失败则会造成更大的损失;如果暂缓项目,则可能由于已投入资金不能够盘活,而且如果没有正确的解决思路,也会造成项目机会和投入资金的丧失。

在这种情况下,可以通过考虑下面一些问题来进行辅助判断:
① 环境变化是否对项目需求产生重大变更;
② 项目目标是否仍与组织的目标保持一致;
③ 项目范围是否超出组织的财力;
④ 项目成果是否还有价值;
⑤ 项目是否能得到高层和相关部门的进一步支持;
⑥ 项目所代表的技术是否已经落后;
⑦ 项目组成员是否具备继续完成项目的能力;
⑧ 项目是否已经被其他新技术取代;
⑨ 项目成果的性价比怎样。

项目中止决策评价的具体步骤如下:首先确定影响项目中止的一系列因素,通过衡量是否能够达到这些因素作为决策基础,然后采用评分加权的方式,即对一些项目的相关因素进行评分,得出评价结果。具体的项目评价标准、分值的设定和标准权重通常是由公司的高层管理人员以及领域专家用德尔菲方法进行制定。

3) 运行与支持阶段的评价

运行与支持阶段的总体目标是保证系统交付运行后能够满足功能和性能要求,支持业务过程,满足业务目标的要求。该阶段是系统绩效产生的主要阶段,一方面系统在实际工作环境中的运行能够产生满意的输出结果以及正确恰当的信息;另一方面通过信息系统对资源进行配置,改善流程,使组织的资源转换成商业价值,能够改善组织的管理、流程等方面的业务,从而对组织产生直接和间接的经济效益,以及其他收益。

总体而言,可以将该阶段的评价任务归纳为以下几个方面,如表2-9所示。

(1) 验收评价

项目在开发完成交付使用之前,通常要进行项目验收。验收通常是在系统正式投入运行之后,根据新系统设计规格说明书的要求,对系统进行全面综合测试、分析和检查。通常由项目的投资方或者由投资方授权的代表组织专门的专家验收组进行验收,主要是检查系统是否达到了设计的目标。验收通常标志着项目的结束,验收之后,系统进入到正式运行和支持阶段。

表 2-9　运行与支持过程评价

评价事项	评价内容
验收评价	合同考核指标 检查项目组织与管理 项目质量验收 项目交接 项目清算
运行管理评价	系统性能评价 追加投资监控 项目可持续性评价
应用价值评价	项目经济效益评价 项目效果评价 项目影响评价

项目文件是项目验收和质量保证的重要依据也是项目交接、维护和评价的重要依据,在项目验收前,项目组必须向验收方出示项目各阶段成果的有关文档,主要包括:项目合同、项目计划、可行性研究报告、项目方案决策报告、项目进展报告、技术文件、项目变更文档、项目总结报告、项目成果鉴定、项目经费决算。

验收评价主要针对以下几个方面:

① 验收合同考核指标

验收的一项重要内容是检查项目合同考核指标的达标情况。验收工作依据是立项合同中可测、可评、可比较的考核指标,包括工程进度和实施情况、财务执行情况等。

② 检查项目组织与管理

主要审核项目经费使用合理性,项目实施调控的手段和效果。

③ 项目效果

对项目所获得的成果进行认真确认和评价,并对其产生的社会效果进行考察。包括项目的内容和建设规模、受益者的范围和反馈等。

在验收时要注意:需要有一套验收管理办法来对验收者的决策进行约束,要求验收委员会在提交验收意见时能够按照上述指标明确给出肯定或者否定的意见,不能回避项目中存在问题。

(2) 项目运行管理的评价

评价是一个持续的过程,并不能随着项目的结束而结束,特别是信息化项目具有投资周期长、见效慢、间接价值和不可测价值高等特点,运行过程中的评价就可以起到补充、修正预期目标的作用,更加精确地理解信息化项目所产生的价值,为未来的信息化建设提供参考。

运行管理评价时机一般选在项目结束一段时间后进行，主要是对整个建设过程进行总结，以实际的数据资料为基础，重新衡量信息化建设的经济性，对投资行为及项目管理行为进行评论和分析，为以后相关的基础上决策提供借鉴和反馈信息。这种评价的主要目的有三个：一是对已建成的信息系统进行评价，通常要从系统开发本身，系统性能以及系统应用等方面考虑进行评价。例如，功能方面要考察完整性、可靠性、适应性、可操作性、可维护性、安全保密性等，从而为今后的维护活动奠定基础。二是检查确定投资项目或者活动达到理想效果的程度，包括一次性投资、软硬件比重、运行费用等，从而总结经验教训，为新项目的宏观导向、政策和管理提供信息。三是对系统所需要追加的投资进行评价，对追加投资活动的使用情况进行监督。四是对项目的可持续性进行评价，包括项目在长期运行方面是否存在重大问题，以及是否适应组织长期发展战略的需要等。

（3）应用价值评价

信息化项目应用价值方面的评价，不仅仅是狭隘的财务角度的评价，也不仅是只关注用户满意度或者只关注系统质量的评价，而是要评价信息化项目对整个业务所带来的影响，这样，评价就变得十分复杂。信息系统已经成为一种越来越标准的基础架构，尤其是标准套装软件，可以购买，也可以模仿，但不能对组织的核心竞争力产生影响。真正产生差别的不是信息系统本身，而是如何应用信息系统。因此，在考虑信息系统的绩效时，应用价值也是重要的评价因素。

① 项目经济效益评价

项目效益评价主要是指经济效益评价，评价主要分析指标与前期的成本收益评价基本相同，但是评价的性质有所不同。项目前评价属于预测性评价，所采用的是预测值；而项目后评价则对应已经发生的财务现金流量的实际值，并按照统计学原理加以处理，对后评价时以后的流量进行新的预测。

② 项目应用效果评价

项目应用效果评价主要衡量系统的应用是否达到了管理效率提高、管理水平改善、管理人员劳动强度减轻等间接效果。除了信息系统的功能性、可用性之外，对项目的管理和对系统的使用也是至关重要的。善于利用和管理信息系统的公司经常引进具有较好功能、更快、更系统化和更高效的信息系统，这使他们的竞争地位得以保持甚至能获得新的优势。相反，那些不善于利用和管理信息系统的组织，即使在信息系统上投入大量资金，可能依然无法获得应有的回报。这说明，真正产生竞争力的不是信息系统本身，而是系统的应用，因此，应该把应用效果作为重要的评价因素。

③ 项目影响评价

信息化项目的影响主要包括经济影响和社会影响。

经济影响评价主要分析评价项目对所在地区、所属行业和国家经济方面所产生的影响。经济影响评价要注意把项目效益评价中的经济分析区别开来,避免重复计算。评价的内容主要包括直接和间接的经济效益、资源成本、技术进步等。由于经济影响评价的部分因素难以量化,只能做定性分析,通常将其纳入社会影响范围内。

社会影响评价主要是指项目对社会发展有形和无形的效益和结果的一种分析,重点评价对所在地区和社会的影响。

4) 监控过程评价

监控活动贯穿系统的整个生命周期,是进行信息化项目内部控制的较为有效的方式。监控活动具有动态性,由于在项目进展过程中不可避免出现环境与人员的变更,需要随时对项目的目标以及行动决策进行"微调";此外,通过持续监控可以很容易发现各阶段存在的漏洞,从而及时校正,使每个阶段得到的评价结果可以集成到未来的活动中去,避免进一步的损失。

为保证监控活动的有效性,本章借鉴了形式化评价的方法。形式化评价起源于软件工程,也称为形式化走查,主要是指由一组成员轮流测试产品的不同方面,查看程序是否存在疏漏的问题和缺点,从而及时改正。现在形式化评价的概念已经广泛用于评价中,内涵也有所拓展。

对于形式化评价而言,需要在整个生命周期设定特定的节点,以便提供及时有效改善项目的信息。通常,信息化项目的每个阶段都具有以下共性:

(1) 每个阶段都有明确的目标和任务,以及预期要达到的阶段性成果。例如,定义用户需求,制定用户确认方法等。

(2) 每个阶段都有交付品,即活动的输出结果。例如:系统控制文件、需求说明书、交付的硬件、软件和文件、逻辑模型等,这些产品是各个控制关口的证据,用以确保项目满足阶段或者子阶段的目标。

(3) 每个阶段的活动都对应相应的职责部门。

(4) 每个阶段都要进行进度、成本与质量的控制。

为保证及时动态地反馈每个阶段的进展情况,针对每个阶段设立控制关口,即在进行到下一阶段活动前设定需要满足的决策检查点,并在控制关口处对各阶段的任务、交付品、责任落实等情况进行审查。针对某阶段的评价结果可以反馈与控制,从而保证对下一阶段的绩效影响减小。

采用形式化评价能够对各阶段的任务、进度和成本等进行跟踪和控制,从而能够及时进行项目调整。因此,在监控阶段采取的持续的形式化评价使得系统评价具有动态性。

5) 项目实施过程评价方法

组织信息化过程中,存在两个进程,一个是实施的实际进程;另一个是管理进程,即对实施进行控制的进程。控制进程中,主要的工作是要对实施的实际进程中形成的各种报告、文档进行审计,形成审计报告和阶段报告,确认一个阶段结束和另一个阶段开始的时间,在实施完成后,对实施的整个过程进行评估。在传统的控制过程中,往往以问题为中心,哪里出现问题就到哪些地方去救火,这类控制过程具有较大的随机性,缺乏解决问题的整体性和明确的目标,往往会造成顾此失彼的情况,而且控制的效果很大程度受到控制者的个人经验和能力影响。而且传统的项目管理理论和方法是基于技术的,是对项目历史数据的管理,是一种记录式、事后式的管理,远远不能满足信息化项目管理的需要。

基于评价的控制过程,即根据项目计划执行情况,以项目的预期目标体系来控制各类活动,做到有的放矢又不失整体性。下面介绍项目管理中的三个关键环节:进度控制、成本控制和质量控制。

(1) 进度控制

进度是系统进展情况的反映,它贯穿于信息系统整个生命周期中,进度不仅仅是一个时间概念,还包括任务、时间、成本等因素,只有全方位的考察进度才不至于顾此失彼,既保证预定时间,又能使项目保质保量完成。进度控制是项目管理过程中的一个十分重要的内容,因为进度管理的不科学、不系统是当前信息系统开发失败的突出问题。进度控制实际上是指定进度计划,在实施过程中根据实际情况动态的调整、补充进度计划的过程。进度控制包括审查进度计划的合理性、可行性、进度过程的完成情况,以及进度的调整与改进对策等。

进度计划的表达方法有很多,常见的如甘特图法和网络图法。

(2) 成本控制

成本控制就是保证各项工作在各自的预算范围内进行。成本预算的基本原理是根据预先制定的成本预算,定期与实际情况进行比较分析,预测出项目完成时的成本是否超出预算、进度会提前还是落后,从而及时采取必要的纠正措施,修正或更新项目计划,以优化资金的开支,避免浪费,提高效率。

(3) 质量控制

系统建设与实施过程中,质量也是一个关键性的问题,用户和开发者既要开发质量满足需要的最终系统,又要注意开发过程的每个阶段的质量。他们可以通过阶段性评审将已经实现的部分和计划的目标相比较,找出差异,纠正偏差,及时反馈和纠正,将错误消除在早期,以使其影响降到最低。质量控制主要是监督项目的实施结果,将项目结果与事先制定的质量标准进行比较,找出存在的差异,并分析这一差异的原因。对于信息化项目而言,质量控制通常由质量控制部门或者类似的质量保证组织实施。

第3章 信息系统绩效评价的若干视角

> 研究视角的不同,形成了研究目标、内容和方法的差异,直接导致了成果应用领域和价值的区别。当前信息系统绩效评价研究主要分为四种评价视角,即用户满意度观、收益观、系统质量观、应用观,本章将对这几种观点进行论述。

3.1 信息系统收益观点

信息系统收益观点是把信息系统作为一种资本投入品进行选择。信息系统作为资本投入品,其使用与组织生产经营过程紧密相连,既要考虑信息系统对生产经营的有用性,又要考虑信息系统使用的方便性,同时信息系统作为资本投入品,还要考虑对组织整体财务绩效的贡献,从这个角度来看待信息系统,就要求其为组织带来最大化的货币净收益,即以最少的使用代价(成本)获得最大的收益。

对于信息系统成本收益的度量研究由来已久,并且范围非常广泛,取得了丰硕的成果。但同时,由于信息系统的特殊性,除了显性收益(提高产值、增加利润、节约成本、提高服务质量、提高客户满意度等)外,还有大量的潜在收益(如提高员工素质、提高决策质量、提升企业组织文化、改进企业行为模式、增强学习能力等);除了显性成本(购置安装投入、培训费用、运行维护费用、折旧损耗等)外,还有许多隐性成本(系统转换的心理适应过程、协调费用、道德风险等)。有些显性收益和显性成本不易度量,而更多的潜在收益、隐性成本甚至不易识别,这给使用成本收益定量模型衡量和信息系统绩效评价带来困难。由于成本收益定量模型缺乏可操作性和可信性,因此始终模型没有得到实务界的认可和采纳。尽管如此,人们从来没有放弃定量分析信息系统财务和经济效益的研究,毕竟数据最能发现问题,也最具说服力,同时经济效益也是多方利益相关者关注的焦点。各国学者从不同角度,对信息系统的收益和成本进行了研究分析,探讨信息技术给企业创造的价值。

3.1.1 信息系统收益来源要素的研究

Ricardo Valerdi(2005)认为衡量信息系统的方法可以划分为两类：对信息系统本身性能的评价，信息系统对企业绩效的影响以及效果的评价，并将信息系统绩效来源划分成以下四类，如图3-1所示：

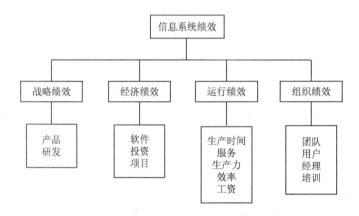

图3-1　Ricardo Valerdi 的信息系统绩效评价分类

Ward John 和 Griffiths P. M.(1996)等提到了办公需求的功能分析方法(Functional Analysis of Office Requirement，FAOR)，该方法吸收了收益分析的框架。Ward 等人考虑了信息系统收益识别、评估、实现、评价的整个过程，关注信息技术的投资结构，而不是信息系统项目的评估。但是，该方法只关注了信息系统开发周期的一部分，并没与真正将收益管理概念和其他阶段有效结合起来。

信息系统可以在提高生产过程中的"自动化效果，以廉价的信息技术资本对劳动力的替代来降低生产过程的成本"和"提高信息使用效果，为管理提供了更好的控制、监测和决策信息基础"两个方面，为企业带来收益(张青、黄丽华，2003)。

Shang 和 Seddon(2002)通过对233个ERP系统应用案例的分析研究，提出了一个全面的ERP收益框架。他们认为ERP的实施，必然会对企业的商业利益产生影响，具体而言，可以为企业带来运作(减低成本、缩短周转周期、提高生产力、提高产品和服务质量)、管理(优化资源管理、提高决策和计划能力、提高监督能力)、战略(促进业务增长、支持业务联盟、促进企业创新、带来成本优势、形成差异化、带动与厂商和消费者的联系)、IT建设(提高建立IT基础设施的能力、减低IT成本、提高IT适应业务变化和企业创新的能力)和组织(支持组织变革、促进组织学习、促进分权、有利于形成共同愿景)五个方面的收益。

熊晓元(2002)将信息系统收益分为显性收益和潜在收益。显性收益又分为直接经济效益和间接经济效益,直接经济效益主要指企业的产值、利润等财务目标等,间接经济效益主要有减少交易和运营成本、降低物耗、节约劳动力成本、提高效率、改进质量等,体现在企业业务处理活动的效率上。潜在收益主要指企业素质,如员工对信息化的意识和信息技术水平的提高、管理者管理能力的提高以及企业信息文化的形成(企业价值观和信念、行为模式和组织学习能力)等,企业的创新能力、应变力等核心能力提高方面。

相对于收益,信息系统的成本辨认和测量要容易很多。Bender 将公司运行总成本和 IT 成本比较,表明 IT 投资存在最优水平。Harris 实证发现 IT 投资成本最大的公司其对应绩效提升也最快。Robson(1997)对信息系统成本的总结最为全面,将其细分为十项:硬件成本(处理器、打印机、存贮设备和附件等)、软件成本(外购软件包、自行开发成本、外包成本)、安装成本(专家咨询费用、新旧转换费用等)、环境成本(电线电缆、办公家具、空调设备、人员安全和法律成本等)、运行成本(电话、网络通讯费用、在线数据库、电视电话咨询服务、电子公告等)、维护成本(软、硬件出现故障时的服务成本等)、安全成本(防火墙、杀毒软件、备份等为防范风险所付出的成本等)、网络成本(网络的软硬件和管理成本等)、培训成本(培训、背景教育、使用过程中的支持和更新等)、组织成本(不兼容成本、新的薪酬体系、迁移成本、管理成本等)。

3.1.2 信息系统收益的衡量

在信息系统收益观的相关研究中,相当一部分聚焦于信息系统收益的影响因素研究,还有一部分主要集中在如何衡量信息系统收益上。Mahmood(1993)将信息技术(IT)投资价值评价方法分为三类:一是关键比率法(Key Ratio Approach),如 IT 花费占全部运营费用的比率、年度 IT 的财务预算占收入的百分比;二是竞争相互作用方法(Competition Interaction Approach),如 ATM 的应用可以增加银行在当地的市场份额;三是微观经济学方法(Microeconomic Approach),即运用微观经济学理论建立模型来分析 IT 对组织绩效的影响。张青、黄丽华等在借鉴上述分类成果基础上,依据目前信息技术投资价值评价方法的理论基础及其发展脉络,将信息系统收益的衡量方法也划分为三类,以下对此进行介绍。

1) 传统费用效益法及其衍生形式

由于信息系统成本和收益的复杂性,许多实务工作者倾向于运用传统的财务方法和指标来衡量信息系统收益,这些方法和指标主要包括:成本收益分析(King & Schrems, 1978)、投资回报率(Cron 和 Sobel, 1983)、投资回收期(Brealey 和 Myers, 1988)、内部报酬率(Brealey 和 Myers, 1988)、净现值(Brealey 和 Myers, 1988)、资产回报率(Cron 和 Sobel, 1983; Barua 等, 1995)、权益回报率(Strassman,1990)、管理回报率(Strassman,1990)、经济增加值(Stern & Steward Co.,1989)等等。这些方法计算信息系统收益的基本思想是沿用企业传统的估算投资收益的方法,其基本做法是把投资收益同成本相比较,进而确定投资的可行性或投资绩效。

传统的费用效益方法大多建立在资金的时间价值理论基础之上。一般是以一定折现率对IT投资项目在整个寿命周期内的投资、维护费用和收益等现金流进行折现,计算其净现值(NPV)或内部收益率(IRR)、投资回报率(ROI)等,然后根据相应的评价准则,对其进行衡量判断以揭示IT投资价值的大小。

这种方法建立在以下两个假设条件之上:①IT项目未来的成本与收益是确定的,IT功能发挥的时间也是确定的;②IT投资价值的社会成本与效益存在与否不重要。由于这些假设条件与现实之中的IT价值产生特点不甚相符,因此该方法在IT投资价值评估过程中的应用受到一定的限制。Tam通过对信息系统开发项目的净现值方法应用情况的经验调查就发现,IT的实践者们面临着如何选择合适的模型参数,如信息系统项目的成本、收益时间和折现率等难题。这样,只有一些简单的、规模较小、效益明显的IT投资项目常常采用净现值方法,而对于重大IT投资项目的决策,人们更多地依赖直觉、经验和拇指规则。剑桥信息网络(CIN)就ROI能否有效地测度IT投资价值这一问题对其会员中的1 400名CIO和高级经理进行了调查,他们的调查结果表明2/3的人对此表示赞同,1/3的人则表示怀疑。他们怀疑的理由是,IT投资价值中包含的无形和间接效益,ROI无法包括和测度。他们指出之所以采用ROI,其目的是获得当局对IT投资的批准。同时,研究人员和实际工作者们都认为,传统费用效益法仅仅局限于财务或技术方面,是不完全的,一些潜在的隐性成本与效益(hidden costs and benefits)被忽略。例如,IT在实施过程中涉及员工方面的组织成本与效益就考虑得不充分,从而导致对IT投资价值的低估(Slater S.F.,1995)。因此,在评估IT投资价值时,必须对这些隐性成本与效益进行区别。针对传统费用效益法这方面的不足,理论界最近提出可以通过运用社会技术系统(STS)理论与方法构建IT投资价值的社会评价体系来予以解决。

社会技术系统理论认为,组织由社会与技术子系统组成,社会子系统由员工、知识、技能、相互关系、态度和需要等要素构成;技术子系统由设备、工具以及在社会子系统完成组织任务的工艺技术组成。社会与技术子系统之间相互依赖、相互作用。IT价值的实现要通过社会、技术两个子系统的共同作用才能完成,IT投资价值最大化需要两个子系统和谐共存、相互协调、相互匹配才能实现。否则,在相互匹配、适应上的一个小问题都可能造成严重的系统影响。IT投资无论在社会子系统和技术子系统方面都涉及成本与效益,因此,决策者在评价IT投资价值时,必须同时考虑二者，忽视其中任何一方面都是不科学的。这种方法将员工的技术专长、判断能力、决策和任务的相互依赖以及员工的士气、工作满意度等作为社会子系统的成本与效益的主要因素。IT 投资的社会效益主要包括生产率的提高、质量、决策能力的改善以及劳动力的节约等；IT 投资的社会成本则主要包括培训费用、管理变革造成的角色冲突、控制权的丧失等。借助于社会技术系统理论，Sherry D. Ryan 和 David A. Harrison(2000)还提出一种决策树法，这种方法为决策者在识别、分析和评价 IT 投资价值之时进行社会成本与效益分析提供了一种概念性框架。它可以帮助决策者充分估计 IT 投资项目实施过程中和实施之后的社会成本与效益，最大限度地降低 IT 投资过程中的社会成本，提高其社会效益。

传统的费用效益法，除存在对社会子系统成本和效益考虑不足的缺陷以外，还存在基于项目投资是不可逆的，而依赖于未来不确定因素的当前判断，忽视 IT 的发展给企业造成机会选择等方面的不足，既不能对未来回报的可能性进行评价，也无法对投资过程中的应变决策提供支持，因而不能妥善解决包括在信息系统投资项目中的柔性问题。针对这一不足，理论界采用期权理论(Option Theory)予以解决(P. Balasubramanian 和 N. Kulatilaka 等,2000)。

期权理论认为，IT 投资如其他投资一样具有期权性质。因为 IT 投资一般都是分阶段进行的，后续的投资都是建立在前期投资绩效基础之上的。同时，人们可以充分考虑 IT 进步给企业带来的机会收益与造成的机会成本，来决定是否进行下一步的投资。换言之，企业存在一种是否继续进行投资的选择权，存在一种在将来某种情况下争取更大额外报酬的可能性。目前考虑这一可能性，就是为该投资项目增加了一份对将来更大回报的选择权。这种选择权是有价值的，并能以它的现值计算。因此，这种投资机会是可以选择、可逆的 IT 投资机会价值，可将其拓展为 IT 投资的战略价值。即：

IT 投资战略价值的 NPV ＝ 传统 NPV 预期现金回报＋项目所含期权的价值

期权理论可适时根据市场价格的随机波动来反映 IT 投资的价值和潜在价值，特别注重投资过程中的阶段性评价。因此，它降低了 IT 投资在发生过程中或发生后形成资产不可转换的"刚性"，并赋予了 IT 投资整个形成过程中更多的可调节性或灵活性，这对于降低和规避项目周期长、受不确定性因素影响较大的 IT 投资风险具有重要的价值。与此同时，需要看到的是，期权模型也还存在一定的局限性，如其评价仍局限于财务绩效，计价模型的选择及模型的适用范围也存在很多争议，并且模型参数难以确定。正因为如此，Lenos Trigeorgis(1996)将实物期权理论应用到 IT 投资或信息系统平台投资是 IT 投资价值的未来研究方向。

社会技术系统方法将 IT 投资价值与成本从狭义、有形的财务绩效与成本拓宽到广义的、包括无形效益的社会价值范畴；期权法则突出了IT投资的阶段性，考虑了投资过程中的机会成本与效益，两者都从不同侧面对传统的费用效益评价法进行了完善。尽管这两种方法还存在某些不足，但它们都比ROI能够更加全面真实地反映IT投资的价值，这无疑是评价方法的一大进步。

2）基于过程导向的评价法

过程导向（Process Oriented）评价方法认为，技术对组织绩效的影响是通过组织的结构和过程的影响来实现的。因而，对于IT投资价值的评价应包括：组织绩效与组织结构和过程改善两个方面。与生产函数评价方法将IT价值的产生过程看成"黑箱"，通过考察和比较其输入与输出来衡量IT投资价值大小的方法不同，这类评价方法主张打开"黑箱"，对IT价值形成过程进行系统研究，将IT产生的绩效与其产生过程中的因素结合起来进行全面的评价。其突出特点主要有三：一是基于IT投资价值形成与转换过程的分析，侧重于IT潜在价值的评价；二是侧重于IT价值创造过程中的影响因素与组织绩效间关系的分析；三是侧重于IT投资价值产生基本单元——企业的流程或活动的分析。

J. Davern和Weill等人认为，IT价值创造始于IT投资和花费所提供的潜力；IT由潜力向实现价值的转换可能性取决组织IT项目的高层管理者对项目的支持与管理水平和有效、合适层次的员工培训等。因受组织管理水平的影响，IT投资的结果只有部分潜在价值得以实现，投资也只能得到部分回报。而且，IT投资价值要通过IT实施和业务流程的重新设计予以实现。其中，IT的战略与规划是关键，它可以增加各层次的价值转换可能性。

潜在价值的测度是IT投资价值评价研究领域的新概念。IT的潜在价值（potential value）是一种理想技术方案期望的商业回报，它通过技术推动和业务拉动予以实现。如何充分发挥其潜在价值，是管理者需要考虑的重点。在IT投资价值由潜在转化为现实的过程，IT投资价值的计量范围则随其研究层次的变化而变化。因此，对IT实现价值、潜在价值的识别必须与其具体的商业过程联系起来。价值点（docus of value）概念的提出为精确测度IT投资价值和理解这些价值的实现过程提供了较好的分析工具。因为IT项目的潜在价值反映在市场、公司、组织和个人等不同的层次，只有将它们加以综合，才能全面反映其潜在价值。然而，这其中有可能造成层次之间的矛盾与冲突，甚至于在同层次既存在正面效应，也存在负面效应。如一种新的供应链管理方法通过降低库存水平来降低生产成本，同时却增加了销售的机会成本，在生产点上具有正的价值，在销售点上则呈现负的价值；而在公司一级，它们又可在一定程度上相互抵消。而对员工个人来说，一种新技术的采用可能受到甲的欢迎，有可能招来乙的反感，带来心理适应成本。

对于IT投资价值与其影响因素关系的分析，过程导向评价方法是从以下两个角度进行的。其一,从 IT 价值形成与转换过程的角度,Alina M. Chircu 和 Rober J. Kuffman 认为,由于受有限理性的影响,在价值流由潜在价值向现实价值转化的过程中,IT 投资价值受到评价与转换障碍形成的价值折扣因子的影响,而导致不是所有的价值流都可转化为现实价值。其中的评价障碍因子主要包括:组织本身的特征和产业特征方面的影响。前者主要有组织的惯例和标准,拥有的产品和市场专门知识,与客户、供应商的关系以及人力资本等;后者主要包括:产业公共专用资产(con-specialized asset)的稀缺性、成本和路径依赖等。转换障碍因子主要是因缺乏产业公共专有资源、人力资本等而形成的资源障碍;组织过程的重新设计需要员工学习新的技能、开发新的组织规则,从而形成的知识障碍;用户在使用过程中对 IT 技术的领悟力、理解力欠缺,IT 技术因设计粗劣造成信息超载而失去吸引力的用法障碍等。

其二,根据对 IT 潜在价值的影响范围,影响因素可分为:市场层次(环境条件、竞争对手的行为、政府规制和技术水平等);公司层次(IT 战略目标,IT 战略与业务战略的匹配度,是否进行 IT 投资的前、后评估,决策质量以及员工对信息系统开发规则变化的容忍程度等);团队层次等。有研究者发现,CEO 对 IT 的态度和看法以及对 IT 重要性的意识与组织支持使用 IT 的热情密切相关(B. Ives 等,1991),组织的 IT 管理知识、对 IT 的态度、IT 氛围是 IT 如何支持组织战略的重要指标(Andrew C. Boynton 等,1994)。除此之外,Grover(1998)等人运用来自信息系统经理的观察数据揭示了 IT 技术扩散、过程变化与生产率提高之间的关系。Premkumar 和 King(1992)则发现,经理们对 IT 价值的评价还同其在组织中的角色与地位有关。

基于过程导向的 IT 价值评价方法最后将焦点聚集于 IT 投资价值转换的关键——流程上。他们认为,IT 资源配置是在流程之中完成的,组织的资源同时转换为商业价值。因此,只有通过流程,投资的商业价值才能被识别、发现。而从 IT 投资到其价值实现过程来看,IT 投资是通过改善各业务流程之间的联系来创造价值的。IT 对各流程之间的联系影响越大,IT 投资对企业绩效的贡献也就越大。因而,流程是联系 IT 投资与其创造价值的中介与桥梁,IT 投资价值首先产生于流程(J. G. Mooney,etal.,1996)。

基于过程导向的 IT 投资价值评价方法,通常采用波特的价值链方法来分析 IT 投资是如何影响价值链中的生产、销售与营销、财务、客户服务、后勤等关键业务活动来增强组织价值的。而 Paul P. Tallon 等人则不局限于此,他们将 IT 投资价值的分析由价值链拓展到价值网络(value networks),即分析因 IT 投资在客户或供应商之间建立及时的网络联系而创造的价值。

基于过程导向的 IT 投资价值评价方法将其评价的视角聚焦于 IT 价值形成过

程,实现IT价值(结果)与评价过程的有机结合,并且以IT价值形成的基本单元——流程作为评价的切入点,抓住了IT投资价值和过程重组之间的内在联系这一关键。这有利于正确识别和提升IT投资的价值,但IT投资价值形成的影响因素众多,并且它们对IT潜在价值转换成现实价值的可能性的影响程度也难以逐一量化。因此,这一类方法虽然比较具体、细化,但不如生产函数法那样较为宏观、直接;同时,将潜在价值作为主要评价对象,有可能造成价值高估。

3) 生产函数及其衍生方法

这类方法建立在微观经济学理论基础之上,它将IT投资价值的实现看成是一个投入产出过程,而将投资价值的实现过程看作一个黑箱,通过对投入与产出的比较,采用技术效率、规模效率、资源配置效率、成本效率等概念,运用计量经济学模型和用参数估计与非参数估计方法(如DEA)来分析IT投资价值。但它们主要侧重于产业这一较为宏观层次的信息系统绩效分析。

Sabyasachi Mitra等(1996)运用微观经济学的生产理论较好地分析了IT投资价值产生的微观经济机理。他们认为,IT对企业运营成本的影响,是通过对企业生产过程产生两方面的效果来实现的。其一,是自动化效果,即以廉价的IT技术资本对劳动力的替代来降低生产过程的成本,如自动订单系统、电子发票、工资支付系统等。这种效果易于识别,便于计量。其二,是信息效果,即IT为管理提供了更好的控制、监测和决策信息基础,有利于提高管理效果。管理效果不易识别、难以计量。从理论上讲,IT投资价值应是二者之和,但后一种效果却因其难以计量而往往为研究生产者所忽视。有学者认为,长期平均成本线(LAC)是由长期平均生产成本(LAPC)和长期平均管理成本(LAMC,即控制、监测成本)线合成。规模经济的作用导致LAPC呈U型。与此同时,企业规模扩大也会导致其控制、监测成本增加,LAMC是一条向上倾斜的曲线,二者的合成则呈现U型。IT投资的增加,可为企业对分散运营进行更加有效地控制和提高决策质量提供更好的信息,有利于企业对运营过程的控制与监督,既保证了企业成长,又确保规模经济的实现。换言之,IT投资将导致LAMC曲线右移,进而导致LAC曲线右移,并且促使LAC曲线的最低点低于未采用IT投资时的最低点。

Lichtenberg(1995)根据《计算机周刊》和《计算机世界》杂志中的数据,用Cobb-Douglas生产函数分析信息系统投资的收益时,发现信息系统存在巨大的潜在收益,并且,利用这种方法估计出"一个熟练信息系统的工作人员的生产率等于六个非信息系统工作人员的生产率"的结论。支持信息系统投资有价值的结论,但这种计算比较粗略,对要素的考虑也相对单一。

Brynjolfsson和Hitt等人认为,生产率是测度与评价IT技术对经济增长贡献的基本指标。因此,他们依据微观经济学的生产理论"产出是投入的函数",也采用

Cobb-Douglas 生产函数方法,对 IT 投资对企业经济增长的贡献进行了具体的测度。其具体形式是:

$$\log Q_{it} = \beta_0 + \beta_1 \log C_{it} + \beta_2 \log K_{it} + \beta_3 \log S_{it} + \beta_4 \log L_{it} + e$$

式中:Q_{it}——组织的产出;

C_{it}、K_{it}——计算机方面与非计算机方面的资本投入;

S_{it}、L_{it}——信息系统与非信息系统方面的劳动力投入;

β_i——特定系数。

上述模型在应用过程中,存在以下几方面的问题:①对 IT 与非 IT 投资、IT 人员与非 IT 人员进行科学的界定,存在很大的技术困难。②IT 价值的潜在性、滞后性、无形性、长期性造成计量困难,依靠单纯的财务绩效难以完全反映。③效益的不可分离性,在一定时期内企业效益的增长,部分是由于应用 IT 而引起的,部分是由其他方面的技术进步促成的,二者之间较难分离。若全部归功于应用 IT,显然不合理;反之,若全部归功于其他技术进步,也是完全错误的。与此同时,在 IT 投资实践中,大多数企业也正是因为存在 IT 与非 IT 技术之间不匹配和 IT 系统内部不匹配问题而造成信息人员的素质不适应 IT 的要求;另一方面又因信息技术的飞速发展而造成 IT 的基础设施不匹配、不同步,而这些问题正是造成 IT 投资整体效益不佳的重要原因。

Brynjolrsson 和 Hitt(1995)研究分析 IT 在不同企业中作用的差异,用超越对数函数代替 Cobb-Douglas 生产函数模型,在原有的数据基础上将"企业的影响"作为一个因素考虑,得出"考虑企业影响因素分析 IT 投入带来的生产率利益是原有的未将企业影响因素考虑的一半,但 IT 的弹性仍为正,且显著;运用超越对数函数得出的 IT 弹性估计和边际产出率只有很小的变化;在不同经营管理水平的企业中,IT 所带来的效益亦不同"等结论。

Brynjolfsson 等(2003)实证分析了 380 个公司的年度数据,发现 IT 投资对企业产量有影响,提升了劳动生产率和消费者价值。Brynjolrsson 和 Hitt(2003)又选择了 1987 年至 1994 年八年间的 527 个美国企业的样本数据,运用多要素生产率计算方法,得出了"在短期内(一年内)信息化能够带来可计量的生产率和产出增长的贡献,且与投资成本基本一致;而在长期内(使用 5~7 年的数据分析)信息化对生产率的贡献增加到 5 倍以上"的结论。他们通过对数据的观察,还发现"信息系统对生产率的贡献常常伴随着企业对诸如组织资本等较长期或较大的投资"。

然而,有些学者的研究却得出与此相反的结论,有研究发现"并没有确凿证据显示高额的信息系统投资能有相对等的回报",甚至,"信息系统投资的大幅提高,会导致企业收益率和竞争力下降"。

Morrison 和 Brendt(1990)用生产效率函数检验企业数据,结果显示,信息系统投资的边际收益低于边际成本(1 美元的边际成本获得 80 美分的边际收益),得出信息系统投资与生产率负相关的结论。

针对生产函数产出单一,难以全面反映 IT 投资价值的问题,理论界目前倾向于采用大样本和多元统计的相关性分析方法、典型相关分析法及 DEA 法对 IT 投入与产出之间的关系进行研究。如 Sumit Sircar 等(2000)运用多元统计的相关性分析方法对 2009 个样本进行研究,发现 IT 投资与企业的销售收入、资产、所有者权益呈正相关关系,与净收入无关;信息系统员工培训费用与公司绩效呈正相关关系,其产生的价值甚至超过对计算机的投资。J. Gary 等则通过典型相关分析揭示多个 IT 投资指标与多个组织绩效指标之间的关系。Rajiv Banker 等人运用 DEA 验证了实施与未实施 POS 和订单协调系统各餐馆之间绩效是否存在差异等问题;Paradi 等人运用 DEA 对加拿大银行业软件开发项目的绩效进行了评价;Scott M. Shafer 等人在此基础上从较为宏观的跨组织层次对 200 多个组织的 IT 投资绩效相对有效性进行了评估。DEA 方法为 IT 投资价值的相对有效性提供了一种很好的评估手段。该方法对投入产出指标不像生产函数法那样苛刻,而表现出较大的柔性,仅仅要求这些指标必须与 IT 投资相关,其评价结果不仅能够衡量组织 IT 投资的相对有效性,而且为组织改进 IT 投资效益指明了方向。与参数方法相比,DEA 在生产过程呈现规模回报变动(Rajiv D. Banker,1986)和潜在生产函数十分复杂的情况下(B. H. Gong 等,1992)显示出它的优越性。

这种方法的不足主要有:

(1) 评价结果依赖于投入产出指标的选择,目前,常用的投入指标有:每个职工拥有的微机数、IT 预算占销售收入的比例、组织的全部微处理器价值占销售额的比例、人员培训费占信息系统全部预算的百分比等;产出指标有销售收入增长率、净利润增长率、市场份额、ROI 和企业市场价值的变化等。不同的投入产出指标会得出有效性全然不同的评价结论。因此,投入产出指标的选择显得十分关键。

(2) IT 投资与其效益产生的时间不对称。Brynjolfssom 在对 IT 投资价值进行计量经济学研究后,明确指出 IT 投资效益明显滞后于投资 2～3 年。尽管通过扩大评价的时间跨度,如运用 3 年投入的平均数、5 年的产出平均数,可以减少这种时滞影响,但具体到某个企业其效益究竟持续多长的时间,在实际之中难以把握。

(3) 评价结果还受数据质量的影响较大。尽管可扩大样本或进行深度调查,但在研究过程中样本的选择往往基于便利和数据的可获得性,而不是基于系统或理论的标准,因而其结论的一般意义受到很大的影响。

前面大量研究表明,从信息系统收益的角度来衡量信息系统绩效确实能够使得绩效结果更加直观,但是由于信息系统投资本身的时滞、长期性、间接性、不可分割性等特点,使得这种衡量结果的准确性存在较大疑问;同时,信息系统收益的衡量最终还是集中于财务性的收益,或者说货币收益,使得这种视角可能缺乏社会关怀。

3.2 用户满意度观点

Joan A. Ballantine 和 Stephanie Stray(1999)实证发现 IT 应用在财务效益上存在时滞性,Remenyi(2000)认为财务方法具有局限性,不能很好地表现 IT 应用中非财务绩效和间接成本。Robert 指出单纯用财务指标测评信息系统绩效是不够的,消费者满意度、市场份额、组织创新性、管理流程水平等更能反映公司未来发展前景,比短期财务指标更重要。尽管非财务指标存在与利润关系较模糊、指标间勾稽关系较弱等缺陷,但是越来越多的学者开始研究非财务指标,旨在客观评价信息系统对公司经营状况的全面影响。

信息系统用户满意度是指用户期望值与最终获得值之间的匹配程度,用户满意度观点的出发点是:把信息系统看作一个服务提供者,从服务使用者的角度对 IT 成功要素进行归纳,主要关注系统的反应速度、便捷性、可靠性、个性化服务等(Wu 和 Wang,2006)。不同研究对满意度的内涵有不同的理解。

3.2.1 TAM 模型的提出及发展

信息系统用户对于信息系统的满意程度决定了用户是否采纳该信息系统,从而直接影响着该系统在市场上的发展状况。消费者采纳意愿与行为的理论模型统称为采纳模型,用户采纳理论自产生以来,致力于研究用户满意程度的影响因素,进而分析系统的发展策略。早期的理性行为(TRA)与计划行为理论(TPB)是广义的用户采纳行为预测模型,而技术接受模型(Technology Acceptance Model,TAM)则被更多地应用于信息系统研究领域。

1) TAM 模型的提出

在 TAM 模型诞生之前,已有许多研究人员对信息技术领域的采纳意愿与行为进行了研究,但是,以往研究大多聚焦在技术、系统的开发等方面,希望通过对信息系统开发过程的改进和最终产品的改良,提高最终消费者的采纳意愿,而并未深入到对消费者感知及其与采纳行为关系的探讨。David I. Cleland(1972)针对信息系统的分析与设计过程,提出分析人员与使用者团队的概念,希望以此化解使用者在新技术采纳方面存在困难的难题;从技术研究领域来看,系统开发过程中的生命周期理论和"瀑布模型"、"螺旋模型"两个派生模型的提出,对改善系统开发过程具有建设性意义;除此之外,面向对象的方法、信息工程方法和原型化方法等结构化方法的出现,对于信息系统开发过程中效率的提升、系统本身质量的提高和人机交互的进一步友好等都有很大的推动作用。而在 Davis 之前进行的这些着眼于技术层面的研究,在改善消费者采纳意愿方面并无明显效果,其实系统质量和用户采纳之间本身就存在着非常大的差异。

Davis(1989)最先运用理性行为理论研究用户对信息系统接受情况,提出技术接受模型,最初的目的是对计算机广泛接受的决定性因素做一个解释说明。TAM 提出了两个主要的决定因素:①感知的有用性(Perceived Usefulness,PU),反映一个人认为使用一个具体的系统对他工作业绩提高的程度;②感知的易用性(Perceived Ease of Use,PEOU),反映一个人认为容易使用一个具体的系统的程度。

TAM 模型认为系统使用是由行为意向(Behavioral Intention,BI)决定的,而行为意向由想用的态度(Attitude Toward Using,ATU)和感知的有用性共同决定(BI=ATU+PU),想用的态度由感知的有用性和易用性共同决定(ATU=PU+PEOU),感知的有用性由感知的易用性和外部变量共同决定(PU=PEOU+External Variables),感知的易用性是由外部变量决定的(PEOU=External Variables)。想用的态度是指个体用户在使用系统时主观上积极的或消极的感受;使用的行为意向是个体愿意去完成特定行为的可测量程度;外部变量包括系统设计特征、用户特征(包括感知形式和其他个性特征)、任务特征、开发或执行过程的本质、政策影响、组织结构等等,为 TAM 模型中存在的内部信念、态度、意向和不同的个人之间的差异、环境约束、可控制的干扰因素之间建立起一种联系,这些关联如图 3-2 所示:

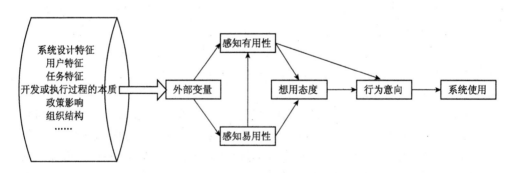

图 3-2　Davis 的 TAM 模型(1989)

TAM 模型遵循 Davis(1989)和 Agarwal(1999)等人提出的如下假设:

第一,行为意图会引起实际行为,且行为意图由个人态度所决定。如果行动者对于采纳某一新技术的态度越趋于正向,则他/她的意愿也愈强,进而使用这一新技术的实际行为也就越可能发生。

第二,感知有用性和感知易用性,二者是决定行为人个人态度的重要变量。简单而言,感知有用性用以描述个人对于新技术有用程度的看法,比如新技术的采用是否会带来效率的提升或损耗的下降等,这一因素的提出源自于 Schultz R. L. 等(1987)提出的期望理论模型;感知易用性则用来描述个人为能够使用新技术所需要付出的努力的大小,例如新技术的操作界面是否有好,与之前的技术在操作流程和使用方法等方面是否存在着较大差异等,它是 Davis 受到 Bandura 自我效能理论的启发而提炼出来的。对于一项新技术而言,如果该技术的有用性越强,且越容易使用,那么个人对于该技术的态度也就更加趋于正向。

第三,感知有用性除作用于个人态度以外,同时会直接影响到行为意愿。举例说明,如果一项新技术是非常有用的,比如会极大地提高工作效率,但由于该项技术存在着较大跨越,因此要学会使用它存在着较大难度。面对这样的情况,尽管个人对新技术的态度可能趋于负向,即不太愿意使用它,但考虑到工作需要,仍然会产生使用的行为意图,进而使用该项技术。

第四,感知易用性会对感知有用性产生影响,它们之间存在着单向的正向相关关系,即当新技术的感知易用性越高时,个体所感受到的感知有用性也会越高。或者可以这样理解,即对于一项新技术而言,尽管在有用性方面没有太大突破,但如果较之前的技术而言,新技术更加易于使用,这也会在无形中让使用者感到该技术更加有用。

第五,感知易用性和感知有用性受到外界环境变量的影响。Igbaria 等(1995)、Venkatesh 等(1996)、Szajna(1996)和孙建军等(2007)的研究结果表明,对潜在使用者进行培训、对新技术的特性进行发掘和让使用者参与到新技术的设计过程中,等等,可以使个人对新技术的有用性和易用性的感知评价发生变化,并最终影响到个人的采纳行为。

在后续研究过程中,Davis 将 107 位电脑使用者作为研究对象,对 TAM 模型的有效性进行了检验。实验将感知有用性和感知易用性设为自变量,将电脑使用行为设为因变量,研究采用自我报告的数据收集方法。最终通过实验得出行为意图对使用者采纳与否的实际行为具有较强的解释和预测能力;感知有用性是影响个人行为意愿的主要因素;感知易用性对行为意愿的影响相对较弱。Davis 指出,TAM 模型在个人对于新技术的采纳行为与意愿方面的解释和预测能力非常强,这一点同时得到 Agarwal 和 Prasad(1999)的肯定。TAM 模型特别适用于信息技术领域,它搭建出一个从外界变量到使用者内在观念和态度,并最终到实际采纳行动的理论模型,奠定了研究基础。

2) TAM 模型的扩展研究

近年来,随着研究者对于 TAM 研究与认识的不断深入,TAM 被越来越多地应用于新兴信息技术,比如电子商务、互联网、通信产品和计算机软硬件等,并随之出现了许多 TAM 的修正、创新模型。此外,针对模型中内部变量之间的相互影响关系和外部因素对内部变量的影响的检验等研究也在持续的进行当中。新提出的模型更加完善,对于用户满意度影响因素的解释力和预测力更强。模型的改善主要集中于新变量的添加和模型之间的整合这两方面。

(1) C-TAM-TPB 模型

Taylor 和 Todd(1995)针对 TAM 模型中缺少主观规范这一影响因素,基于计划行为理论,加入了主观规范因素并进行改进,提出了 TAM 和 TPB 综合模型(Combined TAM and TPB, C-TAM-TPB),模型结构如图 3-3 所示:

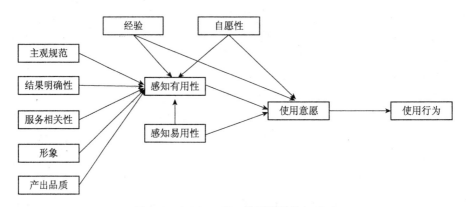

图 3-3 C-TAM-TPB 的模型结构(1995)

通过上述模型可以看出,态度除受到感知有用性和感知易用性两大因素的影响之外,还会受系统兼容性的影响。模型中的主观规范由同级观念和上级观念决定。Dishaw 等(1999)指出,主观规范因素的添加具有实际意义,因为使用者对于新技术的接受在一定程度上会受到来自社会和组织规范等方面的压力的影响。这一看法同时受到 Paul Legris 等(2003)的支持。此外,感知行为控制变量也被加入到模型当中,与个人态度和主观规范一起,共同对行为意图产生作用。不仅如此,感知行为控制还可能会对个体的实际行动产生影响。较 TAM 模型而言,对 TAM 和 TPB 进行了融合的 C-TAM-TPB 模型考虑到同事和上级等周围社会环境对个人接受意愿的影响,同时考虑到外界资源和技术对行为控制和实际行动的作用,可以说是借助 TPB 的优势弥补了 TAM 模型的局限性。

(2) TAM 2 模型

Davis 和 Venkatesh(2000)对 TAM 模型做出进一步完善,提出了改进模型

TAM 2(如图 3-4 所示)。此模型不仅添加了主观规范因素,而且还增添了许多前人未曾使用过的变量、形象、经验、结果明确性等。研究结果显示,相对于主动性较强的使用者,被动接受新技术的使用者受到外界社会因素影响的效果是十分明显的,这样的影响会随着时间慢慢削减并最终消失。Hartwick J. 等(1994)通过研究发现,经验会对主观规范产生影响,如果使用者对新技术并不熟悉,那么他/她会对周围人存在着较强的依赖性,这种依赖性会伴随着经验的逐渐积累而显著降低。TAM 2模型弥补了 TAM 模型并未充分考虑外界资源因素的缺陷,但对于模型中变量的设计、各内部变量之间的影响关系,以及变量间的影响程度等,还有待进一步的研究加以检验和测量。

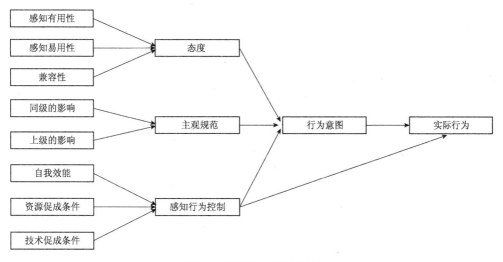

图 3-4　TAM 2 模型(2000)

(3) TAME 模型

TAME 模型同样是基于 TAM 模型,Jackson 等人通过引入先前使用、变化认同、情境涉入和内在涉入等变量,对原始模型进行了修正,提出技术接受扩展模型(TAM Extension, TAME),如图 3-5 所示:

所谓先前使用,是指用户以往的使用经验将会对新技术接受产生的影响,可以理解为通常所说的转换成本。Hartwick J. 等人(1994)的调查结果显示,对于拥有先前使用经验的用户而言,让他们改变原来的使用习惯而接受新的技术有困难。变化认同与主观规范因素相似,指个体感受到的来自于周围重要影响者对自身采纳行为的看法。用户涉入包括情境涉入和内在涉入两个组成部分,Hartwick 等人(1994)将其定义为潜在使用者对新技术开发的介入程度。Jackson 等人(1997)基于前人的研究成果指出,情境涉入用来表示潜在使用者参与到系统开发的具体环

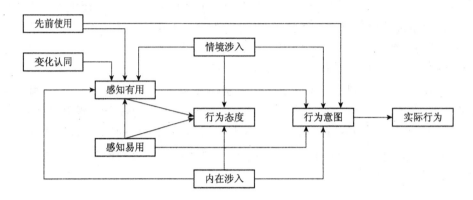

图 3-5 TAME 模型

节的程度,例如潜在使用者可能会参加系统的设计过程、程序的编写过程等,其作用是暂时的;内在涉入用以表示潜在使用者的价值观等与事件和对象等之间的联系,是一个持续性变量。Hartwick 等(1994)认为,较情境涉入的暂时性影响而言,内在涉入才是真正意义上的涉入。

在后续的研究过程中,Jackson 等(1997)以 MIS 的使用者作为研究对象,对 TAME 模型的预测效果进行了检验。Jackson 等指出,较 TAM 模型而言,TAME 模型的优越之处主要体现在情境涉入因素和内在涉入因素的引入,这使得模型在影响因素的考虑上更为全面,但 Jackson 等同时认为,应在模型中补充更多的涉及用户心理的变量,以提升模型的解释和预测能力。

(4) ECM-IT 模型

Bhattacherjee(2001)通过整合技术接受理论和"期望-确认"理论,提出了 ECM-IT 模型(图 3-6)。该模型主要创新之处在于考虑了用户采纳新技术的使用过程将对继续使用意向产生影响。Bhattacherjee 认为,用户在新技术使用过程中切身体会到的使用效果与其心理预期之间的差距将对该使用者的后续使用意愿产生影响。对于上述结论,Bhattacherjee 通过消费者网上银行业务的持续使用情况进行了验证。

图 3-6 ECM-IT 模型

(5) TAM 模型与 TTF 模型的整合

Dishaw 和 Strong(1999)为了解决 TAM 模型没有充分考虑到消费者需求与技术性能匹配程度的问题,提出了 TAM 和 TTF 的整合模型,如图 3-7 所示。该模型将技术匹配程度作为变量之一添加到模型当中,并认为该变量将对感知有用性和易用性等因素产生影响。

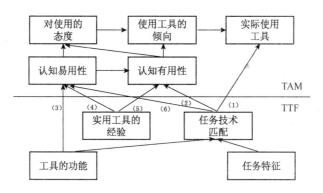

图 3-7　Dishaw 和 Strong 的 TAM/TTF 整合模型

(6) UTAUT 模型

基于前人大量的研究成果,Venkatesh、Davis 和 Morris(2003)通过整合包括理性行为理论、计划行为理论、创新扩散理论、社会认知理论、动机模型、技术适配模型、PC 利用模型和 C-TAM-TPB 模型等在内的众多理论和模型,构建出"整合技术接受与使用理论"(Unified Theory of Acceptance and Use of Technology, UTAUT),其内容十分丰富,但同时也因为变量的丰富性,使得研究人员在使用该模型时,对变量的理解与界定,以及逻辑关系之间的梳理存在着一定的难度。UTAUT 模型如图 3-8 所示。

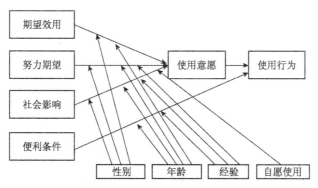

图 3-8　UTAUT 模型(2003)

期望效用变量用以衡量使用者对于新技术的预期使用效果将会给个人使用意愿带来的影响,重点在于新技术能够给个体在工作等方面表现上的提升,这使得对于绩效要求较高的使用者,该变量的影响作用比较显著。期望效用变量又由感知有用性、工作适配度、相对优势和预期结果等因素决定。努力期望变量与 TAM 模型中的感知有用性类似,是衡量新技术是否易于学习、是否用户友好的变量,代表个人如果接受新技术需要付出的努力程度。通过人性化的设计降低消费者的努力成本将是提高其采纳率的有效途径之一。努力期望由感知有用性(Davis,1989)、复杂程度(Thompson et al.,1991)和易于使用(Moore and Benbasat,1991)三大因素决定。同时,性别和年龄不同的个体,其使用意愿也不同。社会影响变量类似于原模型中的主观规范变量,指个人感受到的来自周围环境的压力,或者说其重要影响者认为他/她是否应当采纳该项新技术。性别、年龄、经验和自愿使用四个变量会同时作用于社会影响对个人接受意愿的影响。有实验结果显示,年长的人比年轻人、女性比男性受社会影响更加显著。Venkatesh 等在设置社会影响这一变量时,充分考虑到了以往模型中的主观规范(Davis etal.,1989)、形象(Moore and Benbasat,1991)和社会环境(Thompson etal.,1991)等因素。便利条件变量指的是个体了解到的新技术与配套设施和已有技术等的配合程度,由促成条件、感知行为控制和一致性三个因素所决定。配套设施越完备、与现有技术等的兼容程度越高,则个人感受到的新技术的便利程度也就越高。需要指出的是,便利条件直接作用于个人使用行为,而非使用意图,并在作用过程中受年龄和经验两个调节变量的影响。有实验数据表明,UTAUT 模型的有效性能够达到 70%,超过了该研究领域以往的所有模型。

从上述研究可以看出,在用户采纳意愿与行为研究领域,研究者付出了很多努力。能够影响到用户接受意愿的因素有很多,除个人态度、主观规范、感知行为控制、感知易用性和感知有用性以外,研究者还将形象、先前使用、情境涉入、内在涉入、便利条件和技术匹配等诸多影响因素加至新的模型。也正是因为研究者对于消费者接受意愿与行为影响因素的不断扩充,及其相互之间影响关系的梳理与实验验证,才使得该领域的理论和模型日益丰富,解释和预测的能力也得到不断增强。

3) TAM 模型在现有系统中的应用

随着信息技术的发展和研究的逐步深入,人们发现,对于不同的信息系统,基于现有模型,可以构建更具针对性、适配程度更高的 TAM 模型。

(1) 知识管理系统接受模型的结构

目前,越来越多的组织意识到组织竞争力依赖于对智力资源的有效管理,使得知识管理迅速成为一个非常重要的组织职能。知识管理包括大范围的复杂的组织、社会和行为的因素,尽管如此,信息技术仍是目前研究知识管理的一个主要因素。知识管理是由信息有关的技术所支撑，因此可以采用技术接受模型对知识管理系统的接受进行研究。该模型主要测度技术接受模型两个主要因素——感知的有用性、易用性与用户使用知识管理系统的意向，以及实际使用之间的关系。

该研究模型同 Davis 最初的技术接受模型相比较，没有考虑想用的态度这个因素，这是因为 Davis 在 1989 年发现想用的态度在感知的有用性对使用的行为意向的影响方面只起部分调节作用，由于在该研究模型中没有涉及影响感知的有用性、感知的易用性的因素，所以外部变量也没有包括在该研究模型中。

（2）ERP 应用系统接受模型的结构

ERP 是一个能够处理包括财政、人力资源、制造、物资管理、销售和分配在内的多种功能的系统。实施 ERP 需要大量的组织资源并存在由大量投资所带来的风险，相比传统简单的信息技术系统的实施是一个完全不相同的信息技术应用范畴。

在该研究模型中，着重研究影响 TAM 模型中两个主要的因素——感知有用性和感知易用性的因素，同时定义了三个外部变量：ERP 系统的计划交流，对 ERP 系统所产生利益的共识，ERP 系统的训练。在组织中，最先可能接受 ERP 系统的是高级管理工作者，ERP 系统的计划交流使得关于 ERP 系统的信息从高级管理人员流向其他的人员，对 ERP 系统能产生利益的共识是指同行以及管理人员之间对 ERP 系统价值所达成的共识，ERP 系统的训练包括内部训练和外部训练，是指对用户的一系列培训。

（3）Internet 应用接受模型的结构

开发基于 Internet 的系统以及建立企业内部的互联网有助于打破供应者与需求者之间时间和距离的障碍，以减少成本提高生产率。企业使用 Internet 主要用来收集信息，但怎样取得企业所期望的信息是企业使用 Internet 的一个主要障碍，更为重要的是信息处理的性能也越来越取决于信息与组织任务的匹配程度。

在该研究模型中，使用技术接受模型对个人的工作业绩进行评估。对日常工作中 Internet 使用的评估主要依据个人对使用与任务有关的网站和 Internet 的印象。为了实证研究工作人员对与任务有关的 Internet 的使用，综合运用了技术接受模型和信息行为模型。信息行为模型主要说明人们怎样通过信息的需求—搜寻—使用循环来降低任务的不确定性。以信息行为模型的三步循环为基础，对工作中 Internet 的使用进行评估研究。在信息需求方面，主要就相关的信息能否解决问题的个人判断进行模拟研究，提出因素相关性；在信息搜寻阶段，使用两个技术因素——感知的有用性、易用性和一个个人因素——想用的态度对个人的评估进行研究；在信息使用阶段，用感知的业绩进行研究，对用户来说，相比具体的使用 Internet，评估制定的决策所带来的结果和使用 Internet 能解决的实际问题更为重要一些。

(4) Online Shopping 接受模型的结构

近几年来,大量网上零售商的破产使得人们对 B2C 网上销售模式过度乐观的期望有所降低,尽管如此,B2C 电子商务作为一种销售媒介并没有消失。Amazon, eBay, Travelocity 这几个电子商务网站持久稳定的发展显示出电子商务零售商有能力克服时间和空间上的障碍为消费者提供更好的服务——大量的产品信息、专家建议、定制化服务、快速的订单过程、电子产品的快速交付等等。但同时也存在着很多挑战,尤其是在网站界面设计、订单填写、付款方式,以及消费者个人信息的保护上。

采用技术接受模型对 Online Shopping 接受进行研究,但由于消费者在选择零售商时,享有更多的自主权,所以还必须考虑除了感知的有用性和易用性这两个因素之外其他因素的影响,包括兼容性、隐私、安全、规范的信念和自我效用。

(5) 基于无经验和有经验消费者的 Online Stores 接受模型的结构

吸引新的消费者并留住已有的消费者是电子商务成功的关键。消费者对网上商家的信任在吸引新的消费者和留住已有的消费者两方面都起着重要的作用,尤其是消费者对网上商店是否可信的判断将会影响新老消费者参与电子商务的意愿。虽然消费者的信任是影响消费者接受并使用电子商务的一个很重要的因素,但并不是唯一的因素。在进行网上交易时,消费者通过商家的网站与商家进行交互,与其他信息技术的应用一样,决定开始使用网站并且继续使用它同样取决于技术接受模型中两个关键因素——感知的有用性和易用性。这样对 Online Stores 接受的研究就可以从两个紧密联系并且互补的方面进行:一个商家,一项信息技术。可以使用技术接受模型和电子商务的熟悉与信任模型(Familiarity and Trust Model)从上述两个方面对消费者的网上购买意向进行研究。

3.2.2 DeLone & McLean 模型及其演变

1) DeLone & McLean 模型介绍

美国学者 DeLone 和 McLean 于 1992 年提出的信息系统用户满意度模型,在企业信息系统成功评价研究领域最具有里程碑意义。DeLone 和 McLean 在分析了 180 篇有关信息系统成功测量的论文的基础上,总结出信息系统成功评价六个主要的维度,分别是系统质量(system quality)、信息质量(information quality)、系统使用(system use)、用户满意(user satisfaction)、个人影响(individual impact)和组织影响(organizational impact)。这六个维度相互关联、相互依赖,虽然组织影响是信息系统成功的最终目标,但是学术界一直避免直接测度组织影响,因为很难把信息系统的影响和贡献从其他众多的贡献因素中分离和提炼出来。在这六个维度的基础上,DeLone 和 McLean 提出了自己的信息系统成功模型。如下图 3-9 所示:

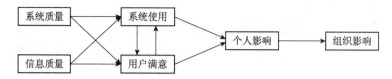

图 3-9　DeLone & McLean 的信息系统成功模型(1992)

这一模型把信息系统成功看成一个过程,具有时间和因果关系。信息系统首先被建立或实施,信息系统的特性体现为一定的系统质量和信息质量。用户通过使用系统感受信息系统的特性,并得到是否对信息系统满意的判断。因此系统质量和信息质量共同而又单独地影响系统使用和用户满意;系统使用和用户满意相互影响,这种影响可能是正面的,也可能是负面的;系统使用和用户满意直接引起对个人的影响,进而最终影响组织绩效。DeLone 和 McLean 认为信息系统成功本身是一个多维变量,很难简单说一个因变量比另一个好,应该根据研究目标、组织环境、具体研究系统哪个方面、有哪些自变量以及研究方法和分析层次等要素来选择要考察的因变量。同时他们也认为从综合角度进行研究是必要的。

该模型的意义在于提供了一个评价框架,将众多信息系统成功度量指标分为六类,并指出了他们之间的相互关系。为信息系统对组织的影响提供了一个有用的起点,被用于支持数据的构造,但数据收集不局限于模型中定义的要素。

2) DeLone & McLean 模型演进

澳大利亚学者 Seddon(1997)认为 DeLone & McLean 模型试图把信息系统成功的"过程"和"因果"关系用一个模型来表现,导致许多意义上的混淆,因此提出信息系统成功的改进模型,得到了学术界的广泛认可。见图 3-10,Seddon 认为系统使用是系统成功的结果,而非系统成功的内在特性;而且系统使用可能是自愿的,也可能是非自愿。因此他用感知的有用性(Perceived Usefulness)来代替系统使用。Seddon 认为,系统和信息质量直接影响感知的有用性和用户满意度;感知的有用性是用户满意度的决定因素。对系统使用收益的期望将导致系统使用,这实际上是系统使用行为模型的一部分。根据这一模型,对信息系统成功的测度包括对系统和信息质量的测度、对系统使用净收益的感知性测度(Perceptual Measures of Net Benefit of IS Use),以及对系统使用的个人、组织和社会结果的测度。其中对系统使用净收益的感知性测度是最重要的。

Ron A. Weber(1999)综合了 Davis、DeLone 和 McLean(1992)、Seddon (1997)等成果创建综合满意度评价模型,模型包含了对信息系统整体效能有最终影响的相关因素,显示出系统质量和信息质量直接影响用户对系统"有用性"和"易用性"的感受。此外,用户对自己使用计算机的能力的判断对系统的"有用性"和"易用性"的感受也存在影响。用户的这些感受,直接决定他们如何使用信息系统,

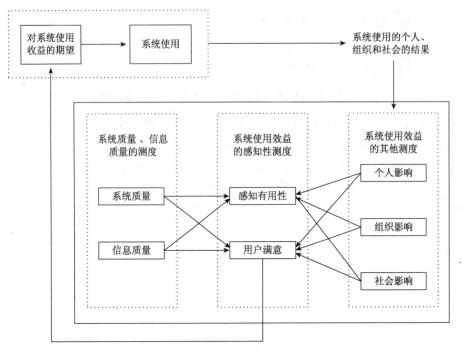

图 3-10　Seddon 的信息系统成功模型(1997)

如使用频率和使用方式等。而用户对信息系统的使用情况,又影响着用户对信息系统满意度及其工作的表现,最终影响着组织的整体业绩。如下图 3-11 所示：

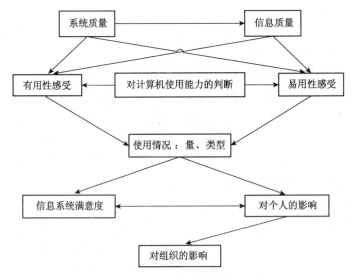

图 3-11　Ron 的综合满意度评价模型(1999)

在 DeLone & McLean 模型提出的 11 年后,DeLone 和 McLean 在 2003 年又进一步改进了自己的信息系统成功模型(如图 3-12)。这一次,模型中加入了一个新的测量变量:服务质量(Service Quality)。

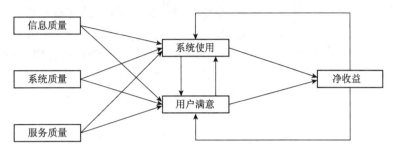

图 3-12　改进的 DeLone & McLean 信息系统成功模型(2003)

DeLone 和 McLean 认为,随着客户/服务器结构和用户计算机技术的普及,最终用户对信息系统的控制和使用程度在不断加深,组织中的 IT 部门具有了信息提供者(提供信息产品)和服务提供者(向最终用户提供支持)的双重角色。用户不仅仅使用信息系统本身,还包括对服务的利用。换句话说,IT 部门的服务也是信息系统的一部分。因此,服务质量也应该是信息系统成功的维度之一。

此外,新模型还将"个人影响"和"组织影响"两个维度合并成一个单一的新指标:净收益(Net Benefits)。DeLone 和 McLean 认为,原有模型中的"个人影响"和"组织影响"不够全面,因为根据分析层次和研究目的的不同,还可能有"行业影响"、"社会影响"、"客户影响"等等。而且,"影响"可能有消极的,也可能有积极的,这样会造成误解。因此,新模型采用了更全面且更准确的"净收益"概念来作为最终的成功维度。而且,新模型提出"净收益"的情况会反过来影响系统使用和用户满意。

在改进的 DeLone & McLean 模型中,箭头代表变量之间的联系,但是并不能确定这种联系是积极的还是消极的,研究者要根据具体的研究背景提出关系假设。例如,高质量的信息系统会带来更多的系统使用和较高的用户满意,并且产生净收益。但是,如果过多地使用低质量的信息系统则会造成用户"不满意",并可能对"净收益"产生消极影响。因此,DeLone 和 McLean 强调,他们的模型只是提供了一个全面的思考模型。对任何一个具体的研究来说,对信息系统成功的评价和测量都是权变的,有必要根据研究目的、实证背景等因素来具体选择研究变量以及变量之间的关系假设。

自 DeLone & McLean 第一次提出信息系统用户满意度模型来,Seddon &

Kiew(2007)、Seddon(1997)、Ballantine(1996)、Rai et al.(2002)、Sabherwal(2004)、Iivari(2005)等很多学者对此进行了验证、质疑和改进。其中 Rai et al.(2002)针对 DeLone & McLean 模型与 Seddon 的修正模型进行实证研究并加以比较，两个模型均包含易用性（取代系统质量）、信息质量、感知有用性、用户满意以及系统使用等五个层面，结果发现两者皆显示合理的适配度。而 Iivari(2005)在实证研究中发现，DeLone & McLean 模型中对系统质量和信息质量的感知可以对用户满意度构成显著的影响，而系统使用只受到来自对信息质量感知的显著影响。用户满意度是个人影响的决定因素，而系统使用对个人不具有显著的影响。

3) DeLone & McLean 模型相关运用

信息系统成功评价还被广泛地借鉴到相关系统的评价研究中。Tan & Pan(2002)在 DeLone & McLean 模型的基础上提出了 ERP 系统成功模型，该模型分为基础结构成功、信息结构成功和知识成功三个层次。随着层次的提高，企业获得的收益会越大。在基础结构成功层次，企业可以提高生产效率和生产能力，形成所谓的内部成功；而到了知识成功层次，企业可以提高适应市场变化的能力，获得战略竞争优势，形成所谓的外部成功。Wu & Wang(2006)提出知识管理系统成功模型，保留了系统质量、信息质量/知识、知识管理系统的感知收益、用户满意和系统使用五个变量来评价知识管理系统的成功，实证分析表明 DeLone & McLean 模型同样适用于知识管理信息系统中。Drury & Farhoomand(1998)与之前的研究不同，将系统用户定位在组织上，而非个体，提出了一个信息系统成功的层次模型，将组织视为经济学中的从事产品加工的经济实体，信息系统则被看做是能够有效利用资源的处理技术。提出了系统特性、质量、用户需求、系统结果作为评价信息系统的变量，并基于数据交换系统（EDI）进行了实证分析。

3.2.3 用户满意度观点的其他研究

Saarinen(1996)认为应从四个方面衡量和评价信息系统的绩效，即系统开发过程的满意度、系统使用的满意度、系统质量的满意度、信息系统对组织的影响。

Lubbe 和 Remenyi(1999)认为，组织使用了各种标准去评估信息系统，但成功的信息系统项目一定要考虑对利益相关者的影响（比如收益），客户表达出来的或暗示的需求决定了对项目的满意程度。这一研究结论再次验证了 Cohen(1995)提出的"用户需求的满足程度与用户满意度是正相关的关系"的观点。

3.3 信息系统质量观点

Nolan Norton 研究所(1998)的调查发现,40%的公司在信息系统项目决策时,并不进行收入和成本的衡量。基于此,产生了两种流派:一种是建议采用替代性衡量指标(Alternative Measures);另一种是关注改善现有系统的可靠性。关于替代性衡量指标,有学者认为是基于时间、质量、成本、灵活性等间接输出等,而不是利润等其他直接的财务度量;而系统的可靠性也是系统质量的一个重要方面。

系统质量观点认为质量能够反映信息系统绩效,信息系统质量观是把信息系统看作企业正在或者将要使用的,由其购买或者生产的一种"产品",因此,可以从质量管理角度衡量信息系统的绩效。从这个角度看待信息系统,就应将信息系统及相关软件产品的质量作为信息系统绩效的衡量标准。一般认为,信息系统质量主要分为三类,目标质量、过程质量和结果质量。目标质量分析信息系统设计目标与组织目标的整合程度(Thompson S. H. 等,1999);过程质量主要是指系统的开发、运行和维护的管理质量;结果质量主要分析系统输出信息的质量(Shanks & Darke,1996)、信息服务质量和最终的决策支持质量(Pitt 等,1995)。

3.3.1 信息系统目标质量

1) 信息系统目标质量的内涵

信息系统目标质量体现的是信息系统战略规划与组织战略目标的整合与匹配程度。在信息化建设初期,依据一定的组织战略体系,信息系统目标相对来说比较简单。对于组织来说,信息系统目标主要关注信息、技术和网络、IT 资产管理及电子商务等,而组织战略目标则是为了保证该组织的可持续发展,它主要关注组织愿景、价值文化、知识管理、客户关系及商业活动与过程等。二者之间的关系应当是相辅相成的。一方面,战略目标在于组织愿景与商业模式,而信息系统目标在于该组织商业模式的实施,信息系统可以为组织战略目标的实现提供基于技术的解决方案,为满足战略需求提供工具。因此,它的应用能够有效地辅助组织实现其战略目标;另一方面,战略目标是在对组织业务环境进行分析定位的基础上制定的,是"导航仪",组织所进行的任何运作都必须围绕实现战略目标来进行,信息系统应用也不例外,其设计目标的制定必须与企业的战略目标相匹配,也就是说,信息系统建设必须要接受组织战略目标的指导。信息系统目标与组织目标的互动,能促使组织把 IT 提升到战略的高度来考虑,并且把信息系统作为组织目标的支撑体系。通过组织的业务流程、组织结构、绩效评估把信息系统转化为组织内部运作机制的有机组成部分,从而形成信息化的竞争优势。

组织处于变化环境中,战略目标是随时都可能发生变化的,很难保证信息化设计能跟得上组织环境的变化。因此,信息化目标的制定必须要能够体现未来信息技术与未来企业组织之间的战略集成。尤其是在信息化建设有了初步尝试后,组织希望借助信息系统规划进一步提高其效益,保证后续信息化建设更为合理有效,从而进行信息系统战略规划。但由于此时进行的信息系统战略规划是在一定的信息化建设基础上进行的,不能脱离现有信息技术应用背景,而现有的信息技术应用会从信息技术定位、信息系统结构布局、信息技术路线选择、信息技术组织保障等方面对信息系统战略规划产生影响,因此,在信息化建设基础上进行的信息系统战略规划既需要与组织战略相匹配,又需要考虑组织现有信息技术应用环境。

2) 提高信息系统目标质量的途径——信息系统战略规划

自20世纪60年代起,许多学者就开始了对信息系统战略规划方法的探索与研究,逐渐形成了一些应用较普遍的信息系统规划方法。每种战略规划方法都有自身的特点和适用范围,根据信息技术和信息系统发展的特点,可将其分为三个发展阶段:六七十年代的电子数据处理(EDP)、80年代中期的管理信息系统(MIS)与决策支持系统(DSS)和90年代初兴起的战略信息系统(SIS),与此对应,信息系统规划也可相应划分成三个阶段。

(1) 电子数据处理时期的信息系统规划

通过信息处理的自动化来提高操作效率,是20世纪六七十年代信息系统规划理论与实践所要达到的主要目标。这一阶段涌现出一批非常有影响的方法论,如IBM的企业系统规划法、战略集合转移法、关键成功因素法等,直到现在这些方法论还指导着大多数企业的信息系统规划。

① 企业系统规划法

20世纪70年代,IBM通过对信息系统开发实践的总结,提出了信息系统规划的企业系统规划法(Business Systems Planning,BSP),旨在帮助企业制定信息系统的规划,以满足企业近期和长期的信息需求,它较早运用面向过程的管理思想,是现阶段影响最广的方法。BSP从企业目标入手,逐步将企业目标转化为管理信息系统的目标和结构,从而更好地支持企业目标的实现,它要求所建立的信息系统支持企业目标;表达所有管理层次的要求;向企业提供一致性信息;对组织机构的变革具有适应性实质,即把企业目标转化为信息系统战略的全过程。BSP方法强调,高层管理人员的支持和参与是规划的成败关键。其不足之处在于,虽然它强调目标,但它没有明显的目标确定流程,即必须先获取企业目标,才能得到信息系统目标。

② 战略目标集转化法

战略目标集转化法(Strategy Set Transformation, SST),由 William R. King 于 1978 年提出。它将整个组织的战略目标看成是一个"信息集合",由使命、目标、战略与其他战略变量(如管理的习惯、改革的复杂性、重要的环境变量约束等等)组成。SST 提供了一种将信息系统战略规划与组织战略关联起来的方法,将组织战略转化成为信息系统战略。该方法的步骤是首先识别组织的战略目标集合,然后转化为信息系统战略,包括信息系统的目标、约束、及组织设计原则等等,最后提交整个信息系统的结构。

③ 关键成功因素法

关键成功因素法(Critical Success Factors, CSF),是 MIT 教授 John Rockart 于 20 世纪 70 年代末提出的一种信息系统规划方法,Shank 等也将 CSF 用于 IT 战略规划,这种方法首先是通过与高级管理者的交流,了解企业的发展战略及其相关的企业问题,然后识别企业的关键成功因素、定义关键成功因素的性能指标,最后定义企业的数据字典。根据企业的关键成功因素来安排信息化建设的优先顺序,能够帮助企业平衡内部资源,利用信息技术发掘新的机遇。CSF 方法能够直观地引导高级管理者纵观整个企业与信息技术之间的关系,这一方面是 CSF 方法的优点;但是,在进行较低一层次的信息需求分析时,CSF 的效率却不是很高。

由于当时对信息系统和信息技术认识的局限性,IT 规划的理论与实践必然存在一些弱点:以数据处理为中心,强调运营层工作效率及数据处理效率,缺乏系统观念以及对决策的支持。

(2) 管理信息系统和决策支持系统时期的信息系统规划

20 世纪 70 年代末到 80 年代中后期,信息系统在组织中的应用越来越受到重视,信息技术和信息系统发展到管理信息系统(Management Information Systems, MIS)以及决策支持系统(Decision Supported Systems, DSS)时代,信息技术和信息系统的主要目标也从提高数据处理效率逐步转移到满足对信息的需求、支持决策、提高管理效率,满足职业群体的需求,从而实现组织的目标。在这一时期,IT 规划理论得到了进一步的丰富和发展,一些学者也开始注意到企业战略规划(Business Strategic Planning)与 IT 规划之间的相互关系以及企业外部环境与 IT 规划的相互影响问题。在 IT 规划方法论体系实施方面的研究也取得了一些成果,如应用系统组合法,信息工程法等。

① 信息工程法

信息工程法(Information Engineering, IE)是 James Martin 于 20 世纪 80 年代初提出的一套信息系统规划理论和方法。这种方法首先进行业务分析来建立企业模型;其次是进行实体分析来建立主题数据模型;最后进行的是数据的分布分析,并结合数据的存储地点,确定主题数据库的内容和结构,制定数据库的开发策略。IE 方法提供了建立企业模型、数据模型和流程模型的技术手段,其基础和核心是战略数据规划(Strategic Data Planning,SDP),在很大程度上是一种面向技术的方法。

② 战略系统规划法

战略系统规划法(Strategic Systems Planning,SSP)是 Holland 系统公司于 20 世纪 80 年代中期提出的一种 IT 规划方法。它通过分析企业的主要职能部门来定义企业的功能模型,结合企业的信息需求,生成数据实体和主体数据库,获得企业的全局数据结构;然后进行全局信息系统体系结构的识别,最后提交信息系统的实施方案和计划。在 IT 规划的具体步骤上,SSP 与 BSP 有许多类似之处。

③ 战略栅格法

战略栅格法(Strategic Grid,SG)是 McFarlan 等学者于 20 世纪 80 年代初提出的一种 IT 规划方法,该方法是一种了解企业信息系统作用的诊断工具,它利用栅格表,依据现行的应用项目和预计将开发的应用项目的战略影响,确定出四种不同的信息系统战略规划条件,即战略、转换、工厂、辅助;栅格表中每一方格确定了企业中信息活动的位置,通过对当前应用项目和将开发应用项目可能产生的影响分析,可起到诊断当前状态和调整战略方向的作用。若分析结果表明组织的信息系统处于"战略"位置,则说明信息系统的工作对组织当前的竞争策略和未来的战略方向是至关重要的;若分析结果处于"辅助"位置,则说明信息系统的应用对组织的各项活动是一种辅助;若分析结果处于"工厂"位置,则说明信息系统的应用对成功地执行那些严格规定和广泛接受的活动极为重要,但信息系统还不是战略的组成部分;若处于"转换"位置,则说明信息系统正在从辅助地位转向战略地位。

这一阶段的 IT 规划方法得到了一定的发展,在实践中应用较多。但是,由于当时组织的高层管理者对信息系统普遍认识不足,导致 IT 规划在组织中总是处于从属地位,未能主动地为组织创造战略竞争优势。

(3) 战略信息系统时期的信息系统规划

从 1980 年代末期至今,信息系统在企业组织中已经是不可或缺,于是人们越来越强调信息系统的目标与组织目标的集成,甚至将 ISP 纳入到组织战略之中,并能为组织发展提供战略支持,为组织创造战略竞争优势。在这一时期,IT 规划方法是在吸收前期方法优点的基础之上,着重强调与组织战略的集成,以及如何为组织创造战略竞争优势。

① 价值链分析法

价值链分析法(Value-Chain Analysis,VCA)是波特于 1980 年代中期提出的。价值链分析法认为信息技术在对组织的战略牵引方面能起关键作用,它将一个组织视为一系列的输入、转换与输出的活动集合,而每一个活动都有可能对最终服务或产品产生增值行为,为增强企业的竞争地位做出贡献。利用信息技术,在价值链中识别并设置"信息增强器",使整个价值链在总体上得以增值,从而提高组织的竞争优势。

② 战略匹配模型

关于战略匹配(Strategy Alignment)的概念性研究最早起源于90年代初期,Das(1991)等人提出集成框架模型,从技术与功能集成的层面上思考了信息系统规划,Bates(1992)总结了前人的相关思想,提出了"战略匹配"这一术语。Henderson与Venkatraman(1992)规范了众多与战略匹配相关的概念,提出了一个企业战略匹配的理论模型(Strategic Alignment Model,SAM),如下图3-13所示。其主要目的在于帮助企业检查经营战略与信息架构之间的一致性。

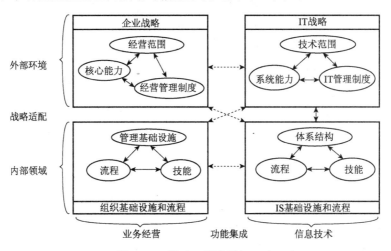

图 3-13 战略匹配模型(SAM)

Henderson提出的SAM模型,强调IT规划与企业战略匹配,简明、清晰,但对企业当前信息技术应用情况分析不足,过于抽象,尚未被学术界和实业界广泛接受。基于此,俞东慧等(2005)通过研究UPS与FedEx公司在不同竞争阶段运用相应的IT战略来支持竞争的整个发展过程,指出了UPS和FedEx在不同的环境下运用不同的战略匹配模型来选择与企业战略相匹配的IT战略的途径。把四类战略匹配途径分为关注组织与运营和关注IT/IS应用组合两大类,关注组织与运营的有竞争潜能和战略执行两种途径,关注IT/IS应用组合的有技术转型和服务水平两种途径。从而提出了在不同的竞争环境下,根据企业关注的焦点不同,选择不同的IT战略与企业战略相适应的方法,这一方法将有助于指导企业管理人员制定与企业战略相匹配的IT战略。

该研究认为,信息系统对于组织的支持已经从提高经营有效性转向组织的文化层面,并成为组织持续竞争优势的重要来源,激烈的竞争环境意味着创新的IT使能的战略必须结合企业原有的资源进行,建立与企业战略相适应的IT战略已经超越了静态的、长期规划的过程,要求对市场作出迅速反应,形成动态的制定过程。

3) 信息系统战略规划的组织支持体系

通过对企业内外部环境的分析可以得到企业战略,在此基础上进行业务流程分析、组织结构分析、产品/技术分析,同时结合现有IT应用背景,建立企业信息系统战略规划的支撑平台,主要构建以下四方面内容,如图3-14所示:

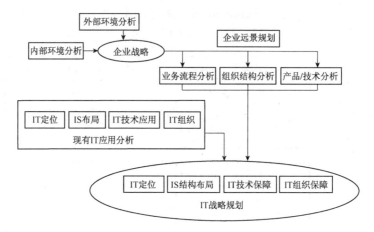

图 3-14 信息系统战略规划支持体系

(1) IT 定位

IT定位指企业对IT建设的基本意识和态度,是企业进行信息化建设的基本原则。IT定位影响着企业高层管理者对信息化建设的支持程度和重视程度以及对信息化建设的授权。它包括在IT决策制定中商业准则怎样转化为IT准则、IT在企业经营管理中承担怎样的角色、对IT作用有怎样的预期、以怎样的形式进行IT建设等问题。

(2) IS 结构布局

IS结构布局是指根据企业业务流程、职能分工、价值链分布以及关键成功因素等分析,得出信息系统在企业中的分布,包括基于信息系统的核心业务流程怎样流转、怎样关联、信息怎样获取、数据怎样整合等问题。IS结构布局是基于信息系统的业务流程规划和价值链重构的直接体现。

(3) IT 技术保障

IT技术保障是实现企业经营战略以及IT战略所需要的IT基础技术应用条件,包括硬件、网络环境、操作系统、数据平台等的建设要求。IT技术保障是支撑

IT应用的环境与基础。它包括什么是支撑企业战略目标的关键技术应用、哪些技术应用在企业范围内实施、怎样保持技术先进性、哪些技术应用可以外包等问题。

(4) IT组织保障

IT组织保障主要是指为了实现企业经营战略以及IT战略所需要的组织及人力保证,包括企业中IT部门的建设、职能的确定、人员结构和技术要求等。IT组织保障为企业信息化建设奠定组织及人力资源基础,同时为IT战略规划的实现奠定组织及人力资源基础。它包括企业中IT组织怎样设立、IT部门承担怎样的职责、IT建设中哪些部门需要紧密配合以及各自承担怎样的责任、IT建设激励措施怎样建立等问题。

概括来说,信息系统目标质量建设就是在充分、深入研究组织发展愿景、业务策略和管理的基础上,形成信息系统的愿景、信息系统的组成架构、信息系统各部分的逻辑关系,以支撑组织战略规划目标的达成,提高信息系统的目标质量。

3.3.2 信息系统过程质量

国际标准化组织质量管理和质量保证技术委员会(ISO/TC176)认为,所有工作都是通过"过程"来完成的,并基于这种认识界定了"过程"概念的含义:过程(Process)是指一组将输入转化为输出的相互关联或相互作用的活动。质量管理理论是从20世纪20年代产生并随现代化工业生产的发展逐步发展和完善的,也是科学技术进步、社会发展、市场需求变化的产物。质量管理的发展大致可分为三个阶段:质量检验阶段(20世纪初至20世纪30年代);统计质量控制阶段(20世纪40年代至50年代末);全面质量管理阶段(20世纪60年代至今)。质量管理在一般的产品制造行业已经获得广泛充分的应用和发展。信息系统过程质量主要是指系统的开发、运行和维护过程的质量。

1) 信息系统开发过程质量

目前质量管理理论和实践的中心是针对过程的质量管理,主张在生产开发过程中保证质量,而不是在过程结束后才发现质量问题,认为这样比产品质量检验控制更具有先期性和主动性。这也是近年来质量管理向过程管理控制发展的结果。根据制造业情况,一般认为开发过程的质量直接影响交付产品的质量,产品的质量直接与生产过程有密切的关系,而过程的改进自然会得到高质量的产品。同样,信息系统是知识产品,其生产过程与一般产品存在相似性,其最终使用情况也受到系统开发过程影响。影响系统开发质量的主要因素有以下几个方面:

(1) 系统开发商的选择。系统开发商开发水平的高低、开发人员素质的优劣、开发过程的监督、开发商的沟通能力和服务质量都将直接影响系统的开发结果。因此,选择好的开发商是系统开发成功的重要因素。

(2) 系统的需求。在企业信息系统开发过程中,系统的需求分析是至关重要的基础工作。对于是否能够提出明确的系统需求,主要考查以下几个方面:进行系统需求分析的人员是否熟悉用户的管理模式和管理要求、是否真正熟悉信息系统开发技术、是否能够充分考虑用户的需求等;用户是否具有较好的信息系统分析能力和使用水平、是否具有文件文档化的管理模式等。

(3) 系统开发合同中约束条件的确定。在系统开发合同中除各方的权利、责任、义务外,对技术上的要求也必须明确,如软件开发要求、测试要求等。如果技术合同上没有明确的要求,将来在供需双方之间一旦出现分歧就很难妥善解决,对开发结果的质量也将产生重大影响。

(4) 系统开发程序的监督控制。从系统的概要设计、软件的详细设计、数据库设计到系统集成的测试、软件的验收,每一道程序都与系统开发的最终结果有着密切的关系。由于用户对系统开发程序没有要求或对开发程序没有监督控制而造成系统存在质量问题或严重缺陷的事例屡见不鲜。需指出,这些质量问题或缺陷即使在最终的验收过程中被发现,其整改的成本通常也是巨大的,而对于时间进度则无法挽回。因此,在系统开发过程中对全部开发程序实施监督控制是保证开发质量的关键。

(5) 系统文档的要求。对于系统开发文档,用户必须向开发方提出明确和详细的要求,一旦出现文档不全的情况,系统的运行、维护和管理都可能出现问题,甚至会发生重大问题无法追溯的情况。

(6) 系统开发的测试与评审(验收)。无论是对系统开发过程的节点还是对系统开发结果,其测试和评审都至关重要,用户应对测试和评审进行策划并在早期提出明确要求,来规范开发方的行为。

如何找到一条切实可行的途径来控制上述影响因素,提高信息系统开发质量,是研究的重点。系统开发质量管理包括两个基本而又相互独立的层面:第一,必须提供一个能使高质量系统的开发成为可能的技术平台;第二,必须建立一个能使系统开发人员的工作以系统开发质量为导向的组织制度。人们更多地理解系统开发质量的技术层面,而对组织层面的研究有着较大的发展空间。

为了解决信息系统开发的组织层面的问题,目前较为广泛使用的信息系统开发过程管理模型就是能力成熟度模型(Capability Maturity Model,CMM)。它是一种用于评价系统承包能力并帮助其改善系统质量的模型,侧重于系统开发过程的管理及工程能力的提高与评价。CMM模型的核心是系统开发过程,而系统开发过程成熟度主要体现在其对开发过程的控制能力和自我改善能力上,最终决定了系统质量的优劣。

CMM吸取了质量工程的主要原理,形成了五级模型。提出了由第一级(低级)向第五级(高级)逐级发展的模式,分别是:初始级、可重复级、已定义级、已管理级和持续优化级。

初始级:没有正式的程序或方案计划,对于开发过程中关键要素了解不多。

可重复级:系统开发主要依靠于个人经验的积累,能够重复以前方案中所熟悉的任务。由于缺乏一个开发过程框架,新的工具和方法不能很好地得到运用。

已定义级:开发过程已建立并已给予充分的理解。开发过程能在大多数正常和危急的情形中起作用,但是不能收集大量有关开发过程的数据信息来分析开发过程的效率。

已管理级:开发过程已成熟并能得以控制。能够良好地制定开发过程的规章制度,并使其富有意义和得以良好的定义。能够系统地保留开发过程行为监测的记录。

持续优化级:能系统地改善开发过程。能有规律地监控开发过程行为,并以此作为改善开发过程的依据。

面向质量的组织支持,有利于激励系统开发中面向质量的行为;系统分析与设计规范化有利于系统开发的需求分析,有利于将用户的需求更好地转化成为系统设计,减少设计过程的复杂性,提高设计质量;加强全面质量管理思想教育,促使开发人员将满足用户需求放在首位,明白提高质量与降低成本的关系;对开发人员适当地授权,在与其系统开发有关的工作和决策方面,使开发人员有更多的自主权和控制权,有利于他们开始和坚持开发任务的行为,充分发挥其创造能力,有利于管理者设置更高的行为目标。在追求用户满意的前提下,强调全员的参与,对系统开发全过程进行控制,提高系统开发成熟度,从而真正地提高系统开发质量。

2) 信息系统运行过程质量

对于信息系统运行质量,学术界还没有统一的定义,从各方学者的研究来看,主要是指信息系统运行过程的安全性、可靠性、稳定性、高效性等。对于信息系统运行质量的研究主要集中在对运行质量的指标体系建立及其评价方面。

对信息系统运行质量进行评价,首先需要通过对一组关键性指标的监测和分析,来反映信息系统运行质量情况。龚代圣等(2011)根据先导性原则、完备性原则、定性与定量相结合的原则、实用性原则、通用可比原则,在分析信息系统运行质量影响因素的基础上,构建了信息系统运行质量评价指标体系。如图3-15所示。

在构建指标体系的基础上,采用具有学习、记忆、归纳、容错及自学力、自适应能力的基于遗传算法的BP神经网络算法,构建了基于遗传算法和神经网络的信息系统运行质量评价模型。实证结果表明:模型具有较强的自组织、自学习和自适应能力,模型评估结果比较客观合理。

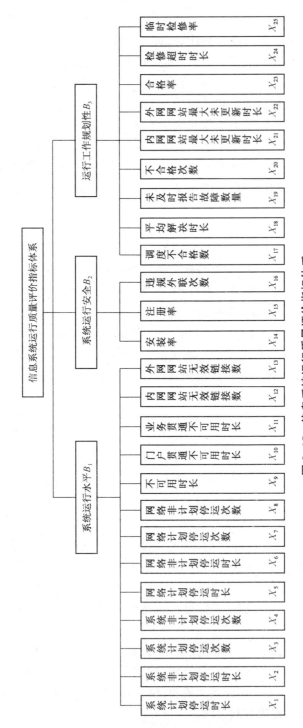

图 3-15 信息系统运行质量评价指标体系

第3章 信息系统绩效评价的若干视角

杨德胜等(2011)针对信息系统运行质量评价中各指标的模糊性和不确定性，将信息论中的熵值理论应用于信息系统运行质量评价中，建立了信息系统运行质量评价指标体系。如表3-1所示：

表3-1 信息系统运行质量评估指标体系

一级指标	二级指标	三级指标	指标项	一级指标	二级指标	三级指标	指标项
系统运行水平	运行可靠性	系统平均停运时长	计划停运时长 C_1	系统运行安全	系统运行安全	终端防病毒软件安装率	安装率 C_{14}
			非计划停运时长 C_2			内网桌面终线管理注册率	注册率 C_{17}
		系统平均停运次数	计划停运次数 C_3			内网桌面终端违规外联次数	违规外联次数 C_{14}
			非计划停运次数 C_4		调度	调度联系响应	不合格数 C_{17}
		网络平均停运时长	计划停运时长 C_4			调度联系问题平均解决时长	平均解决时长 C_{12}
			非计划停运时长 C_4			未及时报告故障	未及时报告故障数量 C_{17}
		网络平均停运次数	计划停运次数 C_1		运行	运行值班规范性	不合格次数 C_{20}
			非计划停运次数 C_1		工作规范性	内外网网站维护	内网网站最大未更新时长 C_{21}
		IMS接口不可用时长	不可用时长 C_1				外网网站最大未更新时长 C_{12}
	试向贯通	企业门户贯通	贯通不可用时长 C_{11}		检修	计划检修合格率	合格率 C_{13}
		业务应用贯通	贯通不可用时长 C_{11}			检修超时时长	检修超时时长 C_{14}
		内外网网站贯通	内网网站无效链接数 C_{12}			临时检修率	临时检修率 C_{23}
			外网网站无效链接数 C_{11}				

在确定指标的基础上为各项指标分配权重,并将权重结构分为主观指标权重和客观指标权重。主观指标权重是从主观认识来判断各项评价指标对信息运行质量的影响程度,运用层次分析法来确定;客观指标权重是结合指标样本信息差异分析得出各项评价指标对信息运行质量的影响程度,运用熵权法来确定。再用最小相对信息熵原理把它们综合为组合权重,从而建立信息系统运行质量的熵组合权重评价模型。该模型既可结合专家主观经验法,又可挖掘指标样本值的客观信息差异,同时还通过实证检验了信息系统运行质量指标体系及其熵组合权重评价模型的有效性和实用性。

3) 信息系统维护过程质量

为了能充分发挥信息系统的作用,在系统开始运行后,IT 部门需要进行必要的维护管理。系统维护的费用占整个系统生命周期总费用的 60% 以上,业内常用浮在海面的冰山来比喻系统开发与维护的关系,系统开发工作如同冰山露出水面的部分,容易被看到而得到重视,而系统维护工作如同冰山浸在水下的部分,体积比露出水面的部分大得多,但由于不易看到而遭到忽视。

IEEE/EIC12207 标准中定义了信息系统维护的概念,是指系统实施使用到退役过程中,修改系统中的错误、改进运行效率、调整系统以适应不断变化的应用环境等一系列活动。

要提高信息系统维护质量,最关键的问题便是分析影响维护质量的原因。关于信息系统维护质量的影响因素问题,许多学者都给出了技术和非技术的原因,包括硬件因素、软件因素、环境因素、组织因素等。经过大量理论分析和运行实证研究,可以发现信息系统维护的重点还是"软"的方面,如人、企业文化、组织结构等。

(1) 有效的知识转移过程

用户作为信息系统的最终使用者和受益者,在维护的过程中,需要向维护人员传递需求,维护人员要向用户询问系统的问题与需要维护的方面,这个过程是一个知识转移的过程。Learnonth(1978)等人根据 Laudon 生命周期的理论,对实施阶段之后的情况进行了研究,他们认为许多信息系统失败的原因是对实施阶段后没有足够的重视,或对用户的培训、管理太少。Mc Clure(1992)和 Briand(1994)等人的研究发现维护人员要用一半的时间来了解维护的系统。Saiedian 和 Henderson(1994)也指出,就是因为维护人员了解维护系统那么困难,任何微小的提升这个速度或效率都会极大地节约时间,并且提高维护质量。因此,用户与服务商双方的交流技巧非常重要,企业应该对双方进行知识转移方面的培训,这种培训包括 IT 技术、商务规则、沟通等。这里的培训包括用户企业自身的人力资本提升和服务商对其进行信息系统维护方面的培训。从中,我们可以发现,影响信息系统维护绩效质量的一个很重要因素就是维护阶段的知识转移,用户的维护知识主要来自企业培训时服务商的知识转移。Scott(2005)发现企业花费5%～50%的信息系统预算在服务商提供的培训上，75%的用户表示更愿意接受针对特定商业流程的培训。Henley(2006)认为，组织增加培训投资，可以帮助外包服务商成功转移维护知识。Chang和Chou(2011)指出，随着商业环境的变化，用户需要通过培训获得新的技能从而高效使用信息系统。Boudreau(2003)研究也发现，用户碰到信息系统问题时，更倾向于找同事帮忙，而不是信息系统维护人员。这说明用户拥有一定的维护知识，可以快速解决简单的维护问题，节约维护成本。

(2) 高层管理者的支持

Teo和Ang(2001)发现信息系统的维护质量一个很重要的影响因素是没有取得高层管理者的支持。高层管理支持是组织信息系统维护质量达到预期目标的必要条件。因为高层管理的支持反映了企业高层团队对信息系统重要性的理解及参与程度，加强了企业对信息系统维护资源的分配保障。企业高层管理者通过参与信息系统运行与维护以共享愿景、面对变革、产生策略、确保变革成为新的企业文化。Chatterjee等(2002)和Jarvenpaa(1991)分别提出了高管信念(认知)和高管参与来表示高管支持的概念结构。高层管理者信念属于心理学范畴，反映了高管对信息系统作用和潜在价值的认识；高管参与则是信息化实施过程中高层管理参与的行为与活动。它们代表了高层管理者支持的不同阶段，是两个不同的概念。研究表明，高管认知和参与通过对信息系统维护过程的作用间接地影响组织对信息系统投入程度，对于同样水平的信息系统维护投资，更高的高管承诺能够带来更大的转换效能，进而提升维护质量。高水平的高管支持通过为信息系统维护项目团队或者承担信息系统维护项目的供应商(咨询顾问)创造支持性的环境，从而间接地强化信息系统维护效果。

(3) 信息系统维护外包商的质量

目前企业的大部分信息系统都实现了外包服务，从设计、开发到实施，都能购买商务软件模块进行组装。信息系统的商务外包化，带来了运行与维护也同样需要外包。Hybertson(1997)等研究表明，面对种类繁多的商务软件，企业也需要一种不同的维护方式与其适应，而这种维护方式就是外包。不管是出于节约成本、提升企业核心竞争力的考虑，还是信息系统服务外包的逐渐成熟，更多的企业开始尝试维护服务的外包。Ahmed(2006)研究发现，70%以上的世界500强企业都实现了信息系统维护外包，外包促使企业把主要的资源投入到核心竞争力的业务上面。

信息系统维护的外包突出了服务商维护人员的重要性，不少学者认为维护人员与维护活动、维护工具、维护技术、用户或者管理者支持并称为影响维护质量的五大重要因素。作为维护的主要人员，服务商的能力无疑是最重要的一个方面，服务人员的个人经验和能力可以帮助他们提高维护的效率。Dekleva(1992)研究发现,维护人员在维护经验、合作能力、问题解决能力和意识等方面比开发商更加重要(60% VS 14%)。Dekleva(1992)的另一个研究还发现,维护团队对维护时间分配有影响。不同的维护团队,因其维护能力的差别,在维护过程中,会有不同的时间安排来保证其维护任务的完成,从而提高任务完成的效率与质量。Kemerer(1995)的研究也发现,维护人员对系统了解得越多,维护经验越丰富,维护质量则越高。Ng等人(2002)把ERP维护分成九大类,有些是单纯的企业内部需求,有些是服务商驱动的需求。企业内部需求包括提高ERP适应性、纠错能力和用户支持。服务商驱动包括功能更新、修正维护标准、修正适应性维护、修正纠错性维护、技术更新等。一个服务商技术顾问对用户使用和自我维护ERP具有至关重要的作用。企业通常对服务商完成ERP维护质量抱有很大的信任,特别是那些没有内部IT技术的企业。

Narayanan等人(2009)在研究影响信息系统维护的因素时,也提出维护人员的知识和技能对减少维护时间、提高维护质量具有重要作用。因为,信息系统的复杂性决定了维护的复杂性,在众多的信息系统模型中,要找到问题的源头非常费时和费力。但是如果维护人员有相关的经验,他们就可以搜索脑海中的其他模型,进行比较,从而快速解决问题;另一方面,还能避免在解决问题时碰到新的困难。Narayanan等人还提到了维护团队成员的变动对维护绩效的影响。他们认为员工的流失会带走知识和技能,新员工的进入又要进行知识转移、文化传承和技能培训等内容,而往往最难转移的隐形知识恰恰是工作中必需的。因此,不管是维护的及时性还是维护的费用方面,一个稳定的维护服务商团队都将取得更出色的成绩。

(4) 良好的"用户维护服务商"合作关系

目前,学术界把用户与服务商之间的关系定义为两种,一种是基于合同的事务型关系,还有一种是基于信任的合作型关系。事务型关系是指在合同中,用户和服务商之间通过明确的规章制度来界定任务的成败与奖惩;合作型关系是指用户和服务商虽然有合同的制约,但更多的是通过一种信任的机制去执行与监督双方的行动,并共享收益与风险。合作型关系是基于社会交换理论的,而不是纯粹的经济收益理论(如代理—成本理论)。社会交换理论可以解释为什么组织间建立密切的联系,因为双方在互相交流与交换资源中,动态地建立起相互信任与合作。根据Blau(1964)的研究,社会交换理论是基于信任的一方相信另一方的行为会带来积极的效果,而不会做产生消极效果的行为。

Carney等(2000)从复杂的商务软件维护相关情况的研究中发现,商务软件的维护跟服务商密切相关,如果用户和服务商关系密切、配合默契、协商清楚,则维护费用和维护质量会比较透明,反之则不然。Williams(2010)指出服务商帮助用户转移、整合维护知识,强调用户和服务商之间的信任关系可以提高知识转移绩效。

当前信息系统的更新换代越来越频繁,从原来的3年到最近的1~2年甚至几个月,而且信息系统的价格也不断上升。但如果用户和服务商之间具有良好的合作关系,服务商维护人员可以把市场中关于信息系统升级的信息告诉用户,并有针对性地进行适应性和完善性维护,或在信息充分的情况下选择购买新版本系统,从而节约了成本。由于高额的完全外包维护服务,有的企业开始尝试部分外包的方式,通常的做法是企业内部 IT 人员和外部维护顾问共同合作,完成信息系统维护。

因此,在信息系统维护过程中,用户和服务商之间也要充分信任。维护是一个长期的过程,在产生问题的时候,用户要全面、主动地向服务商提供问题描述与期望需求,然后要相信服务商的能力与职业道德。服务商也要信任用户,相信用户提出的问题不是无理取闹,并且积极地解决问题,在成本合理的前提下,尽可能地提高维护的质量。

3.3.3 信息系统结果质量

大量的信息系统实践表明,即使信息系统在最初设计开发时与企业的战略保持较好的协同,同时也很注重运行维护,但是由于企业一直处于变化的环境中,内部组织结构、控制流程、人员也会随之调整,同时许多人为的主观因素也可能导致之前开发的信息系统在运行过程中存在不少问题。这些问题可能不能简单地用错误来表示,许多输出信息不可靠、不完整,没有多少实用价值,无法服务于企业决策,信息质量不能令人信服;同时,信息系统的运行并没有给企业起到支撑作用,也就是说无法优化企业流程,为企业带来便利,因此信息系统的结果质量无法保证。信息系统结果质量主要指的是系统输出信息质量(致力于信息提供)和系统服务质量(致力于服务提供)。

1) 系统输出信息质量

国外图书情报界这样形容信息质量的重要性"Garbage in, Garbage out"(进去的是垃圾,出来的也是垃圾)。如果信息质量得不到保证,信息系统的实施根本不可能达到预期效果。如同其他质量问题一样,信息质量问题通常也是人们事先难以预料的,在产生大的影响时,大多数组织才开始进行修补和整顿。而对于一些广泛存在的小问题,由于不是很容易观察到而经常被忽视。因此需要对信息质量的特征及其评价、导致信息质量产生问题的原因以及如何修补的典型方式有所了解。

(1) 信息质量特征及其评价

瑞士圣加仑大学传媒与通信学院的 Martin J. Eppler 和 Dorte Wittig 教授(2000)通过对有关管理技术与信息技术文献的分析,提出了信息质量的若干个研究应用领域:超文本指令、报刊新闻、通信、管理、信息系统、信息管理、数据库、知识管理、信息科学、数据建模、市场、信息服务等,每一个领域均有各自的评价指标体系。除了上述研究应用领域外,还有医疗数据管理、会计学与审计学的信息质量、互联网出版物的质量等等。许多研究者对这些信息质量评价指标体系进行分析，总结出信息质量评价的学者观点（表3-2）和企业观点（表3-3）。

表3-2 学者对信息质量要素研究的成果

	固有IQ	关联性IQ	表示性IQ	可访问性IQ
Wang and Strong	准确性、可信性、声誉性、客观性	增值性、相关性、完整性、及时性、适量性	易懂性、可释性、简洁性、一致性	可访问性、易操作性、安全性
Zmud	准确性、真实性	数量、声誉性、及时性	排列、易读性、合理性	
Jarke and Vassiliou	可信性、准确性、声誉性、一致性、完整性	相关性、可用性、及时性、来源最新、数据最新、不反复无常	可释性、有序性、语义明确、译文控制	可访问性、系统实用性、执行有效性、有特权
Delone and McLean	准确性、精确性、声誉性、无偏性	重要性、相关性、有用性、有指示性、内容丰富、充足性、完整性、及时性、最新性	易懂性、易读性、清楚性、合适的格式、简明、形式合理、唯一性、可比较性	可用性、定量性、访问便利性
Goodhue	准确性、声誉性	最新性、细节水平	兼容性、含意丰富、说明性、不混淆性	可访问性、有援助性、易用性、易定位性
Ballou and Pazer	准确性、一致性、完整性、及时性			
Wand and Wang	正确性、明确性	完整性	含意丰富	

表3-3 企业对信息质量要素研究的成果

	固有IQ	关联性IQ	表示性IQ	可访问性IQ
DoD	准确性、完整性、一致性、真实性	及时性	唯一性	
MITRE	准确性、可信性、声誉性、客观性	增值性、相关性、完整性、及时性、适量性	易懂性、可释性、简洁性、一致性	可访问性、易操作性、安全性
IRI	准确性	及时性		传输的声誉性
Unitech	准确性、一致性、声誉性	完整性、及时性		安全性、隐私性

续表 3-3

	固有 IQ	关联性 IQ	表示性 IQ	可访问性 IQ
Diamond Technology Partners	准确性			可访问性
HSBC Asset Management	正确性	完整性、最新性	一致性	可访问性
AT & T and Redman	准确性、一致性	完整性、相关性、全面性、实质性、特征尺度、周期时间	定义清楚、范围精确、自然、同质性、可鉴别性、最小冗余量、语义一致、结构一致、适量表达、可释性、轻便、格式精确、格式灵活、有能力表示空值、有效利用存储、表达一致	可获得性、适应性、健全性
Vality			元数据特性	

可见,信息质量并不是一个绝对的概念,依据不同的用户以及同一用户的不同需求,常表现出不同的重要性,信息质量常与用户需求相联系的,具有很强的"场景"特点。信息质量是相对的,不同主体的评价结果可能存在差异,信息质量评价是对特定环境中信息质量赋予数值的过程。

(2) 信息质量的影响因素及其规避

企业应当建立监控信息质量机制,预测信息质量问题并能在问题触发危机之前解决它。信息一般以信息生成、信息存储和维护以及信息使用这三种方式贯穿于信息系统生命周期:信息系统生成并提供数据和信息;信息管理者提供并管理计算机资源,以存储和维护信息,保证信息安全;信息使用者根据任务访问并使用信息,使用信息可能还包括信息的整合和统一。

① 信息生成过程的问题及其解决方案

a. 同一信息的不同来源产生不同的内容

由于数据储存、复制和传输相对便利,企业中的各个机构常常自己采集、储存和管理数据,使得对于信息的任何形式的集中规划和标准化都难以实现,常常使用几个不同的过程生成同样的信息,导致"相同"信息具有不同的数值内容。组织内经常会发生类似的信息生成情形,这种情况经常发生在,为不同目的设计的系统需要"相同"

的信息作为输入或生成"相同"的信息时,当这些系统是自主开发的时候,结果是平行的,但是收集相同信息的程序会略有不同,这就产生了称为表达质量的问题。这种不一致性会导致消费者怀疑信息的可信性以及信息的本质,从而不再使用信息。

这一类问题通常不会被修补,导致多个信息制造程序继续产生不同的信息值。短期的解决方案往往是通过有选择性的使用系统而将其他系统隐藏起来(信息用户看不到)。长期的解决方案是重新检查信息生成过程,开发通用的定义和一致的程序,进行整合和标准化。

b. 信息生成中的主观判断导致信息有误

一般认为,组织数据库中储存的信息都是真实的。但是,收集这些"事实"的过程中可能存在着一些主观判断。这样主观判断产生的"事实"比起没有任何人为因素的信息缺少了客观性,猜测性更强(低质量)。这类信息质量问题通常通过覆盖或者修补来解决。所谓覆盖,就是把产生信息过程中涉及的主观判断隐藏起来;修补则是增加更多的生成规则来处理由相似事实而产生的差异。第三种更为极端的方法是消除人为因素,但是如果这么做的话,用户能获得的信息也可能受到极大限制,影响了信息的完整性,因为有些信息只能由主观判断产生。因此,一些修补方式还是很必要的。例如,让编码人员接受培训,学习编码规则。持续改进包括更多的培训、更好的规则、先进的计算机系统和专家系统。

c. 信息生成过程中的系统性错误

信息生成过程中到处都可能发生错误,而系统错误是尤其重要的一种,因为它会影响整个系统。信息质量并不只包括信息的正确性和准确性,还要关注系统性的问题。例如,某研究所存储实验数据的数据库,信息系统只能自动生成和保存实验结果的数据文件,而对实验条件并不进行记录。实验员只需根据其他部门提交的实验申请单进行实验,提交实验结果的数据文件。一段时间后,设计人员希望对比不同条件的实验结果,进行数据分析时,才发现调出的数据文件中没有实验条件的说明。调查表明,这种无法自动保存实验设置参数/工作条件的情况自从系统买来就已经存在,实验员和设计人员都认为这些信息不重要。现在这些信息丢失了,恢复它们费用很高,甚至是不可能的。这类信息质量问题是由隐藏在信息生成过程中的系统问题引起的。修补这类问题意味着当发现问题时才能来解决问题。例如,实验员可以将每次的实验条件输入到一个与实验结果相连的区域,直到卖主发放一个可以自动记录实验条件的新软件版本。长期的解决方案是在设计信息系统时需要进行深入的调研,考虑更多的细节。

② 信息存储和维护过程的问题及解决方案

a. 大量的存储信息使得难以在适当时间访问

信息并不是越多越好。对负责存储和维护信息的人来说,信息太多会产生很多问题；同时也给那些想搜索有用信息的人带来了麻烦。很显然，这是一个信息访问质量方面的问题，但它同时也影响了信息及时性和信息增值性。

在解决大量信息的储存以及提供高效访问方面，信息系统专家有标准的方法。其中一种方法是使用编码来精简原文信息，而当这些简明表达非常普遍的时候，又给需要解码的使用者带来了过多的麻烦。修补这种问题比较通用的办法是提取信息的子集形成数据仓库，并确定设计和管理数据库的思路。这种永久性的解决方案需要进行前期分析，具体地分析组织需要什么样的信息。

b. 信息传递系统导致不一致的定义、格式和数值

和传递系统有关的最常见的信息质量问题是不一致的信息，信息在不同系统间有不同的值或不同的表达。数值不同是由于多种信息来源或者是多种备份的更新不同而产生的。当整合自主设计的系统时，必须对不同表达（格式或编码）进行协调。数据仓库是当前解决传递系统问题的一种方法，与自主开发的系统不同，它使用抽取程序把信息从旧的系统中取出来放入数据仓库里，解决了信息不一致的问题，提供了一个集中的、从前到后一致的传递系统。

c. 存储方式不合理

存储并不是问题，问题在于如何更简洁地表达信息，以便易于进入和访问。存储方式不同，可能导致检索的麻烦，比如要通过内容来检索文本和图像数据就很困难。随着信息储存技术和检索技术的提高，组织需要评估电子存储的收益和输入并存储信息的成本进行对比，规划和更新信息系统中不同信息的存储方式。

③ 信息使用过程的问题及解决方案

a. 未能实现信息收集过程中的自动分析

如果信息具有相关性或任何增值性的话，使用者必须能够整合、处理并且分析其趋势，以支持相关决策。提供给用户的访问系统一般不具备自动分析能力，尤其是非数值信息，用户往往很难使用储存在不同系统中的定义、名字或格式不一致的信息来分析趋势。编码系统以及统一传递系统间编码的例行程序基本修补了分析文本信息的问题，数据仓库和通用的数据字典也是分析系统间结构信息的解决方案。要根本解决这些问题还有待于信息技术及其应用技术的提高，一般来说，在完全有能力分析信息之前，应开发储存新形式信息的能力。

b. 使用者对信息变化的需求

只有能够满足用户需求的信息才是高质量的信息，通常使用信息语境质量来度量。因为信息系统一般要针对多个用户，而每个用户的需求可能并不相同。而且，即使是同一用户，他的需求也在不断变化。因此提供满足用户需求的信息并不是件容易的事情，最初，一个临时的解决方案可能能够满足用户的需要，但是随着时间的推移，提供的信息与使用者的信息需求不匹配的情况会越来越多，相应地用

户需要不断地开发人工和计算机处理的应急工作环境。这样一来,使用应急工作环境可能就会变成家常便饭了。长远的解决方式是在问题变成严重的信息质量问题之前,有计划地改变信息程序和系统,预测用户的需求,例如信息系统在报告方面采用柔性设计。

c. 过于容易地访问信息可能和安全、隐私以及保密的要求冲突

对信息用户来说,高质量的信息是易于获得的信息。但是,为了确保信息的安全、隐私或者保密,又要求设置访问的障碍。在这种情况下,可达性和安全性就发生了矛盾。对使用者来说,获得预先的允许就是访问信息的障碍,因此需要设置一定的授权程序。长远的解决方案是在刚开始收集信息的阶段就要开发针对所有信息的安全、隐私和保密的政策和程序。利用这样的政策指导开发访问的标准程序,使访问的需求极少费力和拖延。用户也认识到隐私、保密和安全的需要,愿意遵守合理的规则。

d. 缺乏足够的硬件资源

当越来越多的员工使用信息系统时,硬件资源可能成为限制,资源上的节约使用可能最终会花费更高的费用,因为可能要承受信息提供不及时带来的成本。人们总是希望更新、更快、配置更好并且更高速率带宽的计算机。这方面的问题通过提供更强的硬件设备来修补;长期的解决方案是制定技术升级的政策。

2) 系统服务质量

20世纪80年代以来,随着个人计算机的普及和终端用户计算的扩展,组织IT部门的功能角色已由过去单一的信息提供,转变成了具有提供信息和服务的双重角色。IT部门有义务提供系统安装、产品知识、软件培训和在线支持等服务。IT部门除了提供信息产品,关注信息产品质量,还致力于信息传递过程,关注信息传递过程质量,即服务质量。因为信息系统的服务质量既影响到系统的使用又影响用户的满意度,并最终影响信息系统的有效性。

然而,多年来对信息系统有效性的评价却是集中在产品而不是服务上。在信息系统有效性评价中是否增加服务质量的评价,经过了多年的争论,直到2003年才引起了人们广泛的关注,并在2006年7月随着权威杂志"Communication of the ACM"的"Service Science(服务科学)"专刊的出版,掀起了全世界对信息系统的服务管理、服务质量管理研究的热潮。可以将学者们对信息系统服务质量(Information Systems Service Quality, ISSQ)的相关研究划分为三个阶段:

第一阶段(1992—1995年):研究的起步阶段,主要是将营销服务管理中服务质量的概念、评价方法等引入对信息系统有效性的评价中,为以后的研究打下了基础。在1992年以前,人们对信息系统有效性的评价中基本不涉及服务质量问题。如被广泛接受与采用的D&M信息系统成功因子模型是产品倾向的,没有服务质

量测评因子。但从这一年开始,Pitt 等人开始致力于服务质量在信息系统成功评价中应用的研究,并于 1995 年发表了《服务质量:信息系统有效性的一个评测因子》。在该研究中,Pitt 等人证明了 SERVQUAL 是一种评价信息系统服务质量的有效工具,他开创了基于服务质量理论的 ISSQ 评价的先河。但这个阶段的研究,仅是证明了服务质量在信息系统有效性测评中的重要性和可行性,而对 ISSQ 的特点、感知服务质量与其他要素(如顾客满意等)的相关关系研究等涉及得很少。

第二阶段(1995—2003 年):主要是对 ISSQ 的构成要素进行研究,并开始注重不同感知服务质量的评价方法,如 SERVQUAL 和 SERVPERF 在 ISSQ 评价中的应用对比、实证研究以及适用性研究等。如 Kettinger 和 Lee(1997)等学者,分析了 SERVQUAL 和 SERVPERF 各自的特点,总结了它们在 ISSQ 评价中的适用范围,并提出了自己的观点和改进建议。经过争论及实证研究,人们逐渐认识到 ISSQ 评价对信息系统有效性评价的重要性,以及作为标杆、诊断与学习工具,对信息系统管理者的重要性,所以越来越多的学者开始从事 ISSQ 的实证与改进研究、服务质量与顾客满足度、顾客诚实度等相关关系的研究等,其标志性的成果是 DeLone 和 McLean 于 2003 年在其修订的信息系统成功模型中增加"服务质量"评价因子。在这点上,与用户满意度观点有重合之处。前文提到,信息系统用户满意度是指用户期望值与最终获得值之间的匹配程度,用户满意度观点的出发点是:把信息系统看作一个服务提供者,从服务使用者的角度对信息系统成功要素进行归纳,主要关注系统的反应速度、便捷性、可靠性、个性化服务等。但是通过对用户满意度的分析,不难发现,用户满意度主要是从用户的角度来评价信息系统;而信息系统质量观点中的服务质量则是从信息系统提供者的角度来评价。

在这个阶段产生了 BS15000 服务管理标准。BS15000 服务管理标准由英国标准协会(BSI)于 2001 年发布,是目前世界上第一个针对 IT 服务管理的国家标准,它提出了一系列相对独立而又彼此相互关联的 IT 服务管理流程。BS15000 为 IT 服务部门提供了一个基准线,IT 服务部门根据这个基准线可以向业务部门表明本部门提供的 IT 服务可以为公司的业务运作提供有效的支持。BS15000 为 IT 服务提供方和客户方建立一致的、双方易于理解的服务评价指标,为开发跨组织的 IT 运作流程提供了一个平台,从而降低提供 IT 服务的成本和培训费用,提高 IT 服务质量。BS15000 标准适用于 IT 服务提供者和 IT 服务使用者间对 IT 服务进行评测,以及 IT 服务外包招标。

第三阶段(2003 年至今):该阶段的研究呈现出明显的深入性和系统性,而且针对 ISSQ 的特点,对基于网站的电子服务质量(electronic Service Quality,e-SQ)的研究有了很大的进展。

3.3.4 信息系统质量观点的其他研究

为了保证和改善信息系统的质量,很多学者提出了各自的方案,有的方案着眼于保证小型系统的高质量,例如个体软件过程(Personal Software Process),或者采用低的投资预算,如 SPICE 模型等。不同于主流观点将目标质量、过程质量、结果质量划分了清晰的界限,信息系统质量矩阵是将信息系统质量看成是集成了过程和产品质量的一个全面质量系统,在客户和用户的准则下,平衡产品、过程的效率和有效性。通过识别四种质量类型:产品效率、产品有效性、过程效率、过程有效性,建立他们之间的关系,作为软件工程的评价基础。该模型的贡献在于它使信息系统质量的过程维和结果维之间能够平衡(郝晓玲等,2005)。信息系统质量体现在三个方面:操作(吞吐量、可用性、平均失败时间);交易(处理的任务数、重运行数);预算/进度,这些度量需要联合使用来衡量实际和预期的效果。Juan Solano 等人(2003)将信息系统质量评价与平衡计分卡方法相结合,进而形成动态模拟评价系统。这种方法能够更好地平衡信息系统的有效性和效率,为组织信息系统开发提供质量保证计划,保障开发任务的执行。

3.4 信息系统应用观点

信息系统应用观是把信息系统看作企业正在或者将要建设和实施的一个"项目"。信息系统应用观点认为:IT 已经成为一种越来越标准的基础架构,尤其是标准套装软件,可以购买和模仿,不能对企业的核心竞争力产生影响;真正产生差别的不是信息系统本身,关键是如何应用(郝晓玲等,2005),从这个角度看待信息系统,其应用价值是绩效的最重要的体现。正如 Stratopoulos 和 Dehning(2000)所说的"怎样利用或管理信息系统比信息系统投资费用研究更重要"。

早在 20 世纪 70 年代,就有西方学者开始关注信息系统应用成功评价的研究,研究主要致力于确定信息系统应用成功的指标体系或因变量。Zeithaml 等人(1990)总结了衡量整个系统有效性的关键绩效指标,包括:集成性、服务质量、交付、效率、经济性、扩展性、影响、用途、适应性。Weill(1992)基于企业层面考察信息系统投资项目失败的案例后,率先提出"IT 转化效果"的概念,在此基础上,许多学者开始提出相关的理论研究(如过程理论与差异理论),讨论信息系统投资如何转化为诸如"生产效率增加、企业价值实现、组织绩效改善等"产出的路径。

Soh 和 Markus(1995)系统地对比分析了 Lucas,Grabowski 和 Lee,Markus 和 Soh,Beath,Ross 以及 Sambamurthy 和 Zmud 等人的模型,提出了关于信息系统投资如何、为什么以及什么时间转化为可观的企业组织绩效的过程模型。提出的过程理论包括三个分过程:竞争过程、IT 使用过程、IT 转化过程。其基本思想是:不同的组织投资于信息系统并且由于管理过程中的效果不同获得了不同程度的 IT 资产;高质量的 IT 资产如果能够正确地使用,那么就能产生可观的 IT 影响;可观的 IT 影响如果没有受到竞争过程的影响,将会导致组织绩效的改善(蔡永明,2007)。Jayanth Jayaram(1997)探讨了信息基础设施和过程改进之间的相互关系,以及信息基础设施、过程改进、它们之间的相互作用对基于供应链的绩效产生的影响。澳大利亚学者 Markus(2000)认为,应将信息系统评价分为三个阶段,即项目阶段;试行阶段;前进和上升阶段。这也是从信息系统的应用过程来对其进行评价。

Dan James 认为,多数终端用户主要通过效率与有效性来描述系统的成功与否,如果终端用户认为系统没有满足这两方面的需求,则认为系统是失败的系统。从公司角度看,信息系统可以描述成为对公司业务有效性与效率的贡献。信息系统效率是指信息系统成本与收入的比例,以及信息系统与预算相比的项目管理绩效;信息系统有效性是指对于每个核心业务过程而言,信息系统应用的可用性、功能、利用率,主要是围绕三个主要的核心过程:产品开发、核心操作、管理服务。

美国麦肯锡公司(McKinsey & Company)(1996—1997)对美国、欧洲、远东的许多业务部门(包括制造业、机械工程、电子、自动化提供商、过程工业)应用信息系统的状况进行了调查。结果表明,名列前茅的公司成功的关键要素在于核心操作过程方面以及产品开发方面的管理,而这又依赖于 IT 部门有效的过程管理,依赖于信息系统的灵活应用以及内部信息技术的解决方案。

Mike Kennerley 等人(1998)的研究发现,信息系统实施与高水平绩效,如利润和用户满意度之间在短期内并无直接关系,然而,信息系统对低端绩效影响较大,信息系统实施对于提高数据准确性、运算速度等具有直接短期的影响,主要通过改善决策过程与操作控制等方面,促进组织绩效长期改进。因此,高水平与低水平绩效的评价实际上不应该在同一个时间段上。

据 McKinsey & Company 参与进行的一项国际调查表明,信息系统的应用水平与企业的经营绩效正相关,即那些能够正确应用信息系统的企业,能够产生竞争优势,善于利用和管理信息系统的企业,能够经常引进具有较好功能、更快、更系统化和更高效的信息系统,从而提高信息系统的有效性和效率,获得更大的回报,因而得以保持他们的竞争地位甚至能获得新的优势。相反,那些不善于利用和管理信息系统的企业,即使在信息系统上投入大量资金,也无法充分利用信息系统满足业务需求,很容易陷入信息系统应用的泥潭,更谈不上利用信息系统获得经营上的回报和竞争优势。

事实上,根据前文所提到的美国学者 Delone 和 Mclean 研究得出的有关信息系统绩效指标(系统质量、信息质量、系统使用、用户满意、个人影响和组织影响)以及在此基础上形成的D&M模型,可以看出,尽管本书主要从用户满意度的观点看待他们的研究成果,但是无可否认,D&M模型体现了信息系统绩效评价的多种视角。D&M模型认为,信息系统首先被建立或实施,其特征体现为一定的系统质量和信息质量。用户通过使用系统感受到信息系统的特征,并得到是否对其满意的判断。因此,系统质量和信息质量共同而又单独地影响系统应用和用户满意度;系统使用和用户满意度直接引起对个人的影响,进而最终影响组织绩效(2003年改进后的D&M模型增加了对信息系统"服务质量"的考虑,并且将信息系统的"个人影响"和"组织影响"进一步转化为"净利益")。体现了系统质量观点、用户满意度观点、系统应用观点,进而体现系统收益观点。

第4章

基于 COBIT 的信息系统绩效评价与审计

> 由于 COBIT 是国际化的、全面的信息系统评价工具,覆盖了当今世界关于信息系统控制与审计的主要标准,并对信息系统审计及其相关的活动与主体进行了定义;面向业务是 COBIT 的主题,它不仅是为用户和审计师而设计,而且更重要的是它可以作为管理者及业务过程的所有者的综合指南。本章主要研究如何依据 COBIT 框架构建信息系统绩效评价与审计的指标体系。

4.1 COBIT 框架概述

4.1.1 COBIT 发展历史及背景

COBIT 是信息系统控制和审计的一种公认的业界标准,其目的是推动人们对信息系统管理理论的理解和采纳。COBIT 由美国信息系统审计与控制协会(ISACA)下属的 IT 治理委员会(ITGI)于 1992 年创建。COBIT 有过五个主要版本;第一版由信息系统审计与控制基金会(ISACF)于 1996 年发布;第二版于 1998 年出版,修订了高层控制目标与详细控制目标,增加了实施工具集(Implementation Tool Set);第三版由 ITGI 制定并于 2000 年 7 月推出,加入了管理指南,并扩展和加强了对 IT 治理的关注,由 ISACF 建立的 IT 控制目标,参照了其他控制框架、行业标准;第四版于 2005 年 12 月首次推出,这一版对 IT 某些过程进行了调整,强调了 IT 控制与 IT 治理五个领域的对应关系;2007 年 5 月,发行其修订版 COBIT4.1;2012 年 6 月,COBIT5.0 发行,它巩固并集合了 COBIT 4.1、Val IT 2.0 和 RISK IT 框架,同时从 BMIS 和 ITAF 中汲取了部分内容。

ITGI 认为 IT 治理的目的是要确保:IT 信息系统能够支持业务目标的实现,优化业务投资,充分参与管理与信息系统有关的风险,并努力降低风险。在这个宗旨的指导下,IT管理研究所在COBIT的更新中,不断发布并且增加管理规则以增强IT治理绩效目标,从而帮助各个组织领导者明确IT治理的目标责任。COBIT也通过不断吸收国际最新的技术成果以及各专业和行业最新标准而不断得到完善。

根据第一版中定义的COBIT框架,第二版将国际准则、指南和研究应用于最佳实践,控制目标得以开发,审计指南随之被开发以评估这些控制目标是否被适当地实现。研究人员负责编辑、审阅、评估与合并国际技术准则、行为规范、质量准则、审计专业准则以适应产业实践和需求。收集和分析完后,研究人员深入地检验每个领域和流程,并且对特殊的IT流程提出新的或者改进的、适用的控制目标建议。最终由COBIT指导委员会负责合并整理结果。

COBIT第三版的修订工作包括根据新的和修订的参考文献编写管理指南,对COBIT第二版做升级。此外,修订完善了COBIT框架以支持管理控制、绩效管理和促进IT治理。为管理层提供该框架的应用方法,以便能够评估和选择信息及相关技术的控制实施与改进,并测评绩效。管理指南包括成熟度模型、关键的成功因素(CSFs)、和控制目标有关的关键目标指标(KGIs)以及关键绩效指标(KPIs)。控制目标体系为信息系统管理与控制提供了一般适用的公认标准,以辅助管理者进行信息技术的管理,从而更好地提高相应的效能。COBIT的控制目标主要针对政府或企业范围内的信息系统的应用。管理指南由来自世界范围的工业、学术界、政府、以及IT治理、保证、控制和安全行业的40位专家组成的研究小组开发完成。研究小组由专业促进者进行指导,使用COBIT指导委员会定义的开发指南。该研究小组得到Gartner Group和普华永道的有力支持,他们不仅提供思路而且派出多名他们在控制、绩效管理和信息安全方面的专家。研究小组的成果是COBIT的34个流程描述的成熟度模型、CSFs、KGIs和KPIs的草稿。成果发布在ISACA网站上,质量由COBIT指导委员会来保证。同时,管理指南给完整性和一致性提供了一个面向管理的新的工具集。管理指南的开发结果被用于修订COBIT框架,尤其是流程描述的思考、目标和序言。对COBIT第三版中控制目标的更新,以新的和修订的参考文献为基础,由ISACA分会成员在COBIT指导委员会的指导下进行。目的不是为了进行控制目标的全面分析或者重新开发,而是为了提供更新流程。

自COBIT诞生以来,COBIT的核心内容得到持续优化,基于COBIT派生的著作数量也一直在增加。发展到今天,COBIT已经成为了国际上主流的信息系统管理控制体系,并在世界一百多个国家的重要组织与企业中得到运用,指导这些组织有效地利用信息资源,有效地提升其管理绩效。

4.1.2 COBIT 框架原理

COBIT 将 IT 资源、IT 流程以及企业策略目标联系起来，形成一个三维的体系结构（如图 4-1 所示），为管理人员、审计人员和 IT 用户提供了一套通用的测量、显示和处理的方法以及最佳实践，帮助其在公司中恰当地使用信息技术，进行适当的 IT 治理与控制，使公司的利益最大化。

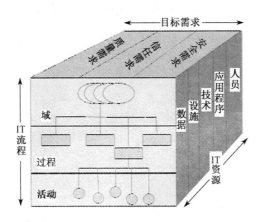

图 4-1　COBIT 框架原理

1）目标维度

这一维度集中反映了企业的战略目标，主要从质量、成本、时间、资源利用率、系统效率、保密性、完整性和可用性等方面来保证信息的安全性、可靠性和有效性。COBIT 以支持组织战略目标实现为出发点，通过定义一组高层次的 IT 战略目标，并将其不断分解，形成一整套控制目标分级体系，实现对信息系统生命周期的整体管控。

2）IT 流程维度

IT 流程维度即是在目标指导下，对信息及相关资源进行规划及处理，从信息技术的计划与组织（PO）、获取与实施（AI）、交付与支持（DS）、监控与评价（ME）四个方面确定了 34 个信息技术处理过程，每个过程还包括更加详细的控制目标和审计方针等对 IT 处理过程进行评估。

IT 流程是 COBIT 框架的核心内容。COBIT 通过流程控制的方式对企业战略目标进行分级，主要采用信息系统生命周期分层的方法，将整个生命周期分为三个层次，最底层为可执行的活动与任务（318 个具体控制对象），第二层为一系列最小活动或任务的组合，构成 IT 过程（34 个过程），最高层为由多个过程结合在一起，以适应相应组织目标的责任域（4 个域）。这样，就形成了整个相互关联又互相独立的IT控制目标体系(表4-1)。IT流程除包含详细的控制目标外,还指明了其与组织业务目标之间的关系,同时对其关键活动、主要交付物、衡量方法以及职责归属进行了详细阐述。

表4-1　IT流程控制目标体系

PO 计划与组织	AI 获取与实施	DS 交付与支持	ME 监控与评价
PO1 定义战略IT规划	AI1 识别自动化解决方案	DS1 定义和管理服务水平	ME1 监控与评价IT绩效
PO2 定义信息体系结构	AI2 获取与维护应用软件	DS2 管理第三方服务	ME2 监控与评价内部控制
PO3 确定技术导向	AI3 获取与维护技术基础设施	DS3 性能和容量管理	ME3 确保与法律的符合性
PO4 定义IT过程、组织和关系	AI4 保障运营和使用	DS4 确保服务的连续性	ME4 提供IT控制
PO5 IT投资管理	AI5 获得IT资源	DS5 确保系统安全	
PO6 沟通管理目标和方向	AI6 变更管理	DS6 确定并分配成本	
PO7 人力资源管理	AI7 安装、授权解决方案和变更	DS7 教育和培训用户	
PO8 质量管理		DS8 服务台和紧急事件管理	
PO9 IT风险评估及管理		DS9 配置管理	
PO10 项目管理		DS10 问题管理	
		DS11 数据管理	
		DS12 物理环境管理	
		DS13 运营管理	

3) IT资源维度

IT资源是企业IT治理过程的主要对象,主要包括应用系统、信息、基础设施以及人员四个方面的内容(表4-2)。

表4-2　IT资源

应用系统	是处理信息的自动化系统和操作规程
信　　息	是信息系统处理输入和输出的各种格式的数据,用于业务的各个方面
基础设施	是保障应用系统处理信息所需的技术和设施,主要包括硬件、操作系统、数据库管理系统、网络、多媒体等,以及放置、支持上述设施的环境
人　　员	是计划、组织、获取、实施、交付、支持、监控和评价信息系统及服务的人员,其中人员可以是内部人员、外包或合同所需人员

COBIT框架模型覆盖了整个信息系统生命周期,涵盖了战略、战术与操作的所有层次,处于各个阶段的信息系统都可以参照使用,它是企业战略目标和信息技术战略目标的桥梁,使得信息技术目标和企业战略目标之间实现互动。COBIT考

虑了企业自身的战略规划，根据业务需求制定相应的 IT 目标，然后使用流程模型将 IT 流程划分为 4 个领域、34 个处理过程，利用控制目标模型，分别从规划与组织、获取与实施、交付与支持、监控等过程来对 IT 目标进行分解。上述内容可以用一张图来描述（图 4-2）。COBIT 作为一个最基本的 IT 治理模型，帮助在管理层、IT 审计之间交流的鸿沟上搭建桥梁，提供了彼此之间沟通的共同语言。

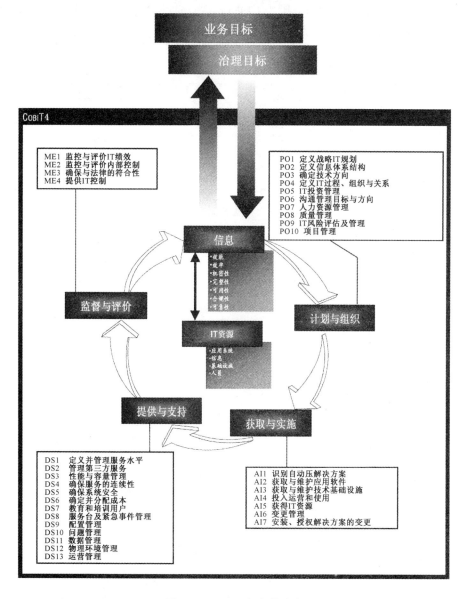

图 4-2　COBIT 框架整合图

4.1.3 COBIT 体系架构

COBIT 具有完整的体系架构,如下图 4-3 所示。上面的部分可以供董事会或者执行管理层参考;中间部分关注管理层,因为管理层重视测控和基准;下面部分提供了对实施的详细支持,并确保有足够的 IT 控制和管理。在使用 COBIT 时,可以综合使用各个部分进行管理,因为 COBIT 是面向过程的,所以,可以用它来了解 IT 控制目标并控制与 IT 相关的商业风险。

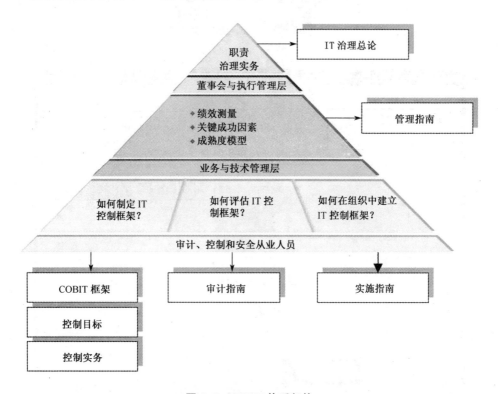

图 4-3 COBIT 体系架构

由上图可以看出,信息系统绩效评价工作是管理层主要关注的,其标准主要由管理层依据董事会章程以及治理理论来制定,并由审计、控制和安全从业人员根据控制框架、控制目标、审计指南以及实施指南来具体实施。

1) 控制框架

COBIT 的控制框架为企业过程拥有者提供了一个促进其履行职责的工具,提供信息化控制指导。它指出某个 IT 过程影响到哪些信息标准,涉及哪些 IT 资源,从而把 IT 过程、IT 资源和信息连接到企业战略和目标上去,使计划和组织、获取和实施、交付和支持、监控IT绩效以最优的方式一体化,使企业充分利用其信息并因此使利润最大化,抓住每一个机会,赢得竞争优势。

2)《管理指南》

《管理指南》进一步加强企业管理,以更有效地处理业务需求和信息化控制要求。《管理指南》定义了IT过程的成熟度模型,为管理者评估IT过程的状态提供了标准。同时也给出了一些重要的测度,包括:关键成功因素、关键目标指标、关键绩效指标。帮助提供典型管理问题的答案:我们该控制IT到什么程度,成本和收益是否相符?有没有一个测量标准用于判断何时肯定会出现失败?怎样才算是好的性能?关键成功因素是什么?哪些是影响我们实现组织目标的风险?其他的组织在做什么?我们应该怎样进行测量与比较?

《管理指南》搭建了沟通业务风险、控制需要和技术问题这三者之间的桥梁。《管理指南》面向实施,是一种通用情况的总结,为控制、监控组织目标成果、监控和改进每个IT处理的性能和组织成就的基准提供方向。

3)《控制目标》

COBIT提供的一套34个高层控制目标,每一个目标对应着一个IT过程,一共组成4个域。这种结构涵盖了信息和相关支持技术的所有方面。通过发布这34个高层控制目标,业务处理者可以确保对IT环境提供适当的控制系统。在34个IT过程中,COBIT针对每个IT过程,给出了管理策略,包括:该IT过程满足了何种业务需求,应采用何种措施,它影响到哪些信息标准,涉及哪些IT资源以及在该IT过程中应注意的事项。控制目标下,COBIT又定义了318个具体的控制子目标。从价值交付和风险管理的角度,再将控制子目标细化成可执行的控制实务(Control Practice),并为实施执行提供业务指导。IT控制实务是对应用COBIT的进一步阐述,同时为实践者提供了额外层次的详细说明,并解释了管理层、服务提供者、最终用户和控制人员怎样以及为什么需要IT控制措施。

4)《审计指南》

《审计指南》通过审查实际活动的表现,以确保能够满足高层和详细的控制目标。对应于34个高层控制目标的每一个目标,都有一个审计指南来评审IT过程,可以结合COBIT推荐的318个详细控制目标来提供管理保证或改进建议。《审计指南》为CIO和信息系统审计师对组织的信息系统进行分析、评估、实施、审计等提供了建议和指导。

5)《实施工具集》

《实施工具集》提供其他组织在工作环境下迅速而成功应用COBIT的经验教训。它提供两个特别有用的工具:管理诊断工具和IT控制诊断工具,用来辅助分析组织的IT控制环境。

4.2 运用 COBIT 进行信息系统绩效评价与审计的意义

从以上关于 COBIT 架构体系的介绍，我们可以看出，COBIT 框架覆盖了整个信息系统生命周期，提供了包括战略、战术与操作所有层次的信息系统领域和流程中的最佳实务，可以满足不同管理人员的需求。运用 COBIT 来规范企业信息系统建设，同时进行信息系统绩效评价，将对企业的发展能起到十分重要的作用。

首先，最高管理层日益重视信息系统对于企业成功的重大影响。管理层希望加强了解信息系统运营的方式以及提高信息资源成功以获得竞争优势的可能性。最高管理层尤其需要明确良好的信息管理使得企业具有更好的学习能力和适应能力，恰当地管理所面临的风险，及时发现并抓住机遇，以提高目标实现的可能性。同时，成功的企业应能够理解风险，恰当地考评信息化绩效，并充分利用信息系统优势实现 IT 投资价值。管理层和董事会普遍关注 IT 支出，关心 IT 是否可以满足业务需求以增加利益相关方收益，期望获得较好的 IT 投资回报，因此他们会尽可能遵循公认的标准和基准进行评估，以期通过遵循标准的而非特别制定的方法来满足优化成本的需要。COBIT 正是这样一个逐步成熟并被广泛接受的控制框架。

其次，COBIT 是个通用的信息系统框架模型，COBIT 实务反映了众多专家的共识，能优化信息投入，帮助企业的信息系统管理和控制达到更加成熟的水平，提供判断事情对错的思路。COBIT 认为信息系统资源是有限的，应该被有效管理。它的基本逻辑是，信息资源被 IT 过程管理，以达到符合业务需求的 IT 目标。它运用信息的需求模型来描述业务需求——七个方面的信息标准：有效性、效率性、保密性、完整性、可用性、遵循性和可靠性。审计评价工作应当建立在企业对 COBIT 框架所设定的控制目标的符合程度上。

第三，由于 COBIT 包括一个支持工具集，支持工具集可以用来缩小控制需求、技术问题以及业务风险之间的差距，它包括三方面的工具：控制管理目标、基准、度量。COBIT 的控制管理目标是其框架上的标识符，这有点像中医里面的经络图，COBIT 框架就是一张经络图，控制管理目标则是经络图上的穴位。这张经络图，除了告诉你全身有多少个穴位以外，还告诉你哪个穴位可以治什么病。也就是说，COBIT 框架除了告诉大家 IT 治理有多少种控制管理目标外，还提供了与每种控制目标相对应的业务需求。有了这张经络图框架，我们就可以知道，一种控制目标可以满足哪种业务需求。这就好比针扎不同的穴位会产生不同的效果，扎在这儿可以治头疼，扎在那儿可以治脚疼，但它没告诉你扎针应该扎多深。支持工具集里的基准给的就是这个扎针的深度。如治脚疼要扎二分，治头疼要扎一分，但没告诉你这个"分"到底是怎样量出来的，支持工具集里的度量给的就是记分的方法。穴位、深度标准、深度计量三者一齐可以保证这一针扎下去一定有效。所以，COBIT 也是这样，必须支持工具集的控制管理目标、基准、度量三者都齐备才能保证信息系统的有效评价。

第四，COBIT 提出了 34 个高层控制目标和 318 个详细控制目标。从绩效评价的角度来看，这些控制目标完全可以体现为一套针对信息系统的层次清晰的绩效指标评价体系。更进一步说，COBIT 还在管理指南中提出了每个控制目标的评价要点，包括定性评价（如成熟度模型）和定量评价，这就为指标数据的实际采集和量化工作提供了重要的数据内容和参考体系。

最后，COBIT 作为一个面向 IT 治理的体系，全面详细地阐述了控制信息系统的风险、提高绩效的各种必要手段和过程，并且将这些管理控制工作中的各种要素（涉及资源、法规准则、具体过程）结合在了一起，在问题与对策之间建立了明确的联系，这对深入挖掘信息系统绩效评价结果的应用价值都有十分重要的意义。

4.3 基于 COBIT 的信息系统绩效评价与审计过程

在进行绩效评价与审计之前，首先应明确评价与审计的目的，即通过评价与审计能够给组织带来什么样的利益，实现什么样的目标。这必须和组织的整体战略紧密联系起来，以外界环境为依据，正确地定位信息部门在整个组织中的价值和作用。必须保持 IT 战略目标与业务目标的一致，将组织的业务目标和信息化战略目标的信息需求和功能需求整合起来；在 IT 战略目标与业务目标一致的基础上，合理地利用组织的信息资源，改变目前信息系统工程超期、信息化客户需求未得到满足、信息化平台不支持业务的现状；最后需通过制定信息资源的保护级别，规避组织信息系统的相关风险。

企业往往通过评估自身的信息系统绩效状况，来决定应采取的管理和控制水平，以达到 IT 目标，实现企业战略目标。在这个过程中，管理层需要考虑：应该测评什么，如何测评，企业的 IT 流程处于什么位置，哪里需要改进，用什么管理工具来监督改进等。也就是说，在审计信息系统绩效时，必须具备相应的绩效评价指标，确定绩效评价的目标，确立组织信息系统所处的成熟度，在此基础上分析组织实施 IT 的关键成功因素，找准有关评价目标的关键指标，最终构建关键绩效指标系统。COBIT 通过以下方式来解决这些问题：采用成熟度模型实施基准管理以识别所需的能力改进；IT 流程的影响因素和指标指明了 IT 流程如何满足业务目标和 IT 目标，并基于平衡记分卡的原理对信息系统的绩效进行测量。

关键成功因素是直接影响被评价对象的因素的集合，而指标体系则是用来反映因素集的,它是容易被评价的对象的集合。大多数情况下这两种集合是不等同的。因素是事物本身就存在的属性因子,而指标则是反映这些属性因子的特定维度,因素是比指标范围更大的概念。比如将个人能力作为因素集中的元素,那么学历、证书、职称可能就是评价这个能力的指标集。对信息系统绩效进行评价与审计时,不可避免的要用到指标维度等来定性或定量的反映。然而指标必定是首先反映绩效的某一方面的,这一方面可以称之为因素。所以我们在进行绩效评价与审计之前必须还要建立一套有效的关键成功因素集与指标体系。

在COBIT体系里,结合IT平衡记分卡的方法,根据企业愿景战略进行信息系统绩效评价的基本思路可见下图4-4。

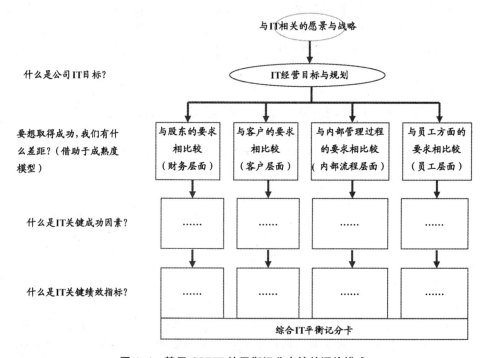

图4-4 基于COBIT的平衡记分卡绩效评价模式

4.3.1 确立评价基准——COBIT成熟度模型

在进行信息系统绩效评价与审计时,除了需要考虑如何平衡企业的成本收益,还应关注下列相关问题:

企业同行在做什么,与他们相比企业自身处于什么位置?

行业公认的最佳实践是什么,与这些最佳实践相比企业处于什么水平?

基于这些比较,企业所做的是否充分?

为达到适当的管理水平和控制信息系统流程，企业如何确定所需完成的事项？

为了寻找这些问题的答案，企业需要不断寻找基准程序和评估工具。可以从 COBIT 流程入手，寻找一种衡量方法，以确定企业所处的位置；探索一套工作方式，以有效决定将要达到的水平；开发一组测量工具，以针对目标评估流程结果。

成熟度模型作为 COBIT 组件之一，是 IT 治理实施的关键要素。它主要用于在识别关键 IT 过程和控制的基础上，评估过程成熟度差距，并通过制定相应的流程改进措施，以达到期望的流程成熟度级别。成熟度模型借鉴了软件工程协会（SEI）对软件开发能力成熟度（CMM）的定义方式，采用基于组织评价的方法，将成熟度水平划分为从无级别（0）到优化级（5）六个等级，详细描述了各个级别成熟度水平，方便管理层通过对照等级了解流程绩效状况以及所存在的缺陷，明确改进目标并采取相应措施。虽然采纳了 SEI 方法的基本概念，但 COBIT 在实施中与原来的 SEI 有相当大的差别。SEI 是面向软件产品工程原理的，组织在这些领域中追求卓越，并通过对成熟度水平的正式评估使软件开发商得到"认证"；然而，COBIT 给出了成熟度范围的一般性定义（类似于 CMM），但解释了 COBIT IT 管理流程的实质，并从一般定义出发为 34 个 COBIT 流程分别制定了具体模型。

模型规定的是 IT 流程应达到的能力，主要取决于组织的期望回报以及风险承受能力等。成熟度水平受到企业的业务战略目标、组织结构以及行业最佳实践影响，取决于企业对 IT 的依赖程度、技术复杂程度等等。成熟度等级是 IT 流程的概括图，可用于企业识别并记录当前及未来的可能状态。通过使用成熟度模型（图 4-5），管理层可以明确 IT 的实际绩效、在行业所处的位置和企业的改进目标之间的差距，并探寻"当前绩效"和"期望目标"之间的成长路径。使得企业能够有效地定位信息系统，决定应将信息系统发展到何种程度，并考察如果信息系统的流程偏离其目标应如何测定。成熟度模型有助于专业人士向管理人员解释 IT 流程管理所存在的缺陷并确定改进的目标。

成熟度模型是一种衡量信息系统流程设计效果（即实际应达到能力）的方法，设计效果或应达到能力主要依赖于 IT 目标及其支持的基础业务。能力的实施程度主要取决于企业所期望的投资回报（例如：关键流程和系统相比于其他而言，需要更多、更强的安全管理），另一方面，对流程控制的程度和复杂度则更多地取决于企业的风险承受能力和适用的合规要求。成熟度模型是由通用的定性模型（见图 4-4）组成并遵循一定的准则，该准则包含下列属性，这些属性随着等级的递增而不断提高：

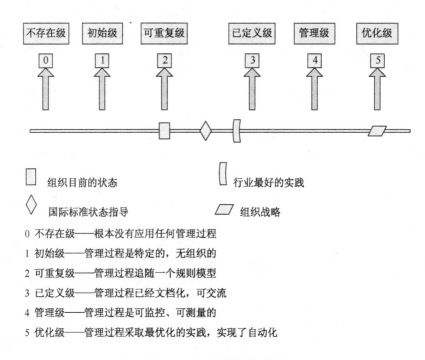

图 4-5 成熟度模型及说明

- 意识和沟通；
- 政策、计划和实施程序；
- 工具和自动化方案；
- 技能和专业经验；
- 职责和责任；
- 目标和度量方法。

成熟度属性表(表 4-3)列出了 IT 流程的管理特征以及从无等级到优化级所涉及的内容。这些属性可用于更全面的评估、差距分析和改进计划中。

对信息系统进行评估，其衡量尺度应当实用并易于理解，可以把成熟度等级作为一个整体，也可以严格针对每一个条款来实施评估。COBIT 成熟度模型制定了一个基准，企业可以根据上面的特征确定自己的等级，从而了解自身目前的情况，与同行业平均水平相比情况如何？与国际上的最佳实践又有多少差距？在了解自身优劣情况的基础上，可以确定出企业的关键成功因素，然后可以通过关键绩效指标进行事中事前控制，并且衡量组织是否能达到关键目标指标中所设定的目标，从而进行事后控制。

表 4-3　成熟度属性表

意识和沟通	政策、计划和程序	工具和自动化方案	技能和经验	职责和责任	目标和度量方法
1. 已意识到流程的必要性；很少对问题进行沟通	存在一些非计划的流程和实践，对流程和政策没有明确意义	存在一些基于桌面应用的工具，但对工具使用没有统筹规划	未识别流程所需的技能，缺乏培训计划和正式的培训	未明确职责和责任，主要依靠个人主动反应去承担问题。	目标不明确，缺乏衡量指标
2. 意识到行动的必要性；管理层沟通整个问题	出现一些相似及通用的流程，但仅依靠个人经验和直觉行动，一些流程已能重复使用，对一些书面要求和政策及流程有非正规了解	通常能使用工具，但叹限于关键人员所开发的工具；已购置了一些工具，但未正确使用甚至闲置未用	已识别少量关键流程所需的技能；仅在需要时进行培训，而不是根据既定的计划；仅在作业出现时进行非正规培训	由个人设定其职责，通常也包括问责，虽然未得到正式批准；问题发生时会出现职责冲突，存在互相指责的倾向	已设定一些目标，制定了一财务指标，但仅用于高级管理层；在单独的领域内采用不同的监控方式
3. 理解行动的必要性；管理层采用更加正式和结构化方式进行沟通	良好实践已能使用于已制定及记录所有关键活动的流程，政策及程序	已为自动化流程工具的使用和标准化制订计划；工具基本得到采用，但未遵循既定计划，也未对工具进行整合	在所有领域制定了书面的技能要求；已制定正规培训计划，但正规培训仍基于个人的主观努力	已明确流程职责和责任并指定流程所有者；流程所有者可能还缺乏履行职责所需的完全授权	已设定一些有效的并与业目标明确相关的目标和衡量指标，但尚未沟通；已制定考评流程但未贯彻；已开始采用IT平衡记分卡概念，并偶尔用直觉分析问题的原因
4. 理解所有需求；采用成熟的沟通技巧和标准化的沟通工具	已有健全及完整的流程，并采用内部最佳实践；所有流程已能重复使用及记录；政策经由管理层批准及签署，已采纳标准用以开发和维护流程及程序	能按照标准计划使用工具，部分相关工具已进行整合；能自动化流程管理和监控关键活动与控制的主要领域使用工具	能按需要更新所有领域的技能要求，确保所有关键领域的熟练程度并鼓励认证；按照培训计划应用成熟的培训技巧，鼓励知识共享，所有内部专家均参与其中并对培训效果进行评估	所制定的流程职责和责任能促使流程所有者完全、有效地行使其职责；存在奖励文件，并能促进正面效应	结合业务目标与IT战略规划来衡量和沟通流程效率与效果，平衡记分卡已应用于部分领域，管理层记录例外，并采用准化方式分析根本原因，并开始持续改进公司流程
5. 能超前、前瞻性地理解需求；基于当前趋势事先交流问题，采用成熟的沟通技巧和集成沟通工具	已使用外部最佳实践及标准流程的文书处理已建立自动程序，采用标准化和已整合的流程，政策及程序；以求达到端到端管理和改进	在企业范围内使用标准化的系列工具；完全整相关工具以加强流程的端到端支持；工具能用于支持流程改进和自动检查控制的例外情况	给予清晰的个人和组织目标，提倡技能的持续改进；使用外部最佳实践、前沿概念和技能组织培训；实时共享成为企业文化，并实施以知识为基础的系统；采用外部专家和行业领先者作为指导	授权流程所有者制定决策并采取措施；流程职责在全企业范围内按照一致的方式进行层级分解	已建立全面应用IT平衡记分卡的绩测评系统，把IT绩效与业务目标相结合，管理全面、一致地记录例外情况并分析根本原因，持续改进是企业的存在方式

4.3.2 分析关键成功因素

1) 关键成功因素与关键成功因素法

关键成功因素是在探讨企业特性与企业战略之间关系时，常使用的术语，是在结合本身的特殊能力，对应环境中重要的要求条件，以获得良好的绩效。这种特殊能力或者重要条件就是对企业成功起关键作用的因素。关键成功因素法是信息系统开发规划方法之一，是以关键因素为依据来确定系统信息需求的一种 MIS 总体规划的方法，由 1970 年由哈佛大学教授 William Zani 提出。关键成功因素法就是通过分析找出使得企业成功的关键因素，然后再围绕这些关键因素来确定系统的需求，并进行规划。在现行系统中，总存在着多个变量影响系统目标的实现，其中若干个因素是关键的和主要的（即成功变量），通过对关键成功变量的识别，找出实现目标所需的关键信息集合，从而确定系统开发的优先次序。

COBIT 中的关键成功因素是指在 IT 流程之内实现控制的最重要的观点或活动。信息系统关键成功因素的重要性应置于企业其他 IT 目标、策略和目的之上，寻求管理决策层所需的信息层级，并指出管理者应特别注意的范围。若能掌握少数几项重要因素（一般关键成功因素有 5～9 个），便能确保 IT 相当的竞争力，它是一组能力的组合。如果企业信息化想要持续发展，就必须对这些少数的关键领域加以管理，否则将无法达到预期的目标。将关键成功因素法运用于 COBIT 管理控制框架，可以识别影响企业的关键业务、流程与活动，确定企业信息化战略，使企业进行适当的规划与改进，将有限的信息资源进行合理配置。

2) 关键成功因素的 8 种确认方法

(1) 环境分析法（Environmental Analysis）

环境分析法是一种识别特定企业风险的方法，是根据对企业面临的外部环境和内部环境的系统分析，推断环境可能对企业产生的风险与潜在损失的一种识别风险的方法。

企业的外部环境主要包括原材料供应者、资金来源、竞争者、顾客、政府管理者等方面的情况。

企业的内部环境则包括其生产条件、技术水准、人员素质、管理水平等。

采用环境分析法，应全面系统地分析企业的外部环境和内部环境，以及环境变化对企业生产经营的影响；还应分析企业与内部环境和外部环境的相互关系及其稳定程度。企业风险管理者通过分析这些因素之间的联系及其结果，以及一旦因素发生变化可能产生的后果，就能发现面临的风险和潜在损失。

(2) 产业结构分析法

应用波特所提出的产业结构五力分析架构作为此项分析的基础。此架构由五个要素构成,每一个要素和要素间关系的评估可提供分析者客观的数据,以确认及检验产业的关键成功因素。

20 世纪 80 年代初,波特的著作《竞争战略》和《竞争优势》中的产业结构分析法对战略管理的理论和实践产生了强烈的影响,并成为这一时期的主流模式。波特认为:"形成竞争战略的实质就是将一个公司与其环境建立联系。尽管相关环境的范围广阔,包含着社会的,也包含着经济的因素,但公司环境的最关键部分就是公司投入竞争的一个或几个产业。产业结构强烈地影响着竞争规则的确立以及潜在的可供公司选择的战略。"为此,他反复强调产业结构分析是确立企业竞争战略的基础,理解产业结构永远是战略分析的起点。在《竞争优势》一书中,他指出,每一个产业中都存在五种基本竞争力量,即潜在的进入者、替代品、购买者、供应者、与现有竞争者间的抗衡。

① 潜在进入者威胁

这是指产业外随时可能进入某行业成为竞争者的企业。当某个产业边际利润较高以及进入壁垒较低时就会有新的竞争者进入市场。很明显,高获利水平存在着诱惑力,因此对本产业的现有企业构成威胁,这种威胁成为进入威胁。进入威胁的大小主要取决于进入壁垒的高低以及现有企业的反应程度。进入壁垒是指进入一个产业需克服的障碍和付出的代价。波特认为存在七种壁垒:分别是规模经济、产品差异化、资本需求、转换成本、销售渠道、与规模无关的成本劣势、政府政策。

② 现有企业之间的竞争

这是指产业内各个企业之间的竞争关系和程度。在多数产业,每个企业都是相互依存的,对于每个企业的竞争行动,其他竞争者会预期到他对自己的影响,从而采取对策,进行还击。根据波特的观点,竞争强度与下列因素有关:竞争者数量、产业的增长速度、产品差异性、固定成本或库存成本、生产能力、推出壁垒。

③ 替代品的威胁

替代品是指那些与本产业产品具有相同功能、可相互代替的产品。替代品可分为直接替代品和间接替代品。直接替代品是某一种产品直接取代另一种产品,间接替代品是由能起到相同作用的产品非直接地取代另外一些产品。替代品设置了产业中企业可谋取利润的定价上限,所以替代品投入市场,可能影响本产业的销售额和收益,其价格越有吸引力,则影响越大。因而本产品同生产替代品的其他产业和企业之间存在着竞争,替代品对本产业形成威胁。决定替代品压力大小的因素主要有:替代品的盈利能力、替代品生产企业的经营策略、购买者的转换成本。

④ 供方的议价能力

供方指企业从事生产经营活动所需要的各种资源、配件等的供应单位。作为供应方,往往希望提高其产品的价格或适当降低产品质量和服务质量来获得尽可能多的利润。这是同现有产业的愿望相违背的,因而在进行供货谈判时少不了讨价还价。这也是一种竞争行为。供方议价能力的大小取决于下列因素:供方产业的集中程度、供方提供的产品对现有产业的影响程度、产品的差异性、供货量、前向一体化的可能性。

⑤ 买方的讨价能力

作为买方必然希望所购产业的产品物美价廉,服务周到,且从产业现有企业之间的竞争中获利。因此,他们总是为压低价格,要求提高产品的质量和服务水平而同该产业内的企业讨价还价,使得产业内的企业相互竞争,导致产业利润下降。影响买方讨价还价能力的因素主要有:购买量、产品差异性、本产业的集中程度、转换成本、买方赢利能力、买方后向一体化的可能性、买方信息的掌握程度。

产业结构分析法指出了企业在分析产业结构竞争环境的基础上指定竞争战略的重要性,利用产业结构分析法可帮助企业寻找竞争的关键成功因素。

(3) 专家调查法(Expert Investigation Method)

专家调查法又称德尔菲法,是以专家作为索取信息的对象,依靠专家的知识和经验,由专家通过调查研究对问题作出判断、评估和预测的一种方法。美国兰德(Land)公司首先于1964年把德尔斐法用于技术预测中。它是在专家个人判断和专家会议方法的基础上发展起来的一种直观预测方法,特别适用于客观资料或数据缺乏情况下的长期预测,或其他方法难以进行的技术预测。在下列三种典型情况下,利用专家的知识和经验是有效的,也是唯一可选用的调查方法。

① 数据缺乏:数据是各种定量研究的基础。然而,有时数据不足,或数据不能反映真实情况,或采集数据的时间过长,或者付出的代价过高,因而无法采用定量方法。

② 新技术评估:对于一些崭新的科学技术,在没有或缺乏数据的条件下,专家的判断往往是唯一的评价根据。

③ 非技术因素起主要作用:当决策的问题超出了技术和经济范围而涉及生态环境、公众舆论以致政治因素时,这些非技术因素的重要性往往超过技术本身的发展因素,因而过去的数据和技术因素就处于次要地位,在这种情况下,只有依靠专家才能作出判断。

此外,由于原始信息量极大,决策涉及的相关因素(技术、政治、经济、环境、心理、文化传统等等)过多,计算机处理这样大的信息量,费用很高。这时,从费用效果考虑,也应采用专家调查法。

专家调查法应用广泛,多年来信息研究机构采用专家个人调查法和会议调查法完成了许多信息研究报告,为政府部门和企业经营单位决策提供了重要依据。

60年代中期,国外许多政府机构和公司企业热衷于建立电子计算机数据处理系统,但是,实践表明,利用专家头脑的直观判断仍具有强大的生命力,专家的作用和经验是电子计算机无法完全取代的。在许多情况下,只有依靠专家才能作出判断和评估。

60年代以后,专家调查法被世界各国广泛用于评价政策、协调计划、预测经济和技术、组织决策等活动中。这种方法比较简单、节省费用,能把有理论知识和实践经验的各方面专家对同一问题的意见集中起来。在分析企业关键成功因素方面也具有一定的优势。

（4）竞争对手分析法（Competitive Analysis）

通常情况下,企业看好的顾客,竞争者也会看好。当某一部分顾客对某种产品和服务产生需求的时候,市场就产生了。与此相对应,欲以生产经营类似产品和服务来满足这个市场需要的竞争者所组成的行业也就应运而生。企业在确定竞争战略时还必须对行业内其他竞争对手进行深入的分析,正所谓"知己知彼,百战不殆"。

波特在1980年出版的《竞争战略》一书中提出了竞争对手分析模型,该模型从企业的现行战略、未来目标、竞争实力和自我假设四个方面分析竞争对手的行为和反应模式(图4-6)。作为《竞争情报丛书》之一的《竞争对手分析》一书从竞争对手跟踪的角度对竞争对手分析模型进行了方法的细化和组织,提升了该模型的可操作性。

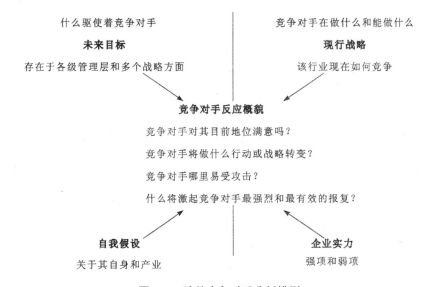

图4-6 波特竞争对手分析模型

《竞争情报丛书》之一的《竞争战略与竞争优势》提出三角分析法;而《企业竞争

情报系统》从竞争环境、竞争对手和企业自身出发,将现用的竞争情报分析方法进行分类和归纳,形成了关于竞争对手分析方法论纲式的知识体系(图 4-7)。

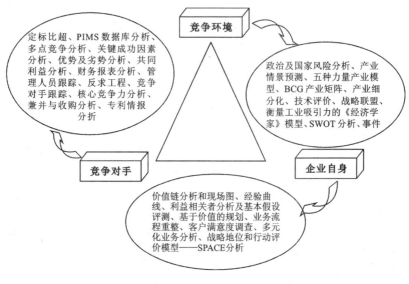

图 4-7　三角分析法

通过分析竞争者的行为模式,寻找企业的关键成功因素,能够有的放矢,占据战略优势地位。

(5) 市场策略对获利影响的分析法(PIMS Results)

针对特定企业,以 PIMS(Profit Impact of Market Strategy)研究报告的结果进行分析。

PIMS 研究最早于 1960 年在美国通用电气公司内部开展,主要目的是找出市场占有率的高低对一个经营单位的业绩到底有何影响。以通气电器公司各个经营单位的一些情况作为数据来源,经过几年的研究和验证,研究人员建立了一个回归模型。该模型能够辨别出与投资收益率密切相关的一些因素,而且这些因素能够较强地解释投资收益率的变化。到 1972 年,PIMS 研究的参与者已不再局限于通用电气公司内部的研究人员,而是包括哈佛商学院和市场科学研究所的学者们。在这个阶段,该项研究所用的数据库不仅涉及通用电器公司的情况,还包括许多其他公司内经营单位的信息资料。1975 年,由参加 PIMS 研究的成员公司发起成立了一个非盈利性的研究机构,名为"战略规划研究所",由它来负责管理 PIMS 项目并继续进行研究。迄今为止,已有 200 多个公司参加了 PIMS 项目,其中多数在财富 500 家全球最大的企业中榜上有名。后期 PIMS 研究的主要目的是发现市场法则,即要寻找出在什么样的竞争环境中,经营单位采取什么样的经营战略会产出怎样的经济效果。

经过多年的研究,PIMS项目发现,下述的几个战略要素对投资收益率和现金流量有较大的影响:

① 投资强度,以投资额对销售额的比值来度量,或更准确地说,以投资额对附加价值的比率来表示。总体来说,较高的投资强度会带来较低的投资收益率ROI和现金流量。

② 劳动生产率,以每个职工平均所创造的附加价值来表示。劳动生产率对经营业绩有正面的影响。

③ 市场竞争地位,相对市场占有率对经营业绩有较大的正面影响,较高的市场占有率会带来较高的收益。

④ 市场增长率。较高的市场增长率会带来较多的利润总额,但对投资收益率没有什么影响,而对现金流量有不利的影响。也就是说,处于高市场增长率行业的经营单位需要资金来维持或发展其所处的竞争地位,因而需要耗费资金,减少了现金回流。

⑤ 产品或服务的质量。产品质量与市场占有率具有强正相关关系,二者起互相加强的作用。当一个经营单位具有较高的市场占有率并出售较高质量的产品时,其经营业绩也最好。

⑥ 革新或差异化。如果一个经营单位已经具有了较强的市场竞争地位,则采取开发出较多的新产品,增加研究与开发的费用,以及加强市场营销努力等措施会提高经营业绩。反之,如果经营单位市场竞争地位较弱,则采用上面的措施会对利润有不利的影响。

⑦ 纵向一体化。一般来说,对处于成熟期或稳定市场中的经营单位,提高纵向一体化程度会带来较好的经营业绩。而在迅速增长或处于衰退期的市场,在一定条件下,提高纵向一体化程度对经营业绩有不利的影响。

⑧ 成本因素。工资增加、原材料涨价等生产成本的上升对经营业绩的影响程度及方向是比较复杂的,这取决于经营单位如何在内部吸收成本上升部分或怎样将增加的成本转嫁给客户。

⑨ 现时的战略努力方向。改变上述任一因素,都会以这一因素对业绩影响的相反方向影响着经营单位的未来业绩。

如何运用这些重要的战略要素,在80%的程度上决定了一个经营单位的成功或失败。此技术的主要优点为其实验性基础;而缺点在于"一般性的本质",即无法指出这些数据是否可直接应用于某一公司或某一产业,也无法得知这些因素的相对重要性。

(6) 产业领导厂商分析法

产业领导厂商是指在相关产品的市场上市场占有率最高的企业。它在价格调整、新产品开发、配销覆盖和促销力量等方面处于主导地位,是市场竞争的导向者,也是竞争者挑战、效仿或回避的对象。该产业领导厂商的行为模式,可当做产业关键成功因素重要的信息来源。因此对于领导厂商进行分析,有助于确认关键成功因素,向领导厂商看齐。惟对于其成功的解释会受到限制。

(7) 企业本体分析法

此项技术乃针对特定企业,对某些构面进行分析,如优劣势评、资源组合、优势稽核及策略能力评估等。通过对各个构面的扫描,确实有助于关键成功因素的发现,但耗费时间且数据相当有限。

(8) 平衡记分卡法

根据企业组织的战略要求而精心设计的指标体系。按照卡普兰和诺顿的观点,"平衡计分卡是一种绩效管理的工具。它将企业战略目标逐层分解转化为各种具体的相互平衡的绩效考核指标体系,并对这些指标的实现状况进行不同时段的考核,从而为企业战略目标的完成建立起可靠的执行基础"。平衡记分卡为关键成功因素的识别提供了一种更加平衡的方向,能够兼顾企业财务、内部流程、客户、员工成长这四个方面的关键成功因素,本章第四节将详细介绍这种方法。

3) 关键成功因素法的步骤

一个完整的关键成功因素分析方法主要有以下五个步骤:

(1) 公司定位

确定企业或 MIS 的战略目标,给企业设立愿景目标是运用关键成功因素法的基础,也是关键成功因素起作用的终极目标。

(2) 识别关键成功因素

主要是分析影响战略目标的各种因素和影响这些因素的子因素,从中选择决定企业成败的重要因素。关键成功因素的选择力求精练,通常控制在五、六个因素以内。在目标识别的基础上,由信息专家和决策者参与,通过一系列访谈问题的设置来整理访谈记录,完成关键成功因素的确定。可以通过判别矩阵的方法定性识别关键成功因素。其具体操作过程是采取集中讨论的形式对矩阵中每一个因素打分,一般采用两两比较的方法,如果 A 因素比 B 因素重要就打 2 分,同样重要就打 1 分,不重要就打 0 分。在对矩阵所有格子打分后,横向加总,依次进行科学的权重分配。一般权重最高的一些因素就成为关键成功因素。在此过程中,同时可利用一些现成的数据库如 PIMS 数据库(市场战略对利润的影响数据库),其中储存了大量经营描述信息、服务市场以及竞争信息,通过这些数据,能够清楚了解企业所处行业环境及影响该行业发展的关键成功因素。选择 IT 关键成功因素时,应遵循以下原则:信息技术要与组织的业务情况相符;信息技术使业务可行,并使其收益最大化;应合理地使用信息技术资源;适当地管理与信息技术相关的风险。

(3) 收集关键成功因素信息

不同行业的关键成功因素各不相同，即使是同一个行业的组织，由于各自所处的外部环境的差异和内部条件的不同，其关键成功因素也不尽相同。这一步骤就是要分析企业有关关键成功因素的状况。如确定客户满意度是关键成功因素，那么企业客户投诉率则是与这条因素有关的信息。

(4) 明确各关键成功因素的性能指标和评估标准

这一步骤就是将各关键成功因素进行指标分解，或者说用若干指标来反映这些关键成功因素；并给各关键成功因素设置一定的标准，以反映企业在这些因素上的目标值，方便企业评估。

(5) 制订行动计划

识别企业关键成功因素信息与评估标准之间的差距，以便企业在关键成功领域采取措施，达成最终的战略目标，然后反馈给第一步骤，寻找目标设定与目标达成之间的差距，并进一步识别新的关键成功因素或者改善现有关键成功领域。

关键成功因素法的优点是能够使所开发的系统具有很强的针对性，能够较快地取得收益。应用关键成功因素法需要注意的是，当关键成功因素解决后，又会出现新的关键成功因素，就必须再重新开发系统。

关键成功因素为管理部门控制其 IT 过程定义了最重要的一系列问题或行动，可以识别从战略、技术、组织或程序的角度来说最重要的事情。关键成功因素是提高处理过程的成功可能性所做的最重要的事，通常与组织的目标保持一致，是组织和处理过程的可观察、可测量的特征，分布于组织的战略层、应用层及组织的各个方面。

4.4 平衡记分卡的 IT 环境拓展

经营环境的变化是企业经营业绩评价及其指标体系发生变化的重要原因。以收益为基础的财务数字，仅能够衡量过去决策的结果，却无法评估未来的绩效表现，容易误导企业未来发展方向。当财务指标为企业绩效评估的唯一指标时，容易使经营者过分注重短期财务结果，在相当程度上，也使得经营者变得急功近利，有强烈动机操纵报表上的数字，而不愿就企业长期战略目标进行资本投资，因为这些并不利于短期盈余的表现。由于不重视非财务性指标（如服务或品质）的评估，有可能致使企业竞争力下降，原本强劲的财务数字逐渐恶化。核心竞争优势的形成与保持是由多方面因素决定的，片面的指标收集，难以推动整体绩效的改善，而那些影响企业战略经营成功的重要因素在业绩评价指标体系中得到了充分的体现，非财务指标日益显得重要。

4.4.1 COBIT与平衡记分卡之间的关系

COBIT模型的优势在于通过流程控制的方式对企业战略目标分级，除包含详细的IT控制目标外，还指明了其与组织业务目标之间的关系，同时对其关键活动、主要交付物、衡量方法以及职责归属进行了详细阐述，从而提供了通用业务目标与IT目标、IT流程和信息标准之间关系的整体视图。

COBIT模型在具体应用中，需要对企业目标进行不失真的分解，将企业的目标转换为可以度量的IT过程的目标。而平衡记分卡作为绩效考察工具的一大优点就是平衡记分卡能够采用一种结构化的思路来进行目标分解，保证目标的完整性和各个因素的平衡性，因此平衡记分卡非常适用于COBIT模型的绩效评估和控制。而平衡记分卡并不能直接用于基于COBIT的绩效评价，这主要有两个方面原因：第一，传统平衡记分卡主要是从整个企业的内外四个主要方面来考察比较重要的指标，以保证达到企业的整体战略目标，而在COBIT模型下，考察的是IT部门的内外四个主要方面，这与传统平衡记分卡的考察因素相比有很大的变化，例如除了外部客户以外，IT过程的内部客户，如实施IT项目的各个部门的视角也应当被列入重点考察方面；第二，传统平衡记分卡中设定的指标主要是从企业运作的角度设定的，而利用COBIT模型开展绩效评价，需要面对的是IT部门的运作，因此，需要引入新的指标体系来帮助进行考察。

因此，将平衡记分卡用于基于COBIT模型的信息系统绩效评价，需要对于平衡记分卡进行一定的拓展，这些拓展主要包括两个方面：一是整个架构的拓展，二是指标体系的拓展。

4.4.2 基于COBIT框架的IT平衡记分卡架构设计

传统平衡记分卡主要是从财务、客户、内部流程、学习和成长四个视角对信息系统绩效进行考察。而在COBIT中应用平衡记分卡分析信息系统绩效，这四个视角的内涵和考察方法必然要有所变化。

1) 客户视角

IT客户视角反映了客户对于IT的评估水平。IT平衡记分卡客户视角必须能够回答各个客户对于IT服务质量最为关注的一些核心问题，因此客户视角必然集中在客户满意度、IT/业务部门伙伴关系、业务应用项目开发水平这几个方面上来。

其中客户满意度主要体现在建立持续和可用的IT服务，为企业战略决策提供可靠的和有用的信息，并为客户提供有竞争力的信息产品和服务。信息系统能为业务需求变更提供灵活快捷的响应，并实现服务交付的成本最优化。

IT/业务部门伙伴关系同客户满意度一样，属于比较"软"的指标。企业信息系统的正常有效运行,主要是通过内部员工的协作来完成,因此 IT 部门与企业内其他业务部门之间的协作关系是信息系统有效运行的关键。参考一些 IT 与业务部门关系比较好的企业的实践,如 3M 和宝洁等公司的运作情况来看,这些可以通过 IT 组织与关键相关部门业务经理的定期或不定期的互相评价打分来进行考察,也可以建立共同的委员会来协调整体的 IT 控制。

对于开发水平而言,需要基于项目来进行考察,综合质量、成本、项目周期等因素来衡量,主要捕捉在开发过程中关键用户的反馈,关键用户在开发过程中的参与度。

2) 财务视角

IT 财务视角捕捉了 IT 投资所带来的业务价值。传统的平衡记分卡中的财务视角主要是从企业所有者的角度来考察企业项目和运作为实现所有者最大利益这一目标所作的贡献。而在 COBIT 中应用 IT 平衡记分卡的财务视角除了考虑所有者外,还须从企业高层管理人员的角度来考察 IT 过程和 IT 项目为企业带来的价值,可以分为战略层面贡献、IT 项目业务价值、项目协同性、IT 投资管理等几个方面。

在战略层面贡献方面,主要考察 IT 投入在改进公司治理及其透明度方面所起的作用,战略目标的制定与适时调整,企业信息化对于其战略目标实现的贡献等。比如 IT 支持组织架构的整合所带来的效益,体现在更精简的管理机构、更有效率的管理、更有效的控制、较少的行政开支等。

在 IT 项目的业务价值方面,主要的考察视角集中于针对每个项目的应用业务背景方面。对于那些集中于降低成本的项目可以应用传统的财务指标,如投资回报率(ROI)。对于那些旨在提高服务的项目,可以通过更高服务水平目标的达到情况来考察。而对于那些试图帮助企业获取达到自身目标的能力的相关项目,可以采用类似于衡量战略层面贡献的方式来加以衡量。

IT 项目协同性主要通过明确每个单独的信息系统解决方案与组织整体目标关系来加以衡量。可以事先形成一个企业的"系统分布图"来描述企业想达到的理想信息架构,然后研究每个单独的系统对于实现理想信息架构的贡献以及与其他现有或未来准备实施的项目的关系。这个"系统分布图"可以在咨询公司的帮助下实现。分析企业信息系统的现状与"系统分布图"之间的差距,以考察项目协同性给企业财务造成的影响。

而 IT 投资管理主要是从传统企业项目的意义上来考察 IT 过程,管理 IT 相关业务风险,分析 IT 投资回报。可以应用传统的财务目标,借助实际支出与预算支出以及相关的未来成本降低的对比来衡量。竞争对手在 IT 方面的支出也应当作为一个重要的考察指标列入 IT 投资管理方面。

3) 内部流程视角

IT 内部流程视角表明了用来开发和提供各类应用的 IT 流程。平衡记分卡的内部流程视角主要集中于考察使各种业务流程满足顾客和股东需求。而在COBIT中应用IT平衡记分卡应当着眼于考察IT流程的实际绩效和成本,其内部流程视角主要是从IT管理层(实际业务流程的使用者以及服务提供者)的角度来考察IT的绩效。内部流程视角的细分维度是成熟度、能力以及IT流程可靠性,主要从流程优越性、响应能力以及可靠性和安全性三个方面来进行考察。

流程优越性方面,主要是借助外部支持来进行考察,将企业自身水平与行业内相关领域表现最优秀的企业进行对比,比较效率和能力,可以借助外部的咨询公司以及ITIL(信息技术基础架构库)中的运作流程模型来帮助进行比较,在ITIL中包含了对于IT内部架构管理的主要流程描述,可以作为IT服务管理的最佳实务经验。同时也可以引入SEI的能力成熟度模型来帮助企业进行流程成熟度的评价。ITIL主要考察信息系统在改善和维护业务流程功能、降低流程成本、提供与外部法律、法规及合同的合规性、提供与内部政策的符合性、管理业务变更、改善与维持运营和员工生产力等方面的贡献。

响应能力这个角度主要集中于考察IT提供服务的时间,即从产生需求的时间点到一切就绪可以使用的时间点之间的距离。运作性的流程可以通过流程周期时间或者完成事务时间来进行衡量。而对于IT应用服务而言,大多是基于项目的,可以通过开发、改进或者变更系统的时间来进行衡量。

可靠性和安全性主要着眼于避免出现事故,企业需要对与关键领域实施内部信息系统审计,以此来帮助确定企业在新技术风险管理以及流程变革中的管理水平。

4) 学习与成长视角

IT学习与成长视角表明了IT提供服务所需要的人力以及技术资源。传统平衡记分卡的学习和成长视角主要是考察支持公司变化、革新和成长的一种环境。而在COBIT中应用IT平衡记分卡的学习和成长视角主要是从IT部门内部来考察IT的未来成长情况,评价IT部门为未来挑战所作的准备,主要集中于考察IT服务的提高能力、人员管理水平、企业信息架构发展以及技术研究方面,应用的考察标准主要与在流程和人员方面的投资相关,这些投资将影响企业吸引并留住最优秀IT专业人员的能力。

IT服务的提高能力通过追踪内部改善计划的实施来加以考察。这些计划主要集中于提高关键IT流程的绩效或者成熟度、发展IT部门运行机制、提高IT专业人员可用的工具或者技术架构(例如为大型机开发环境下的员工引入先进测试工具)以及给予员工职业发展机会(例如引入电子培训系统)。

人员管理水平通过专业发展中心来进行衡量,专业发展中心关注员工技能的发展以及维持,同时也要关注引导适当的技能组合,主要考察指标有获得和维持技能熟练的和上进的员工人数、高效员工数与实际员工数的比例、员工实际绩效水平。获得和维持技能熟练的和上进的员工人数反映了企业在学习与成长方面的投入和吸引力；高效员工数与实际员工数的比例反映了企业职位设置计划的绩效；员工实际绩效水平反映了员工收到的激励程度。

企业信息架构发展通过对于企业架构计划（Enterprise Architecture Plan，EAP）的发展和更新来进行考察。EAP 有一整套的计划方法和标准，企业应当根据这套计划和标准来衡量自身的信息架构的发展。

技术研究方面主要是考察在新兴技术研究中的实际状况、产品和业务创新情况，寻找适当地投资级别来形成对于组织最大的效益。这个方面主要的问题是其他组织在技术研究方面的投资状况信息很少，在实际的成本或者 IT 预算中的比重这两个方面的具体数字很难获取。因此，主要依靠一些权威机构的研究报告来确定，例如 Gartner Group 的技术研究报告等。

下表（表 4-4）展示了依照平衡记分卡确定的业务目标与 IT 目标、信息标准的映射关系（COBIT 4.1）。对一个给定的通用业务目标，表中列出了典型支持该业务目标的 IT 目标和与该业务目标相关的 COBIT 信息标准。表中所列的 17 个业务目标不应看做是所有可能的业务目标的全集，所选择的是对 IT 有显著影响的业务目标。对一个具体的企业来说，可作为参考或选择性使用。

4.4.3 IT 平衡记分卡指标体系设计

要运用 IT 平衡记分卡进行信息系统绩效评价，必须在上述每个方面都建立相应的指标和考察量度来评价当前的状态。这些评价能够阶段性地重复，必须要和预先设定的目标一致，必须和基准相比较。值得注意的是，IT 平衡记分卡在内部的两种评价指标之间建立了一种因果关系和相应联系，即产出结果评价指标（关键目标指标）和绩效驱动评价指标（关键绩效指标）。关键目标指标（KGI，在 COBIT 4.1 以上版本中被称作"效果指标"）是对于某个既定目标的完成情况的考察，仅在活动结束之后测评。而关键绩效指标（KPI，在 COBIT 4.1 以上版本中被称作"绩效指标"）是对于为达到某个既定指标而使用的关键方法的执行情况的考察，显示目标的预期实现程度，可以在活动结束之前进行测评。

COBIT 对每一个处理过程，设置了相应的目标和衡量指标，以评估 IT 过程绩效。它分别从 IT、流程以及活动三个层面上对目标和衡量指标进行分级，构建出度量信息系统生命周期各 IT 过程的关键指标体系，通过层层驱动、逐级控制，提高组织 IT 控制的可靠、安全以及有效性。同样的衡量指标既是 IT 功能、流程或活动本身的效果指标，也是推动更高层业务、IT 功能或流程目标的绩效指标。如图 4-8 指明了 COBIT 流程目标和指标之间的关系。

信息系统绩效评价与审计

	业务目标		IT目标							COBIT信息标准					
										有效性	效率	机密性	完整性	可用性	符合性	可靠性
财务视角	1	为IT保障业务投资提供良好投资回报	24							4						
	2	管理IT相关业务风险	2	14	17	18	19	20	21	22			4	4	4		4
	3	改进公司治理和透明度	2	18													4
客户视角	4	改善客户倾向和服务	3	23								4					
	5	提供有竞争力产品和服务	5	24							4	4					
	6	建立持续和可用型的服务	10	16	22	23					4				4		
	7	对业务需求变更提供灵活快捷的响应	1	5	25						4	4					
	8	完成服务交付的成本最优化	7	8	10	24					4						
	9	为战略决策提供可靠的和有用的信息	2	4	12	20	26				4			4			4
内部流程视角	10	改善和维护业务流程功能	6	7	11						4	4					
	11	降低流程成本	7	8	13	15	24				4	4					
	12	提供与外部法律、法规及合同的合规性	2	19	20	21	22	26	27					4		4	
	13	提供与内部政策的符合性	2	13												4	
	14	管理业务变更	1	5	6	11	28				4	4					
	15	改善和维持运营和员工生产力	7	8	11	13					4	4					
学习与成长视角	16	管理产品和业务创新	5	25	28							4					
	17	获得和维持技能熟练的和上进的人	9									4					

表 4-4 业务目标与 IT 目标的关联

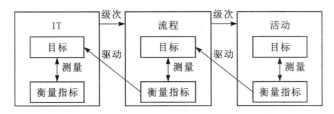

图 4-8 COBIT 流程目标和指标之间的关系

1) 关键目标指标(KGI)

关键目标指标是明确要取得什么样的目标,主要在实施 IT 过程后,告诉管理部门 IT 处理是否满足其运营需求,通常以信息标准的术语来表述,如支持业务需求的信息可用性;完整性和保密性丧失的风险;流程和运行的成本效率;可靠性、效果和符合性确认等。关键目标指标是滞后的目标,它们只能用于事后测量。关键目标指标应用数字或百分比来衡量,它们应能显示出信息和技术对于组织目标和战略规划所做的贡献,应尽可能明确、可用(图 4-9)。当组织未达到目标时,关键目标指标应尽可能地描述如何衡量其所造成的影响。

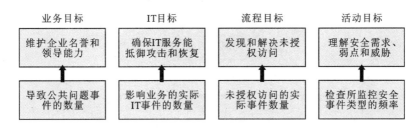

图 4-9 COBIT 中效果指标作用示例

由低层的效果指标转化出高层的绩效指标,下图中"发现和解决非授权访问"这个流程目标的效果指标也支持目标"确保 IT 服务能抵御攻击和恢复",即底层效果指标已转化为高层绩效指标。图 4-10 举例说明了效果指标如何转化为绩效指标。

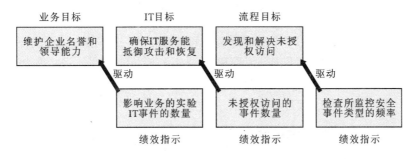

图 4-10 COBIT 中绩效指标驱动示例

2) 关键绩效指标(KPI)

关键绩效指标描述了实现组织目标的过程中 IT 执行情况的好坏程度,衡量目标达成可能性的指标,以此来推动更高层目标,也是测定、惯例和技能的指标。例如:IT 交付服务是 IT 目标,也是业务的绩效指标及能力。这正是绩效指标时常被引用为绩效驱动力的原因,尤其是在平衡记分卡中。因此,同样的衡量指标既是 IT 功能、流程或活动本身的效果指标,也是推动更高层业务、IT 功能或流程目标的绩效指标。值得注意的是,这种指标可以预期将来失败的可能性,它是先导性指标。

一个完好的 IT 平衡记分卡需要这两类指标结合起来使用。效果指标例如程序员的产出情况(如每个人每个月解决的功能点)如果不与绩效驱动评价指标如 IT 员工培训(如每个人每年接受培训的天数)相结合,那么就不能很好地传达产出效果应当如何取得的信息。而绩效驱动指标如果不与效果指标相结合就可能导致在一项大笔投资后没有对最终此项投资战略进行有效性的考察。

关键绩效指标与关键目标指标有因果关系。关键目标指标关注的是"什么",而关键绩效指标关注的是"如何",可以用图 4-11 来表示二者之间的关系:

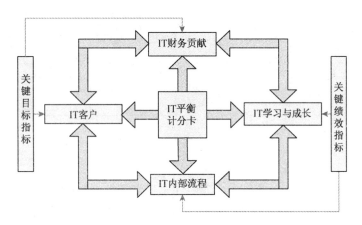

图 4-11　KPI 与 KGI 在平衡记分卡中的定位

关键目标指标提供了 IT 平衡计分卡中 IT 财务贡献和 IT 客户方面的评价标准,而关键绩效指标则是面向 IT 内部流程和 IT 学习与成长的。IT 财务贡献和 IT 客户方面的评价标准是组织目标是否实现的一个事后评价标准,而 IT 内部流程和 IT 学习与成长则可以判断 IT 能否实现目标,并且在事先指出了组织取得成功的可能性。

4.4.4　绩效评价所需指标的选取

对于评价指标的选取,我国国家信息化测评中心收集了国内外包括各部委、各省市、各研究部门具有代表性的企业信息化指标方案 48 套,并结合许多大型企业集团信息化评价优秀实务,在专家学者的指导下,建立起较为通用的信息化评价指标体系,包括《企业信息化基本指标构成方案》和《企业信息化效能指标构成方案》。

企业信息化基本指标是反映信息化基本情况的统计调查指标,可以形成信息化成果的标准化客观定量分析结论,用于自测、社会测评和政府监测。

为了反映企业信息化效益状况,在标准化的测评之外,委托专门的第三方中介机构组织补充指标的评价。补充指标也称为效能指标,是在基本指标基础上,结合不同行业、不同对象特点,以标准值或标杆库为参照,以信息化效益为评价目标的可选评价指标,可以形成信息化成果的评价性定量分析结论。企业信息化效能指标由适宜度和灵敏度两大类指标构成。适宜度指标包括:投资适宜度、战略适宜度、资源匹配度、组织文化适宜度和应用适宜度。灵敏度指标包括:信息灵敏度、管理运行灵敏度和对外反应灵敏度。

1) 信息化基本指标的设计原则及体系介绍

(1) 信息化基本指标的设计原则

① 目的性

企业信息化指标体系的设计,从"以信息化带动工业化"的战略任务出发,旨在引导企业将信息化建立在有效益、务实、统筹规划的基础上。指标体系为政府了解企业信息化应用情况和进行相关决策服务,为企业提高信息化水平服务,从领导、战略、应用、效益、人力资源、信息安全等多个方面,引导企业信息化健康发展。

② 简约性

尽量选取较少的指标反映较全面的情况,为此,所选指标要具有一定的综合性,指标之间的逻辑关联要强。

③ 可操作性

所选取的指标应该尽量与企业现有数据衔接,必要的新指标应定义明确,便于数据采集。

④ 可延续性

所设计的指标体系不仅可在时间上延续,而且可以在内容上拓展。

(2) 企业信息化基本指标体系

基本指标适用于企业信息化状况的客观描述,主要用于社会统计调查和政府监测。企业自测时,可有助于了解自身信息化基本状况,进行初步的横向行为对比分析;基本指标不独立用于对企业信息化水平的全面评价和认证(表4-5)。

表 4-5 信息化基本指标构成

序号	一级指标	二级指标	指标解释	指标数据构成
1	战略地位	信息化重视度(分)	反映企业对信息化的重视程度和信息化战略落实情况	企业信息化工作最高领导者的地位；首席信息官(CIO)职位的级别设置；信息化规划和预算的制定情况
2	基础建设	信息化投入总额占固定资产投资比重(%)	反映企业对信息化的投入力度	软件、硬件、网络、信息化人力资源、通讯设备等投入
3		每百人计算机拥有量(台)	反映信息化基础设施状况	大、中、小型机；服务器；工作站；PC机
4		网络性能水平(分)	反映信息化基础设施状况	企业网络的出口带宽
5		计算机联网率(%)	反映信息化协同应用的条件	接入企业内部网的计算机的比例
6	应用状况	信息采集的信息化手段覆盖率(%)	反映企业有效获取外部信息的能力	采集政策法规、市场、销售、技术、管理、人力资源信息时信息化手段的应用状况
7		办公自动化系统应用程度(分)	反映企业在网络应用基础上办公自动化状况	是否实现了日程安排、发文管理、会议管理、信息发布、业务讨论、电子邮件、信息流程的跟踪与监控等
8		决策信息化水平(分)	信息技术对重大决策的支持水平	是否有数据分析处理系统、方案优选系统、人工智能专家系统等
9		核心业务流程信息化水平(分)	核心业务流程信息化的深广度	主要业务流程的覆盖面及质量水平
10		企业门户网站建设水平(分)	反映企业资源整合状况	服务对象覆盖的范围；可提供的服务内容
11		网络营销应用率(%)	反映企业经营信息化水平	网上采购率；网上销售率
12		管理信息化的应用水平(分)	反映信息资源的管理与利用状况	管理信息化应用覆盖率及数据整合水平
13	人力资源	人力资源指数(分)	反映企业实现信息化的总体人力资源条件	大专学历以上的员工占员工总数的比例
14		信息化技能普及率(分)	反映人力资源的信息化应用能力	掌握专业IT应用技术的员工的比例；非专业IT人员的信息化培训覆盖率
15		学习的电子化水平(分)	反映企业的学习能力和文化的转变	电子化学习的员工覆盖率；电子化学习中可供选择的学习领域
16	安全	用于信息安全的费用占全部信息化投入的比例(%)	反映企业信息化安全水平	用于信息安全的费用包含软件、硬件、培训、人力资源支出
17		信息化安全措施应用率(%)	反映企业信息化安全水平	信息备份、防非法侵入、防病毒、信息安全制度与安全意识培养等措施的应用状况
18	效益指数	库存资金占用率(%)	反映企业信息化效益状况	库存平均占用的资金与全部流动资金的比例
19		资金运转效率(次/年)	反映企业信息化效益状况	企业流动资金每年的周转次数
20		企业财务决算速度(日)	反映企业信息化响应水平	从决算指令的发出到完成一次完整的企业决算所需的最短时间
21		增长指数	反映企业绩效	销售收入增长率、利润增长率

2) 信息化效能指标的设计原则及体系介绍

（1）信息化效能指标的设计原则

① 功能性。企业信息化补充指标与企业信息化基本指标互相联系又相对独立，基本指标主要适用于政府、社会对企业信息化基本状况的普测、监测；补充指标是测量、评价企业信息化所达到的实际效果的评价系统，因而又称效能指标。补充指标与基本指标、评议指标一起，用于企业信息化水平的测定、评级、认证等。

② 目的性。把企业信息化引导到有效益、有竞争力和可持续发展的方向上来；使企业信息化配合企业总体战略；使企业领导正确认识和正确实施所在企业的信息化工作，讲求实效，避免浪费。

③ 可操作性。易懂，易用，易推广。

（2）企业信息化效能指标体系

企业信息化效能指标，是反映和评价企业信息化实效的一套评价指标体系，包含适宜度和灵敏度两大类指标（表4-6）。

适宜度指标，主要从"是否合理"的角度，考察企业在信息化过程中的行为和状况，主要计算方法是通过考察企业的实际情况与标杆值的相似度，判断其是否适宜。企业信息化效能指标的标杆值，是一套"标杆值"体系，根据企业所处的行业、规模和发展阶段的不同，评价其信息化实效的标杆值也各不相同。中国企业信息化标杆企业库，是"标杆值"体系的一个重要参考系统。

灵敏和有活力，是企业信息化的最重要目标之一，灵敏度指标，通过考察其灵敏程度的水平及质量，判断其得分。

效能指标总分，是适宜度和灵敏度得分的综合。

上述两个指标体系是根据行业特点，结合专家、企业意见和数理分析结果，为相关具体指标设置相适应的权重基础上建立的，并根据不同行业、规模和发展阶段的企业，进行综合分析后生成"标杆值体系"。在企业信息化水平评价中，处于不同行业、规模、发展阶段的企业，能够选择与其相适应的"标杆值"进行对比分析。另外，上述两个指标还对影响企业信息化实效的特殊因素进行评价、判断，修正和完善对企业信息化实效的评价结果。因此，上述两个指标体系具有通用性，保证了企业信息化水平评价结果的可比性。

表 4-6　信息化效能指标构成

序号	一级指标	二级指标	三级指标	指标解释	指标内容构成举例
1	适宜度	战略适宜度	企业战略匹配度	企业信息化战略与企业战略之间配合协调程度	主营业务相关度等
2			技术战略适宜度	企业信息化技术战略与技术环境之间的配合协调程度	战略性合作伙伴的信息技术战略等
3		应用适宜度	管理信息化应用适宜度	管理信息化水平的合理性	营销管理应用的深度、广度等
4			数据库应用适宜度	数据库应用的合理性	数据库整合的领域等
5			安全应用适宜度	企业信息安全状况的合理性	安全费用等
6		投资适宜度	投资理念适宜度	企业主要领导对企业信息化的正确认识水平	投资的价值导向等
7			投资力度适宜度	反映企业信息化投资力度的合理性	投资规模等
8			客户价值适宜度	反映信息化投资给上下游及最终客户带来的实际价值水平	客户满意度等
9		资源匹配适宜度	信息化的投入结构适宜度	反映信息化投入在各要素之间分配状况的合理性	培训费用等
10			人力资源结构适宜度	反映信息化人力资源结构的合理性	员工结构、CIO 的业务背景等
11			系统运行协调度	反映系统运行状况和功能发挥状况的合理性	信息系统平均无故障运行时间等
12		组织、文化适宜度	企业组织的网络化程度	反映企业结构的合理性和企业行为的网络化状况合理性	信息化管理部门的设置、产品编码标准化状况等
13			企业文化适宜度	反映企业文化对企业信息化支持程度	管理科目编码标准化状况、员工学习状况等
14	灵敏度	信息灵敏度	反映企业收集各种外部信息的渠道、手段和速度水平		终端顾客信息反馈速度、数据挖掘状况等
15		管理运行灵敏度	反映企业管理运行的智能和速度水平		虚拟财务决算速度等
16		对外反应灵敏度	反映企业对外反应的智能、广度和综合速度水平		企业定制化水平、客户服务电话拨通率等
17		创新灵敏度	企业创新能力		产品创新灵敏度等

第 5 章

信息系统绩效评价与审计方法

> 评价与审计过程离不开评价与审计方法的指导。在评价与审计中,不同的评价与审计方法将对结果产生不同的影响,需要根据评价与审计的目的和特征选取不同的评价与审计方法。评价与审计时权重会对评价与审计结果产生较大的影响,根据权重的确定方法可以把评价与审计方法大致分为两类:一类是主观赋权法,如层次分析法,德尔菲方法,综合评价法等,这类方法容易受到人为因素的影响;另一类是客观赋权法,根据各指标间的相关关系或各项指标值的变异程度来确定权数,避免了人为因素带来的偏差,如主成分分析法等。本章论述几种典型的评价与审计方法。

5.1 层次分析法

5.1.1 层次分析法概述

在现实世界中,往往会遇到决策的问题,比如如何选择旅游景点的问题,选择升学志愿的问题等等。在决策者做出最后的决定以前,他必须考虑很多方面的因素或者判断准则,最终通过这些准则做出选择。比如选择一个旅游景点时,你可以从宁波、普陀山、浙西大峡谷、雁荡山中选择一个作为自己的旅游目的地,在进行选择时,你所考虑的因素有旅游的费用、旅游的景色、景点的居住条件和饮食状况以及交通状况等等。这些因素是相互制约、相互影响的。这样的复杂系统称为一个决策系统。这些决策系统中很多因素之间的比较往往无法用定量的方式描述,此时需要将半定性、半定量的问题转化为定量计算问题。层次分析法是解决这类问题的行之有效的方法。层次分析法将复杂的决策系统层次化,通过逐层比较各种关联因素的重要性来为分析以及最终的决策提供定量的依据。

层次分析法,是指将一个复杂得多目标决策问题作为一个系统,将目标分解为多个目标或准则,进而分解为多指标(或准则、约束)的若干层次,通过定性指标模糊量化方法算出层次单排序(权数)和总排序,以作为目标(多指标)、多方案优化决策的系统方法。

美国运筹学家 T. L. Saaty 于 20 世纪 70 年代提出的层次分析法(Analytic Hierarchy Process,AHP),是对方案的多指标系统进行分析的一种层次化、结构化决策方法,它将决策者对复杂系统的决策思维过程模型化、数量化。应用这种方法,决策者通过将复杂问题分解为若干层次和若干因素,在各因素之间进行简单的比较和计算,就可以得出不同方案的权重,为最佳方案的选择提供依据。运用 AHP 方法,大体可分为以下三个步骤:

步骤 1:分析系统中各因素间的关系,对同一层次各元素关于上一层次中某一准则的重要性进行两两比较,构造两两比较的判断矩阵;

步骤 2:由判断矩阵计算被比较元素对于该准则的相对权重,并进行判断矩阵的一致性检验;

步骤 3:计算各层次对于系统的总排序权重,并进行排序。

最后,得到各方案对于总目标的总排序。

层次分析法是将决策问题按总目标、各层子目标、评价准则直至具体的备选方案的顺序分解为不同的层次结构,然后用求解判断矩阵特征向量的办法,求得每一层次的各元素对上一层次某元素的优先权重,最后再用加权和的方法递阶归并各备择方案对总目标的最终权重,此最终权重最大者即为最优方案。这里所谓"优先权重"是一种相对的量度,它表明各备选方案在某一特点的评价准则或子目标,标下优越程度的相对量度,以及各子目标对上一层目标而言重要程度的相对量度。层次分析法比较适合于具有分层交错评价指标的目标系统,而且目标值又难于定量描述的决策问题。其用法是构造判断矩阵,求出其最大特征值,及其所对应的特征向量 W,归一化后,即为某一层次指标对于上一层次某相关指标的相对重要性权值。

5.1.2 层次分析法基本步骤

1) 建立层次结构模型

在深入分析实际问题的基础上,将有关的各个因素按照不同属性自上而下地分解成若干层次,同一层的诸因素从属于上一层的因素或对上层因素有影响,同时又支配下一层的因素或受到下层因素的作用。最上层为目标层,通常只有 1 个因素,最下层通常为方案或对象层,中间可以有一个或几个层次,通常为准则或指标层。当准则过多时(譬如多于 9 个)应进一步分解出子准则层。

2) 构造成对比较阵

从层次结构模型的第 2 层开始,对于从属于(或影响)上一层每个因素的同一层诸因素,用成对比较法和 1~9 比较尺度构造成对比较阵,直到最下层。

3）计算权向量并做一致性检验

对于每一个成对比较矩阵计算最大特征根及对应特征向量,利用一致性指标、随机一致性指标和一致性比率做一致性检验。若检验通过,特征向量(归一化后)即为权向量;若不通过,需重新构造成对比较阵。

4）计算组合权向量并做组合一致性检验

计算最下层对目标的组合权向量,并根据公式做组合一致性检验,若检验通过,则可按照组合权向量表示的结果进行决策,否则需要重新考虑模型或重新构造那些一致性比率较大的成对比较阵。

使用层次分析法时候要注意,如果所选的要素不合理,其含义混淆不清,或要素间的关系不正确,都会降低 AHP 法的结果质量,甚至导致 AHP 法决策失败。

为保证递阶层次结构的合理性,需把握以下原则:

(1) 分解简化问题时把握主要因素,不漏不多;

(2) 注意相比较元素之间的强度关系,相差太悬殊的要素不能在同一层次比较。

5.1.3 层次分析法的优缺点

1）层次分析法的优点

(1) 系统性的分析方法

层次分析法把研究对象作为一个系统,按照分解、比较判断、综合的思维方式进行决策,成为继机理分析、统计分析之后发展起来的系统分析的重要工具。系统的思想在于不割断各个因素对结果的影响,而层次分析法中每一层的权重设置最后都会直接或间接影响到结果,而且在每个层次中的每个因素对结果的影响程度都是量化的,非常清晰、明确。这种方法尤其可用于对无结构特性的系统评价以及多目标、多准则、多时期等的系统评价。

(2) 简洁实用的决策方法

层次分析法既不单纯追求高深数学,又不片面地注重行为、逻辑、推理,而是把定性方法与定量方法有机地结合起来,使复杂的系统分解,能将人们的思维过程数学化、系统化,便于人们接受,且能把多目标、多准则又难以全部量化处理的决策问题化为多层次单目标问题,通过两两比较确定同一层次元素相对上一层次元素的数量关系后,最后进行简单的数学运算。即使是具有中等文化程度的人也可了解层次分析的基本原理并掌握它的基本步骤,这种方法的计算也经常简便,并且所得结果简单明确,容易为决策者了解和掌握。

(3) 所需定量数据信息较少

层次分析法主要是从评价者对评价问题的本质、要素的理解出发,比一般的定量方法更讲求定性的分析和判断。由于层次分析法是一种模拟人们决策过程的思维方式的一种方法,层次分析法把判断各要素的相对重要性的步骤留给了大脑,只保留人脑对要素的印象,化为简单的权重进行计算。这种思想能处理许多用传统的最优化技术无法着手的实际问题。

2) 层次分析法的缺点

(1) 不能为决策提供新方案

层次分析法的作用是从备选方案中选择较优者。这个作用正好说明了层次分析法只能从原有方案中进行选取,而不能为决策者提供解决问题的新方案。这样,我们在应用层次分析法的时候,可能就会遇到这样一个情况,就是我们自身的创造能力不够,造成了我们尽管在想出来的众多方案里选了一个最好的出来,但其效果仍然不够人家企业所做出来的效果好。而对于大部分决策者来说,如果一种分析工具能替我分析出在我已知的方案里的最优者,然后指出已知方案的不足,又或者甚至再提出改进方案的话,这种分析工具才是比较完美的。但显然,层次分析法还没能做到这点。

(2) 定量数据较少,定性成分多,不易令人信服

在如今对科学的方法的评价中,一般都认为一门科学需要比较严格的数学论证和完善的定量方法。但现实世界的问题和人脑考虑问题的过程很多时候并不是能简单地用数字来说明一切的。层次分析法是一种带有模拟人脑的决策方式的方法,因此必然带有较多的定性色彩。这样,当一个人应用层次分析法来做决策时,其他人就会说:为什么会是这样?能不能用数学方法来解释?如果不可以的话,你凭什么认为你的这个结果是对的?你说你在这个问题上认识比较深,但我也认为我的认识也比较深,可我和你的意见是不一致的,以我的观点做出来的结果也和你的不一致,这个时候该如何解决?

比如说,对于一件衣服,我认为评价的指标是舒适度、耐用度,这样的指标对于女士们来说,估计是比较难接受的,因为女士们对衣服的评价一般是美观度是最主要的,对耐用度的要求比较低,甚至可以忽略不计,因为一件便宜又好看的衣服,我就穿一次也值了,根本不考虑它是否耐穿我就买了。这样,对于一个我原本分析的购买衣服时的选择方法的题目,充其量也就只是男士购买衣服的选择方法了。也就是说,定性成分较多的时候,可能这个研究最后能解决的问题就比较少了。

对于上述这样一个问题,其实也是有办法解决的。如果说评价指标太少了,把美观度加进去,就能解决比较多问题了。但是对于一个问题,指标太多了,大家反而会更难确定方案了。这就引出了层次分析法的第三个不足之处。

(3) 指标过多时数据统计量大,且权重难以确定

当希望能解决较普遍的问题时,指标的选取数量很可能也就随之增加。这就

像系统结构理论里,我们要分析一般系统的结构,要搞清楚关系环,就要分析到基层次,而要分析到基层次上的相互关系时,我们要确定的关系就非常多了。指标的增加就意味着我们要构造层次更深、数量更多、规模更庞大的判断矩阵。那么我们就需要对许多的指标进行两两比较的工作。由于一般情况下我们对层次分析法的两两比较是用1至9来说明其相对重要性,如果有越来越多的指标,我们对每两个指标之间的重要程度的判断可能就出现困难了,甚至会对层次单排序和总排序的一致性产生影响,使一致性检验不能通过,也就是说,由于客观事物的复杂性或对事物认识的片面性,通过所构造的判断矩阵求出的特征向量(权值)不一定是合理的。不能通过,就需要调整,在指标数量多的时候这是个很痛苦的过程,因为根据人的思维定势,你觉得这个指标应该是比那个重要,那么就比较难调整过来,同时,也不容易发现指标的相对重要性的取值里到底是哪个有问题,哪个没问题。这就可能花了很多时间,仍然是不能通过一致性检验,而更糟糕的是根本不知道哪里出现了问题。也就是说,层次分析法里面没有办法指出我们的判断矩阵里哪个元素出了问题。

(4) 特征值和特征向量的精确求法比较复杂

在求判断矩阵的特征值和特征向量时,所用的方法和我们多元统计所用的方法是一样的。在二阶、三阶的时候,我们还比较容易处理,但随着指标的增加,阶数也随之增加,在计算上也变得越来越困难。不过幸运的是这个缺点比较好解决,我们有三种比较常用的近似计算方法,第一种就是和法,第二种是幂法,还有一种常用方法是根法。

下面通过几个实例来说明层次分析法。

5.1.4 层次分析法在信息系统绩效评价与审计中的应用

例1 管理信息系统的综合评价

在管理信息系统(MIS)开发完成并投入运行后,需要对其进行评价。对 MIS 的综合评价是对其进行全面的检查、测试、分析和评价,以确定 MIS 是否达到了预期的目的。在实际工作中,有关领导部门需要对所建成的 MIS 系统进行评价,或是对可能推广应用的 MIS 系统进行评价和推荐(例如财务软件、库存和企业管理 MIS 系统等),由于 MIS 的开发需要消耗大量的人力、财力、物力,需要很长的时间,所以 MIS 的评价和推荐意义重大。本文将确定综合评价 MIS 的指标体系,并用层次分析法(AHP)对 MIS 系统进行综合评价。

MIS 的综合评价指标体系包括:系统建设评价、系统性能评价、系统应用评价,共三大方面18项指标,各项指标之间并不是完全相互独立的,有些具有一定的相关性,必须综合考虑。

1) 系统建设评价

（1）规划目标科学性（C_{11}）

分析 MIS 系统规划目标的科学性，并要考虑到经济上的可行性，技术上的可行性和管理上的可行性。

（2）规划目标实现程度（C_{12}）

分析所建成的 MIS 系统现状真实值，是否达到或超过 MIS 系统分析阶段所提出的规划及设想的目标，它表明了信息系统对其预先确定的系统目标的实现程度。

（3）先进性（C_{13}）

MIS 是否满足了用户的需求、是否充分利用了资源、是否融合了先进的管理科学知识、是否使组织管理融于先进的信息系统中、系统的设计是否科学，是否有较强的适应性。

（4）经济性（C_{14}）

MIS 的投资与所实现的功能相适应的程度。

（5）资源利用率（C_{15}）

MIS 对计算机、外部设备、各种硬软件、信息系统资源的利用程度。

（6）规范性（C_{16}）

MIS 的建设应遵循相关的国际标准、国家标准和行业标准，有关文档资料应该齐全而且规范。规范化、标准化程度高的 MIS 将有较强的生命力，并易于使用、维护、扩充。

2) 系统性能评价

（1）可靠性（C_{21}）

MIS 可靠性是由其中的硬件系统的可靠性，软件系统的可靠性等因素所共同决定的。可靠性通常是用户所关心的首要问题，特别是金融、交通、安全系统等。

（2）系统效率（C_{22}）

系统效率是指系统完成其各项功能所需要的计算资源，它是系统对用户服务所表现出来的与时间有关的特性，并由 MIS 的软硬件所决定。常用的系统效率指标包括：周转时间、响应时间、吞吐量。

（3）可维护性（C_{23}）

系统的可维护性是指确定系统中的错误，并修正错误所需作出努力的大小，它由系统自身的模块化程度、简明性及一致性等因素所决定。

（4）可扩充性（C_{24}）

MIS 的处理能力和系统功能的可扩充程度，它可分为系统结构的可扩充性、硬件设备的可扩充性、软件功能的可扩充性等。

(5) 可移植性(C_{25})

系统的可移植性是指将 MIS 系统从一种软硬件配置或环境移植到另一种软硬件配置或环境下所需的努力。它取决于 MIS 中的软硬件特点、开发环境及通用性的考虑。

(6) 安全保密性(C_{26})

危及系统安全的原因有：系统软硬件的不可靠、用户无意的误操作、自然灾害及敌对者采取种种手段窃取秘密或破坏系统的正常运行，保证安全保密性必须采取有效的对策及安全措施。

3) MIS 的系统应用评价

(1) 经济效益(C_{31})

MIS 所产生的经济效益，如降低成本、提高竞争能力、改进服务质量、获得更多的利润，通常把经济效益作为信息系统的主要目标。经济效益的评价可以采用成本-效益分析等方法。

(2) 社会效益(C_{32})

社会效益指对国家、地区和人类的共同利益所作的贡献，它指那些不能用货币计算的非经济效益。通常 MIS 的社会效益远大于其所见的直接经济效益。它体现在促进社会经济协调发展、提高科技水平、实现决策科学化、提高生产水平、为公众提供信息、增进社会福利、科学合理地利用国家资源、保护生态环境等方面。

(3) 用户满意度(C_{33})

用户满意度是指用户对 MIS 的功能、性能、用户界面等各个方面的满意程度，并应考虑到人机界面友好、操作方便、容错性强、系统易用、屏幕设计合理、有帮助功能等。MIS 的价值通过应用得到体现，只有通过用户的认可才能投入使用。

(4) 系统功能应用程度(C_{34})

MIS 的目标和功能是在 MIS 方案设计时就确立了，系统建成后，MIS 的目标和功能实现了多少，应用到什么程度，是否达到预期的目标和技术指标。

根据上面的分析，建立了管理信息系统综合评价的三大指标体系和 18 个具体评价指标。可以用层次分析法构造如图 5-1 所示的层次分析结构模型。

4) MIS 综合评价的层次分析结构模型应用

对图 5-1 所示的 MIS 综合评价的层次分析结构模型，不同的 MIS 系统（如电力系统、一般的行政管理系统等），其指标的权重可能有所不同，下面通过一个实例予以说明。

现有某上级主管部门准备对 3 个已经商品化的 MIS 系统（功能类同的系统 1、系统 2、系统 3）进行评价，以便择优进行推广应用。通过采用 Delphi 等调查方法，向 MIS 开发专家、管理人员、领导干部、用户进行比较全面的综合调查，对调查结果汇总分析后可以得到如下的判断矩阵,通过计算可以得到有关的一致性检验结果(表 5-1～表 5-4)。

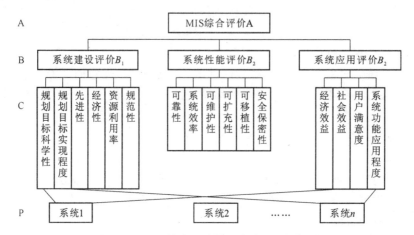

图 5-1　MIS 综合评价的层次分析结构模型

表 5-1　判断矩阵 A-B

A	B_1	B_2	B_3	W
B_1	1	1/2	1/3	0.162
B_2	2	1	1/2	0.309
B_3	3	2	1	0.529

$\lambda_{max}=3.0112$,　$C.I.=0.0112$
$R.I.=0.058$,　$C.R.=0.0096<0.1$

表 5-2　判断矩阵 B_1－C_1

B_1	C_{11}	C_{12}	C_{13}	C_{14}	C_{15}	C_{16}	W
C_{11}	1	1/2	1/2	1/3	2	1/2	0.101
C_{12}	2	1	1	1/2	3	1	0.177
C_{13}	2	1	1	1/2	3	1	0.177
C_{14}	3	2	2	1	5	2	0.312
C_{15}	1/2	1/3	1/4	1/5	1	1/3	0.056
C_{16}	2	1	1	1/2	3	1	0.177

$\lambda_{max}=6.0214$,　$C.I.=0.0043$
$R.I.=1.32$,　$C.R.=0.0032<0.1$

表 5-3　判断矩阵 B_2-C_2

B_2	C_{21}	C_{22}	C_{23}	C_{24}	C_{25}	C_{26}	W
C_{21}	1	3	2	3	7	3	0.350
C_{22}	1/3	1	1/2	1	3	1	0.126
C_{23}	1/2	2	1	2	5	2	0.230
C_{24}	1/3	1	1/2	1	3	1	0.126
C_{25}	1/7	1/3	1/5	1/3	1	1/3	0.043
C_{26}	1/3	1	1/2	1	3	1	0.126

$\lambda_{\max}=6.0242$，$C.I.=0.0048$
$R.I.=1.24$，$C.R.=0.0039<0.1$

表 5-4　判断矩阵 B_3-C_3

B_3	C_{31}	C_{32}	C_{33}	C_{34}	W
C_{31}	1	2	1	4	0.336
C_{32}	1/2	1	1/3	2	0.161
C_{33}	1	3	1	5	0.420
C_{34}	1/4	1/2	1/5	1/	0.082

$\lambda_{\max}=4.0182$，$C.I.=0.0061$
$R.I.=0.9$，$C.R.=0.0069<0.1$

第三层的组合一致性检验：$C.I.=0.0054$，$R.I.=1.06$，$C.R.=0.0147<0.1$。

判断矩阵 $C-P$ 的数据予以省略，但计算及一致性检验的结果列于表 5-5。

表 5-5　判断矩阵 $C-P$

判断矩阵	$C_{11}-P$	$C_{12}-P$	$C_{13}-P$	$C_{14}-P$	$C_{15}-P$	$C_{16}-P$	$C_{21}-P$	$C_{22}-P$
权重	0.016	0.029	0.029	0.051	0.009	0.029	0.108	0.039
W_1	0.462	0.344	0.462	0.162	0.535	0.462	0.333	0.462
W_2	0.369	0.535	0.369	0.309	0.344	0.369	0.476	0.369
W_3	0.169	0.121	0.169	0.529	0.121	0.169	0.190	0.169
$\lambda_{\max}$	3.022	3.025	3.022	3.011	3.025	3.022	3.061	3.022
$C.I.$	0.0111	0.0127	0.0111	0.0056	0.0127	0.0111	0.0304	0.0111
$R.I.$	0.58	0.58	0.58	0.58	0.58	0.58	0.58	0.58
$C.R.$	0.0192	0.0220	0.0192	0.0096	0.0220	0.0192	0.0523	0.0192

续表 5-5

判断矩阵	C_{23}-P	C_{24}-P	C_{25}-P	C_{26}-P	C_{31}-P	C_{32}-P	C_{33}-P	C_{34}-P	层次 P 总排序结果
权重	0.071	0.039	0.013	0.039	0.178	0.085	0.223	0.043	
W_1	0.109	0.309	0.309	0.109	0.462	0.231	0.274	0.309	0.315
W_2	0.570	0.529	0.529	0.570	0.369	0.554	0.632	0.162	0.478
W_3	0.321	0.162	0.162	0.321	0.169	0.215	0.095	0.529	0.207
λ_{max}	3.005	3.011	3.011	3.005	3.022	3.021	3.027	3.011	
C.I.	0.002 7	0.005 6	0.005 6	0.002 7	0.011 1	0.010 3	0.013 6	0.005 6	
R.I.	0.58	0.58	0.58	0.58	0.58	0.58	0.58	0.58	
C.R.	0.004 7	0.009 6	0.009 6	0.004 7	0.019 2	0.017 8	0.023 5	0.009 6	

第四层的组合一致性检验：$C.I. = 0.012\ 4$, $R.I. = 1.58$, $C.R. = 0.036\ 1 < 0.1$。

根据层次 P 总排序结果可知，系统 2 的综合权重最高，较好地达到了预期的目的。因此我们可以选择系统 2 进行推广应用。

例 2　工厂决策分析

某工厂在扩大企业自主权后，厂领导正在考虑如何合理地使用企业留成的利润。在决策时需要考虑的因素主要有：

调动职工劳动生产积极性；

提高职工文化水平；

改善职工物质文化生活状况。

现在要求对这些因素的重要性进行排序，以供领导作参考。

1) 分析和试探求解

这个问题涉及多个因素的综合比较。由于不存在定量的指标，单凭个人的主观判断虽然可以比较两个因素的相对优劣，但往往很难给出一个比较客观的多因素优劣次序。为了解决这个问题，我们能不能把复杂得多因素综合比较问题转化为简单的两因素相对比较问题呢？运筹学家想出了一个好办法：首先找出所有两两比较的结果，并且把它们定量化；然后再运用适当的数学方法从所有两两相对比较的结果之中求出多因素综合比较的结果。具体操作过程如下：

进行两两相对比较，并把比较的结果定量化。首先我们把各个因素标记为 B_1：调动职工劳动生产积极性；B_2：提高职工文化水平；B_3：改善职工物质文化生活状况。根据心理学的研究，在进行定性的成对比较时，人们头脑中通常有五种明显的等级：相同、稍强、强、明显强、绝对强。因此我们可以按照表 5-6，用 1~9 尺度来定量化。

表 5-6 $B_i - B_j$ 比较

定 性 结 果	定 量 结 果
B_i 与 B_j 的影响相同	$B_i : B_j = 1 : 1$
B_i 比 B_j 的影响稍强	$B_i : B_j = 3 : 1$
B_i 比 B_j 的影响强	$B_i : B_j = 5 : 1$
B_i 比 B_j 的影响明显强	$B_i : B_j = 7 : 1$
B_i 比 B_j 的影响绝对强	$B_i : B_j = 9 : 1$
B_i 与 B_j 的影响在上述两个等级之间	$B_i : B_j = 2, 4, 6, 8 : 1$
B_i 与 B_j 的影响和上述情况相反	$B_i : B_j = 1 : 1, 2, \cdots, 9$

假定各因素重要性之间的相对关系为:B_2 比 B_1 的影响强,B_3 比 B_1 的影响稍强,B_2 比 B_3 的影响稍强,则两两相对比较的定量结果如下:

$$B_1 : B_1 = 1 : 1; \quad B_1 : B_2 = 1 : 5; \quad B_1 : B_3 = 1 : 3$$
$$B_2 : B_1 = 5 : 1; \quad B_2 : B_2 = 1 : 1; \quad B_2 : B_3 = 3 : 1$$
$$B_3 : B_1 = 3 : 1; \quad B_3 : B_2 = 1 : 3; \quad B_3 : B_3 = 1 : 1$$

为了便于数学处理,我们通常把上面的结果写成如下矩阵形式,称为成对比较矩阵:

$$\begin{array}{c} \\ B_1 \\ B_2 \\ B_3 \end{array} \begin{array}{ccc} B_1 & B_2 & B_3 \end{array} \\ \begin{pmatrix} 1 & 1/5 & 1/3 \\ 5 & 1 & 3 \\ 3 & 1/3 & 1 \end{pmatrix} \tag{1}$$

2) 综合排序

为了进行合理的综合排序,我们把各因素的重要性与物体的重量进行类比。设有 n 件物体:$A_1, A_2, \cdots, A_n$,它们的重量分别为:$w_1, w_2, \cdots, w_n$。若将它们两两相互比较重量,其比值(相对重量)可构成一个 $n \times n$ 成对比较矩阵:

$$A = \begin{pmatrix} a_{1,1} & a_{1,2} & \cdots & a_{1,n} \\ a_{2,1} & a_{2,2} & \cdots & a_{2,n} \\ \cdots & \cdots & \cdots & \cdots \\ a_{n,1} & a_{n,2} & \cdots & a_{n,n} \end{pmatrix} = \begin{pmatrix} w_1/w_1 & w_1/w_2 & \cdots & w_1/w_n \\ w_2/w_1 & w_2/w_2 & \cdots & w_2/w_n \\ \cdots & \cdots & \cdots & \cdots \\ w_n/w_1 & w_n/w_2 & \cdots & w_n/w_n \end{pmatrix} \tag{2}$$

经过仔细观察,我们发现成对比较矩阵的各行之和恰好与重量向量 $W = (w_1, w_2, \cdots, w_n)^T$ 成正比,即:

$$\begin{pmatrix} w_1 \\ w_2 \\ \vdots \\ w_n \end{pmatrix} \propto \sum_{j=1}^{n} \begin{pmatrix} a_{1,j} \\ a_{2,j} \\ \vdots \\ a_{n,j} \end{pmatrix} \tag{3}$$

根据类比性，我们猜想因素的重要性向量与成对比较矩阵(1)之间也有同样的关系存在。由此，我们可以得到因素的重要性向量为：

$$W = \begin{pmatrix} w_1 \\ w_2 \\ w_3 \end{pmatrix} \propto \begin{pmatrix} 1 \\ 5 \\ 3 \end{pmatrix} + \begin{pmatrix} 1/5 \\ 1 \\ 1/3 \end{pmatrix} + \begin{pmatrix} 1/3 \\ 3 \\ 1 \end{pmatrix} = \begin{pmatrix} 23/15 \\ 9 \\ 13/3 \end{pmatrix} \tag{4}$$

为了使用方便，我们可以适当地选择比例因子，使得各因素重要性的数值之和为1（这个过程称为归一化，归一化后因素重要性的数值称为权重，重要性向量称为权重向量），这样就得到一个权重向量：

$$W = \begin{pmatrix} w_1 \\ w_2 \\ w_3 \end{pmatrix} = \begin{pmatrix} 0.103 \\ 0.606 \\ 0.291 \end{pmatrix} \tag{5}$$

上式中元素的权重大小给出了各因素重要性的综合排序。

对(2)式的进一步分析还可以发现：

$$AW = \begin{pmatrix} a_{1,1} & a_{1,2} & \cdots & a_{1,n} \\ a_{2,1} & a_{2,2} & \cdots & a_{2,n} \\ \cdots & \cdots & \cdots & \cdots \\ a_{n,1} & a_{n,2} & \cdots & a_{n,n} \end{pmatrix} \begin{pmatrix} w_1 \\ w_2 \\ \vdots \\ w_n \end{pmatrix} = n \begin{pmatrix} w_1 \\ w_2 \\ \vdots \\ w_n \end{pmatrix} = nW \tag{6}$$

这说明 W 还是成对比较矩阵 A 的特征向量，对应的特征值为 n，理论上已严格地证明了 n 是 A 的唯一最大特征值。按类比法，我们也可以用求解特征方程的办法来得到重要性向量。与(1)式对应的特征方程为：

$$\begin{pmatrix} 1 & 1/5 & 1/3 \\ 5 & 1 & 3 \\ 3 & 1/3 & 1 \end{pmatrix} \begin{pmatrix} w_1 \\ w_2 \\ w_3 \end{pmatrix} = n \begin{pmatrix} w_1 \\ w_2 \\ w_3 \end{pmatrix} \tag{7}$$

由此可以解出其最大特征值为 $n' = 3.038$，对应的特征向量为：

$$W' = (0.105, 0.537, 0.258)^T \tag{8}$$

3)一致性检验

既然存在误差,我们就需要知道误差的程度到底有多大,会不会影响综合排序的结果。理论上已经证明:对于具有一致性的成对比较矩阵,最大特征值为 n;反之如果一个成对比较矩阵的最大特征值为 n,则一定具有一致性。估计误差的存在破坏了一致性,必然导致特征向量及特征值也有偏差。我们用 n' 表示带有偏差的最大特征值,则 n' 与 n 之差的大小反映了不一致的程度。考虑到因素个数的影响,Saaty 将

$$CI = \frac{nn - n}{n - 1} \tag{9}$$

定义为一致性指标。当 $CI = 0$ 时,成对比较矩阵 A 矩阵完全一致,否则就存在不一致;CI 越大,不一致程度越大。为了确定不一致程度的允许范围,Saaty 又定义了一个一致性比率 CR,当

$$CR = CI/RI < 0.1 \tag{10}$$

时,认为其不一致性可以被接受,不会影响排序的定性结果。(10)式中 RI 值如下表 5-7 所示:

表 5-7 **RI 值**

n	1	2	3	4	5	6	7	8	9	10
I	0	0	0.58	0.96	1.12	1.24	1.32	1.41	1.45	1.49

应用上面的结果,我们可以算出成对比较矩阵(1)有

$$CI = 0.019, \quad CR = 0.033 \tag{11}$$

因此其不一致性可以被接受。

例 3 利润使用决策

某工厂在扩大企业自主权后,厂领导正在考虑如何合理地使用企业留成的利润。可供选择的方案有:①发奖金;②扩建食堂、托儿所;③开办职工技校;④建图书馆;⑤引进新技术。在决策时需要考虑到调动职工劳动生产积极性,提高职工文化水平和改善职工物质文化生活状况等三个方面。请你对这些方案的优劣性进行排序,以便厂领导作决策。

分析步骤:

1)划分层次

显然这是一个多目标的决策,问题涉及许多因素,各种因素的作用相互交叉,

情况比较复杂。要处理这类复杂的决策问题,首先需要对问题所涉及的因素进行分析:哪些是要相互比较的;哪些是相互影响的。把那些要相互比较的因素归成同一类,构造出一个各因素类之间相互联结的层次结构模型。各因素类的层次级别由其与目标的关系而定。在上述问题中,因素可以分为三类:

第一是目标类,即合理地使用今年企业留利××万元;

第二是准则类,这是衡量目标能否实现的标准,如调动职工劳动积极性、提高企业的生产技术水平等等;

第三是措施类,指实现目标的方案、方法、手段等等。

按目标到措施自上而下地将各类因素之间的直接影响关系分不同层次排列出来,可以构成一个直观的层次结构图。如图5-2所示:

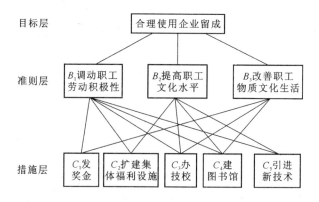

图 5-2 综合评价的层次分析结构模型

每一层各因素对上一层因素的相对重要性可以用例1中的方法确定,由层次关系可以计算出措施层各方案最高层的相对权重,从而给出各方案的优劣次序。

2)层次单排序

不同准则对目标的影响已经在问题1中得到了解决,现假定不同措施对各准则的影响如下:

(1)不同措施对调动职工劳动生产积极性影响的成对比较矩阵

$$
\begin{array}{c}
\quad B_1 \;\; C_1 \;\; C_2 \;\; C_3 \;\; C_4 \;\; C_5 \\
\begin{array}{c} C_1 \\ C_2 \\ C_3 \\ C_4 \\ C_5 \end{array}
\begin{bmatrix}
1 & 3 & 5 & 4 & 7 \\
1/3 & 1 & 3 & 2 & 5 \\
1/5 & 1/3 & 1 & 1/2 & 2 \\
1/4 & 1/2 & 2 & 1 & 3 \\
1/7 & 1/5 & 1/2 & 1/3 & 1
\end{bmatrix}
\end{array} \tag{12}
$$

其权重向量为：$W_1 = (0.491, 0.232, 0.092, 0.138, 0.046)^T$

(2) 不同措施对提高职工文化水平影响的成对比较矩阵

$$\begin{array}{c} \quad B_2 \quad C_2 \quad C_3 \quad C_4 \quad C_5 \\ \begin{array}{c} C_2 \\ C_3 \\ C_4 \\ C_5 \end{array} \left[\begin{array}{cccc} 1 & 1/7 & 1/3 & 1/5 \\ 7 & 1 & 5 & 3 \\ 3 & 1/5 & 1 & 1/3 \\ 5 & 1/3 & 3 & 1 \end{array} \right] \end{array} \tag{13}$$

其中措施 I(发奖金)对提高职工文化水平没有什么影响，在成对比较矩阵中不出现，重要性按零计算。其权重向量为：

$$W_2 = (0, 0.055, 0.564, 0.118, 0.263)^T$$

(3) 不同措施对改善职工物质文化生活状况影响的成对比较矩阵

$$\begin{array}{c} \quad B_3 \quad C_1 \quad C_2 \quad C_3 \quad C_4 \\ \begin{array}{c} C_1 \\ C_2 \\ C_3 \\ C_4 \end{array} \left[\begin{array}{cccc} 1 & 1 & 3 & 3 \\ 1 & 1 & 3 & 3 \\ 1/3 & 1/3 & 1 & 1 \\ 1/3 & 1/3 & 1 & 1 \end{array} \right] \end{array} \tag{14}$$

其权重向量为：$W_3 = (0.406, 0.406, 0.094, 0.094, 0)^T$

3) 总排序

上述过程中求出的是同一层次中相应元素对于上一层次中的某个因素相对重要性的排序权值，这称为层次单排序。若模型由多层次构成，计算同一层次所有因素对于总目标相对重要性的排序称为总排序。这一过程是由最高层到最低层逐层进行的。设上一层次 A 包含 m 个因素 $A_1, A_2, \cdots, A_m$，其总排序的权重值分别为 $a_1, a_2, \cdots, a_m$；下一层次 B 包含 k 个因素 $B_1, B_2, \cdots, B_k$，它们对于 A_j 的层次单排序的权重值分别为 $b_{1,j}, b_{2,j}, \cdots, b_{k,j}$（当 B_i 与 A_j 无联系时，$b_{i,j}=0$）；此时 B 层 i 元素在总排序中的权重值可以由上一层次总排序的权重值与本层次的层次单排序的权重值复合而成，结果为：

$$w_i = \sum_{j=1}^{m} b_{i,j} a_j \quad i = 1, 2, \cdots, k \tag{15}$$

由此，各个方案相对于目标层的总排序可以用表 5-8 计算。

表 5-8 排序计算表

C 层对 B 层的相对权值	B_1 0.105	B_2 0.637	B_3 0.258	C 层总排序
C_1	0.491	0	0.406	0.157
C_2	0.232	0.055	0.406	0.164
C_3	0.092	0.564	0.094	0.393
C_4	0.138	0.118	0.094	0.113
C_5	0.046	0.263	0	0.172

写成矩阵形式为：

$$\begin{pmatrix} 0.491 & 0.000 & 0.406 \\ 0.232 & 0.055 & 0.406 \\ 0.092 & 0.564 & 0.094 \\ 0.138 & 0.118 & 0.094 \\ 0.046 & 0.263 & 0.000 \end{pmatrix} \begin{pmatrix} 0.105 \\ 0.637 \\ 0.258 \end{pmatrix} = \begin{pmatrix} 0.157 \\ 0.146 \\ 0.393 \\ 0.113 \\ 0.172 \end{pmatrix} \quad (16)$$

上式给出了五种措施对实现目标的权重向量，根据这个权重向量，我们可以看出措施（方案）Ⅲ对实现目标的作用最大，因此是最佳方案。

上面给出的几个典型的例子，由此不难看出层次分析方法在解决复杂问题中的作用。

5.2 模糊综合评价法

模糊综合评价法是一种基于模糊数学的综合评标方法。该综合评价法根据模糊数学的隶属度理论把定性评价转化为定量评价，即用模糊数学对受到多种因素制约的事物或对象做出一个总体的评价。它具有结果清晰，系统性强的特点，能较好地解决模糊的、难以量化的问题，适合各种非确定性问题的解决。模糊集合理论（Fuzzy Sets）的概念于 1965 年由美国自动控制专家查德（L. A. Zadeh）教授提出，用以表达事物的不确定性。

5.2.1 模糊综合评价方法概述

模糊综合评价是通过构造等级模糊子集把反映被评事物的模糊指标进行量化（即确定隶属度），然后利用模糊变换原理对各指标综合。基本步骤包括：①首先对模糊综合评价指标进行构建。模糊综合价指标体系是进行综合评价的基础,评价指标的选取是否适宜,将直接影响综合评价的准确性。进行评价指标的构建应广泛涉猎与该评价指标系统行业资料或者相关的法律法规。②然后采用构建好权重向量,通过专家经验法或者 AHP 层次分析法构建好权重向量。③构建评价矩阵,建立适合的隶属函数从而构建好评价矩阵。④评价矩阵和权重的合成,采用适合的合成因子对其进行合成,并对结果向量进行解释。具体算法表示如下:

(1) 确定评价对象的因素论域

$$p \text{ 个评价指标}, u = \{u_1, u_2, \cdots, u_p\}。$$

(2) 确定评语等级论域

$v = \{v_1, v_2, \cdots, v_p\}$,即等级集合。每一个等级可对应一个模糊子集。

(3) 建立模糊关系矩阵 R

在构造了等级模糊子集后,要逐个对被评事物从每个因素 $u_i(i=1, 2, \cdots, p)$ 上进行量化,即确定从单因素来看被评事物对等级模糊子集的隶属度 $(R \mid u_i)$,进而得到模糊关系矩阵:

$$R = \begin{bmatrix} R \mid u_1 \\ R \mid u_2 \\ \cdots \\ R \mid u_p \end{bmatrix} = \begin{bmatrix} r_{11} & r_{12} & \cdots & r_{1m} \\ r_{21} & r_{22} & \cdots & r_{2m} \\ \cdots & \cdots & \cdots & \cdots \\ r_{p1} & r_{p2} & \cdots & r_{pm} \end{bmatrix}_{p, m}$$

矩阵 R 中第 i 行第 j 列元素 r_{ij},表示某个被评事物从因素 u_i 来看对 v_j 等级模糊子集的隶属度。一个被评事物在某个因素 u_i 方面的表现,是通过模糊向量 $(R \mid u_i) = (r_{i1}, r_{i2}, \cdots, r_{im})$ 来刻画的,而在其他评价方法中多是由一个指标实际值来刻画的,因此,从这个角度讲模糊综合评价要求更多的信息。

(4) 确定评价因素的权向量

在模糊综合评价中,确定评价因素的权向量:$A = (a_1, a_2, \cdots, a_p)$。权向量 A 中的元素 a_i 本质上是因素 u_i 对模糊子(对被评事物重要的因素)的隶属度。本文使用层次分析法来确定评价指标间的相对重要性次序,从而确定权系数,并且在合成之前归一化,即:$\sum_{i=1}^{p} a_i = 1, a_i \geqslant 0, i = 1, 2, \cdots, n$。

(5) 合成模糊综合评价结果向量

利用合适的算子将 A 与各被评事物的 R 进行合成,得到各被评事物的模糊综合评价结果向量 B,即:

$$A \cdot R = (a_1, a_2, \cdots, a_p) \begin{bmatrix} r_{11} & r_{12} & \cdots & r_{1m} \\ r_{21} & r_{22} & \cdots & r_{2m} \\ \cdots & \cdots & \cdots & \cdots \\ r_{p1} & r_{p2} & \cdots & r_{pm} \end{bmatrix} = (b_1, b_2, \cdots, b_m) = B$$

其中 b_j 是由 A 与 R 的第 j 列运算得到的，它表示被评事物从整体上看对 v_j 等级模糊子集的隶属程度。

（6）对模糊综合评价结果向量进行分析

实际中最常用的方法是最大隶属度原则，但在某些情况下使用会有些勉强，损失很多信息，甚至得出不合理的评价结果。提出使用加权平均求隶属等级的方法，对于多个被评事物并可以依据其等级位置进行排序。

下面通过具体实例，说明模糊评价法的应用。

5.2.2 模糊评价法在信息系统绩效评价与审计中的应用

例　应用模糊评价法对某信息系统进行综合评价

1）评价指标体系的建立

评价指标体系的建立是评价工作的关键问题，指标体系设置是否合理，直接关系到评价模型的科学性与评价结果的准确性。笔者建立了一个新的评价指标体系（如图 5-3 所示），同已有的评价指标体系相比，该体系更加合理而完善。信息系统投资考虑的不仅是经济效益，更多的是无法用货币衡量的无形效益。此外，它具有涉及因素多、目标多和因素间层次结构复杂的特点。因此用模糊综合评价法来研究信息系统投资评价问题非常合适。

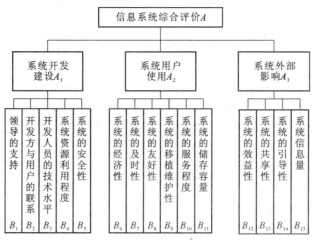

图 5-3　信息系统综合评价指标体系

2) 模糊综合评价及其数学模型的建立

根据图 5-3 所示综合评价指标体系，用二级模糊综合评价方法进行评价，具体步骤如下：

(1) 建立因素集

设 $U_1=(A_1,A_2,A_3)$ 为第一层评价指标集；$A_1=(B_1,B_2,B_3,B_4,B_5)$，$A_2=(B_6,B_7,B_8,B_9,B_{10},B_{11})$，$A_3=(B_{12},B_{13},B_{14},B_{15})$ 为第二层评价因素集。

(2) 建立评价集

$$V=(V_1,V_2,V_3,V_4)=(低，中，较高，高)$$

(3) 隶属函数（隶属度）的确定

在如图 5-3 所示的 15 项末级指标中，按其属性可分为两类：定量指标与定性指标。

① 定量指标隶属函数的确定

定量指标为一项：系统效益。这里采用财务外部收益率进行测量。根据外部收益率指标计算的特点，以及评价的要求，其隶属函数可表示为：

$$R_{C2}=\begin{cases} 1 & X_j \geqslant i_0 \\ X_j/i_0 & i_0 \geqslant X_j \geqslant 0 \\ 0 & X_j \leqslant 0 \end{cases} \tag{1}$$

式中 i_0 表示项目的基准收益率。

② 定性指标的隶属度确定

除以上三项指标外，其他指标都难以定量表示。对于这些指标，我们采用模糊统计方法确定其隶属度，即让各专家在评价集 $V=$（低，中，较高，高）上针对各指标打分。例如：n 个专家对 D_j 指标在 V 上打分，4 级选择的频数分别为：$(m_{j1}, m_{j2}, m_{j3}, m_{j4})$，则指标 D_j 的隶属度为：

$$R_{Dj}=\left\{\frac{m_{j1}/n}{V_1},\frac{m_{j2}/n}{V_2},\frac{m_{j3}/n}{V_3},\frac{m_{j4}/n}{V_4}\right\} \tag{2}$$

(4) 权重的确定

本文采用层次分析法确定指标权重。但在构造判断矩阵时，不全部采用 1～9 之间的整数及其倒数，各方案对定量指标的相对重要性用绩效数据值之比表示。从而得到各指标权重 Q_j。

(5) 根据 IS 特点，聚合时采用（♯，＋）算子，这种算子适合对所有因素依权重大小均衡考虑。

(6) 模糊综合评价

在给定权重 W 和各指标隶属度(或隶属函数)R 的情况下,根据图 5-3 的层次结构,由 B 层开始分配权重并进行该层的综合评价,直至计算到第 A 层。

① 第二层各指标模糊综合评价

$$R_{A1} = W_1 \begin{bmatrix} R_{B2} \\ R_{B3} \\ R_{B4} \\ R_{B5} \\ R_{B1} \end{bmatrix} \quad R_{A2} = W_2 \begin{bmatrix} R_{B5} \\ R_{B7} \\ R_{B8} \\ R_{B9} \\ R_{B10} \\ R_{B11} \end{bmatrix} \quad R_{A3} = W_3 \begin{bmatrix} R_{B12} \\ R_{B13} \\ R_{B14} \\ R_{B15} \end{bmatrix}$$

② 各指标模糊综合评价

$$R = W \begin{bmatrix} A_1 \\ A_2 \\ A_3 \end{bmatrix}$$

3) 应用举例

根据上述模糊综合评判方法和因数权重确定方法,采用专家评分法对某信息系统进行评价,对 30 位专家的有效评价结果进行统计,数据如表 5-9 所示。运用 AHP 法和专家评分法,各个子集的权重分配为:

$$w_1 = (0.3, 0.2, 0.15, 0.15, 0.2)$$
$$w_2 = (0.25, 0.15, 0.15, 0.1, 0.20, 0.15)$$
$$w_3 = (0.3, 0.25, 0.25, 0.2)$$
$$w_4 = (0.4, 0.4, 0.2)$$

表 5-9 30 位专家的有效填表统计结果

因 素 集		模 糊 关 系			
		很好 V_1	较好 V_2	一般 V_3	较差 V_4
系统开发建设 A_1	领导支持 B_1	7	14	7	2
	开发方与用户的联系 B_2	5	12	10	3
	开发人员的技术水平 B_3	8	15	7	0
	系统的资源利用程度 B_4	3	16	6	5
	系统的安全可靠性 B_5	8	14	8	0

续表 5-9

因素集		模糊关系			
		很好 V_1	较好 V_2	一般 V_3	较差 V_4
系统用户使用 A_2	经济性 B_6	8	18	4	0
	及时性 B_7	5	15	7	3
	友好性 B_8	9	16	5	0
	可维护移植性 B_9	6	12	8	4
	服务程度 B_{10}	7	15	7	1
系统外部影响 A_3	存储容量 B_{11}	10	17	3	0
	效益性 B_{12}	6	13	8	3
	共享性 B_{13}	5	10	10	5
	引导性 B_{14}	9	13	8	0
	信息量 B_{15}	5	12	7	6

由表 5-9 和式(2)可得到对应的评判矩阵为：

$$H_1 = \begin{bmatrix} 0.233 & 0.467 & 0.233 & 0.067 \\ 0.167 & 0.40 & 0.333 & 0.10 \\ 0.267 & 0.5 & 0.233 & 0 \\ 0.10 & 0.533 & 0.20 & 0.167 \\ 0.267 & 0.467 & 0.266 & 0 \end{bmatrix}$$

$$H_2 = \begin{bmatrix} 0.267 & 0.60 & 0.133 & 0 \\ 0.167 & 0.50 & 0.533 & 0.167 \\ 0.30 & 0.533 & 0.167 & 0 \\ 0.20 & 0.40 & 0.267 & 0.133 \\ 0.233 & 0.50 & 0.233 & 0.034 \\ 0.167 & 0.40 & 0.233 & 0.20 \end{bmatrix}$$

$$H_3 = \begin{bmatrix} 0.20 & 0.433 & 0.267 & 0.10 \\ 0.167 & 0.333 & 0.333 & 0.167 \\ 0.30 & 0.433 & 0.267 & 0 \\ 0.167 & 0.40 & 0.233 & 0.20 \end{bmatrix}$$

则第一级综合评判为：

$$A_1 = w_1 R_1 = (0.212 \quad 0.468 \quad 0.255 \quad 0.065)$$
$$A_2 = w_2 R_2 = (0.253 \quad 0.530 \quad 0.182 \quad 0.035)$$
$$A_3 = w_3 R_3 = (0.210 \quad 0.401 \quad 0.277 \quad 0.112)$$

将上述评判向量作为上一层模糊评判矩阵 R，则第二级综合评判为：

$$B = AR = (0.229 \quad 0.479 \quad 0.230 \quad 0.062)$$

综合评判结果表明了对该方案的认可程度，按最大隶属度原则确定评价结果，即取与最大的评价指标 b ($b=\max b$) 相对应的评判抉择评语集合中的元素 V 作为评判结论。依据最大隶属原则，0.479 最大且对应 V 中的"较好"，所以，我们可以认为该信息系统投资的总体评价为"较好"，是可以实施的，可以满足经济评价的要求。

模糊综合评价是以模糊数学为基础，应用模糊关系合成的原理，将一些边界不清，不易定量的因素定量化，进行综合评价的一种方法。在校园环境质量综合评价中，涉及大量的复杂现象和多种因素的相互作用，而且，评价中存在大量的模糊现象和模糊概念。因此，在综合评价时，常用到模糊综合评价的方法进行定量化处理，评价出校园环境的质量等级，取得了良好的效果。但权重的确定需要专家的知识和经验，具有一定的缺陷。为此，本文采用层次分析法来确定各指标的权系数，使其更有合理性，更符合客观实际并易于定量表示，从而提高模糊综合评判结果的准确性。此外，模糊综合评价中常取的取大取小算法，信息丢失很多，常常出现结果不易分辨（即模型失效）的情况。所以，本文提出了针对模糊综合评价的改进模型。

5.3 主成分分析法

在评价中，为了能够全面反映评价对象的真实情况，人们总是希望选取的评价指标越多越好。而过多的评价指标不仅会增加评价工作量，而且会因为评价指标间的相关关系造成评价信息相互重叠，相互干扰，从而难以客观地反映被评价对象的相对地位。因而，如何用少数几个彼此不相关的新指标代替原来为数较多的彼此有一定关系的指标，同时又能尽可能多地反映原来的信息量，已经成为综合评价中必须解决的问题。

主成分分析法是根据被评价企业的多项指标实际观测值，通过数学坐标旋转进行降维，产生互相独立的主成分指标，并通过主成分指标的方差比率确定新的主成分指标权重，然后通过主成分指标和相应权重建立综合评价函数式，计算被评价对象的综合评价得分结果。由于它是根据各指标间的相关关系或各项指标值的变异程度来确定权数,具有较强的客观性,而且可以将原来数目较多的指标转化为少数几个综合指标,减少评价的工作量。

1) 主成分分析的优点

(1) 可消除评价指标之间的相关影响。因为主成分分析在指标变量进行变换后形成了彼此相互独立的主成分,而且实践证明指标间相关程度越高,主成分分析越有效。

(2) 可减少指标选择的工作量。对于其他评价方法,由于难以消除评价指标间的相关影响,所以,选择指标时要花费不少精力,而主成分分析由于可以消除这种相关影响,所以在指标选择上相对容易。

(3) 主成分分析中各主成分是按方差大小依次排列顺序,分析问题时,可以舍弃一部分主成分,只取前后方差较大的几个主成分来代表原变量,从而减少计算的工作量。

2) 主成分分析的原理

主成分分析是将多个指标转化为少数几个互不相干综合指标的一种多元统计方法,假设有 N 个被评价对象,每个被评价对象由 p 个指标 $x_1, x_2, x_3, x_4, \cdots, x_p$ 来描述。则得到原始数据矩阵:

$$\boldsymbol{X} = \begin{bmatrix} x_{11} & x_{12} & \cdots & x_{1p} \\ x_{21} & x_{22} & \cdots & x_{2p} \\ \cdots & \cdots & & \cdots \\ x_{31} & x_{32} & \cdots & x_{np} \end{bmatrix} = (x_1 x_2 \cdots x_p)$$

其中 $x_i = (x_{1i}, x_{2i}, \cdots, x_{mi})'$, $i = 1, 2, \cdots, p$,用原始指标 $x_1, x_2, x_3, x_4, \cdots, x_p$ 的线性组合构成的综合指标来代替原指标,即新的综合指标 y_i 为:

$$y_i = a_{i1}x_1 + a_{i2}x_2 + a_{i3}x_3 + \cdots + a_{ip}x_p \quad i = 1, 2, \cdots, p$$

并且满足 $a_{i1}^2 + a_{i2}^2 + a_{i3}^2 + \cdots + a_{ip}^2 = 1$ $(i = 1, 2, \cdots, p)$

式中的系数 a_{ij} 由下列条件决定:

(1) $\mathrm{cov}(y_i, y_j) = 0$ $(i \neq j, i, j = 1, 2, 3, \cdots, p)$

(2) $\mathrm{var}(y_1) \geqslant \mathrm{var}(y_2) \geqslant \cdots \geqslant \mathrm{var}(y_p) \geqslant 0$;即 y 的方差依次减小,但新旧指标的方差不变,即有

$$\sum_{i=1}^{p} \mathrm{var}(x_i) = \sum_{i=1}^{p} \mathrm{var}(y_i)$$

如上决定的综合指标 $y_1, y_2, \cdots, y_p$ 分别称为原始指标的第1,第2,$\cdots$,第 p 个主成分。当 $\sum_{i=k+1}^{p} \mathrm{var}(x_i)$ 很小时,用 $y_1, y_2, \cdots, y_k (k < p)$ 就可以反映出原始 p 个指

标的信息量。由于 $y_1, y_2, \cdots, y_k(k<p)$ 彼此不相关。这样既减少了评价指标的个数，又保留了原始指标的信息量，而且指标间彼此不相关，避免了信息的交叉和重叠。

原始指标的第 i 个主成分 y_i 为

$$y_i = a_{i1}x_1 + a_{i2}x_2 + a_{i3}x_3 + \cdots + a_{ip}x_p \quad (i=1, 2, \cdots, p)$$

且有 $\mathrm{cov}(y_i, y_j) = \begin{cases} \lambda_i & i=j \\ 0 & i \neq j \end{cases}$

也就是说，要求原始指标的 p 个主成分，必先求得原始指标的协方差矩阵的特征根和相应的标准化的特征向量。

第 6 章

信息系统绩效评价与审计的具体事项

> 信息系统绩效评价与审计的具体事项主要包括信息系统总体绩效评价与审计、管理决策支持能力的绩效评价与审计、信息资源共享能力的绩效评价与审计、经济业务协同能力的绩效评价与审计、系统建设发展能力的绩效评价与审计和信息系统贡献能力的绩效评价与审计等六大类。

6.1 信息系统总体绩效评价与审计

6.1.1 内容概述

信息系统总体绩效评价与审计主要包括了对信息系统规划与组织过程的评价与审计。信息系统项目始于规划与组织过程,该过程主要根据单位目标进行信息化战略规划,组织和流程的重新设计,以及从不同的角度对信息化项目进行计划、沟通和管理。充分的规划和组织通常可以避免由于需求原因引起重复劳动所造成的时间和金钱的浪费,因此,信息系统项目的规划与组织过程的工作对决定整个项目成功具有十分重要的作用。

信息系统战略规划的目的是将信息系统项目与公司的发展目标相联系,其基础是单位的业务计划,用于确定单位的发展方向及实现途径,信息系统项目的规划目标必须与业务计划保持一致。信息系统战略规划涉及宏观层次上系统资源的分配,可从信息系统战略驱动能力和信息系统与业务集成能力两方面进行评价:一是系统由企业战略驱动的程度,驱动能力越强,对于绩效越有利;二是信息系统规划的信息集成能力以及与业务的交互性,集成能力越强,越有利于绩效的实现。

6.1.2 审计目标

(1) 真实性

被审计单位信息系统的规划目标、发展战略、创新策略、分期建设方案和考核指标等真实存在,不存在规划目标等虚设的情形。审计人员可以检查项目建议书、项目进度表等文件与客观事实的一致性,判断信息系统规划组织情况的真实性。

(2) 合规性

信息系统建设项目应当符合中央、国务院、地方政府或相关行业的有关文件规定和电子政务建设总体规划。审计人员可以通过检查建设项目的性质、规划内容等,判断与相关规定的符合性,以及与电子政务建设总体规划的适应性。

(3) 效益性

信息系统建设项目应当具有明确的规划目标和考核指标,以及形成业务驱动的协调一致的计划。审计人员可以通过对信息系统建设项目建议书或者进度表和其他相关资料的审查,判断信息系统发展规划与单位战略目标之间的关系,评价总体规划和分期建设方案对信息系统实际建设和应用的指导性效能的影响程度。

6.1.3 审计程序

审计人员在对信息系统总体绩效评价具体审计事项进行审计时,要依据该事项的审计目标和审计内容,对信息系统发展规划与单位战略目标的符合性、信息系统与业务集成能力、组织创新能力等内容进行检查和风险评估(表6-1)。

表6-1 信息系统总体绩效评价的审计程序

被审计单位:　　　　　　　　　　　　　　　　信息系统建设项目:

审　计　程　序	执行	审计底稿
1. 信息系统规划与单位战略目标的符合性审查 1.1　被审计单位是否制订了信息系统发展的规划,以及实施发展规划的业务、技术、管理和决策的控制程度; 1.2　被审计单位是否制订了信息系统分期建设方案; 1.3　信息系统发展规划是否符合电子政务建设总体规划; 1.4　信息系统发展规划是否符合单位战略目标; 1.5　单位的管理部门和信息系统开发者是否共同制订信息系统发展规划。 2. 信息系统与业务集成能力审查 2.1　单位各级业务人员是否都要求对信息系统的理解,并且要求使用信息系统; 2.2　信息系统规划者是否与其他部门进行通信,信息系统规划参与者是否实现信息共享,信息系统在单位业务规划中是否担任某项角色。 3. 信息系统总体规划与分期建设方案效益型审查 3.1　信息系统是否具有明确的建设目标和考核指标,建设目标和考核指标的可行性如何,是否建立了落实建设目标和考核指标的内部控制制度; 3.2　信息系统是否按照总体规划内容组织实施,信息系统建设是否达到总体规划目标; 3.3　信息系统是否按照分期建设方案的要求组织实施,信息系统分期建设成果是否实现了项目目标		

审计人员:　　　　审计日期:　　　　复核人员:　　　　复核日期:

按照确定或者选定的审计程序内容,逐一执行,并在执行栏中标注,执行了的打"√",不适用的打"×";编写审计工作底稿,并在表 6-1 中执行的审计程序内容的"审计底稿"处进行关联标注。

6.1.4 应取得的资料

按照审计目标和测评内容程序,描述应获取的资料:

(1) 信息系统项目规划资料。包括单位信息化发展规划、信息系统项目建议书、项目分期建设方案文件。

(2) 被审计单位发展规划资料。包括总体规划、分期规划、发展战略等文档。

(3) 信息系统项目建设资料。包括项目进度表、项目建设目标和考核指标文档等。

(4) 信息系统规划沟通机制审查资料。包括工作沟通反馈制度、会议记录文档等。

6.1.5 审计测评与评价

审计人员按照审计实施方案确定或者选定的表 6-1 审计程序中的相关内容,以及取得的相关资料,利用资料审查、系统调查、风险评估和专家评审等审计方法,进行如下检查测评和审计评价:

(1) 对表 6-1 审计程序中的相关内容逐一进行符合性检查测评,包括审查的相关资料、调查的相关对象、采用的审计方法等,记录测评过程和测评情况。

① 信息系统规划与单位战略目标的符合性审查。通过查阅被审计单位信息系统项目规划资料、建设资料等,审查被审计单位是否制订了信息系统发展的规划,以及实施发展规划的业务、技术、管理和决策的控制制度;是否制订了信息系统分期建设方案,分期建设方案的建设目标是否与发展规划一致;若该信息系统为电子政务系统,还需审查该信息系统发展规划是否符合电子政务建设总体规划。

通过查阅被审计单位发展规划资料等,审查被审计单位信息系统发展规划是否符合单位战略目标,单位的管理部门和信息系统开发者是否共同制定信息系统发展规划。

② 信息系统与业务集成能力审查。通过发放调查问卷或实地查看业务人员使用信息系统办公的情况,审查单位各级业务人员是否都要求对信息系统有一定的理解,并且要求使用信息系统;信息系统规划者是否与其他部门进行通信,信息系统规划参与者是否实现信息共享,信息系统在单位业务规划中是否担任某项角色。

③ 信息系统总体规划与分期建设方案效益性审查。通过查阅信息系统规划、建设及规划沟通机制审查资料,审查信息系统是否具有明确的建设目标和考核指标,建设目标和考核指标的可行性如何,是否建立了落实建设目标和考核指标的内部控制制度;信息系统是否按照总体规划内容组织实施;信息系统建设是否达到总体规划目标;信息系统是否按照分期建设方案的要求组织实施;信息系统分期建设成果是否实现了项目目标。

(2) 对审计发现的问题,进行实质性测评,必要时调查被审计单位的主管部门、建设项目的主管部门;涉及审计人员无法判断的专业性问题,组织专家评审,或者将此事项列入审计组委托的专业机构评审范围。

(3) 对审计发现并核实的问题,进行审计取证,描述问题事实,形成审计取证记录,并要求由提供证据的有关人员、单位在审计取证记录上签名或者盖章。不能取得签名或者盖章不影响事实存在的,该审计证据仍然有效,但审计人员应当注明原因。

(4) 依据审计取证记录,按照相关的法律法规,判断问题性质,进行风险评估,提出审计意见和建议,编制审计工作底稿。

6.1.6 常见错弊

对被审计单位信息系统总体绩效评价的审计,要重点关注信息系统总体规划是否符合单位战略规划和中央、国务院、地方政府或相关行业的有关文件规定及电子政务建设总体规划,总体规划和分期建设方案对信息系统实际建设和应用是否发挥指导性作用。

常见错弊的问题表现和法规依据:

(1) 电子政务信息系统发展规划与电子政务建设总体规划不符。

定性依据:

《国家信息化领导小组关于我国电子政务建设的指导意见》(中办发〔2002〕17号)中提出,我国电子政务建设要坚持以下原则:"统一规划,加强领导。电子政务建设必须按照国家信息化领导小组的统一部署,制定总体规划,避免重复建设。各级党政主要领导同志要亲自抓,防止各自为政。要正确处理中央与地方、部门与部门的关系,明确各自的建设目标和重点,充分发挥各方面的积极性,分类指导,分层推进,分步实施。"

处理处罚依据:

无。

(2) 企业信息系统缺乏或规划不合理,可能造成"信息孤岛"或重复建设,导致企业经营管理效率低下。

定性依据：

《企业内部控制应用指引第 18 号——信息系统》第二章信息系统的开发："第五条 企业应当根据信息系统建设整体规划提出项目建设方案，明确建设目标、人员配备、职责分工、经费保障和进度安排等相关内容，按照规定的权限和程序审批后实施。"

处理处罚依据：

无。

6.2 管理决策支持能力的绩效评价与审计

6.2.1 内容概述

管理决策支持能力的绩效评价与审计用于评价信息系统应用之后对各层决策的影响程度，包括能否对企业战略决策提供有利的辅助支持，信息系统应用之后对中层管理控制的支持程度，如监督和控制底层的能力、理解并传达高层指令的能力、辅助管理人员编制、调整计划等的能力、定期生成企业经营状况的综合报告的能力、数据分析的能力、提供数据咨询功能等方面是否有所改善，以及信息系统应用后对底层执行控制的支持程度。

6.2.2 审计目标

效益性：信息系统应用后应当对组织管理、业务管理、行政管理等方面的管理决策提供有利的辅助支持。审计人员可以通过对信息系统应用后数据采集的信息化和办公自动化程度进行度量，评价信息系统对提升管理决策能力，改善经济业务发展方面的效率、效果与效能的影响程度。

6.2.3 审计程序

审计人员在对管理决策支持能力的绩效评价具体审计事项进行审计时，要依据该事项的审计目标和审计内容，对信息系统支持和提升组织管理、业务管理、行政管理等方面的内容进行检查和风险评估。管理决策支持能力的绩效评价审计程序见表 6-2。

按照确定或者选定的审计程序内容，逐一执行，并在执行栏中标注，执行了的打"√"，不适用的打"×"；编写审计工作底稿，并在表 6-2 中执行的审计程序内容的"审计底稿"处进行关联标注。

表6-2 管理决策支持能力绩效评价的审计程序

被审计单位： 　　　　　　　　　　　　　　　信息系统建设项目：

审 计 程 序	执行	审计底稿
1. 数据采集的信息化程度审查 1.1 市场数据采集是否实现了信息化，程度如何； 1.2 销售数据采集是否实现了信息化，程度如何； 1.3 技术数据采集是否实现了信息化，程度如何； 1.4 管理数据采集是否实现了信息化，程度如何； 1.5 人力资源数据采集是否实现了信息化，程度如何。 2. 办公自动化程序审查 2.1 是否实现了 Intranet； 2.2 是否实现信息流程的跟踪与监控； 2.3 是否实现面向外部的电子公文交换； 2.4 是否实现文档共享，收文管理、发文管理、会议管理是否实现自动化； 2.5 是否实现信息集成，签报管理、周报（月报）管理是否实现自动化； 2.6 信息发布、业务讨论是否实现自动化，是否建立电子邮件系统，是否实现个人数据管理电子化； 2.7 档案管理、人力资源管理、固定资产管理是否实现自动化。 3. 信息系统管理决策支持能力效益性审查 3.1 信息系统是否如实记录单位生产经营活动，能否正确理解并传达高层指令； 3.2 信息系统是否具备辅助管理人员编制、调整计划的能力，信息系统能否定期生成企业经营状况的综合报告，是否提供数据咨询功能		

审计人员： 　　　审计日期： 　　　复核人员： 　　　复核日期：

6.2.4 应取得的资料

按照审计目标和测评内容程序，应获取的资料如下：

（1）信息系统功能说明资料。包括信息系统用户手册、使用说明书等文件。

（2）信息系统应用效果资料。包括通过信息系统生成的数据分析报告、综合报告等文档。

6.2.5 审计测评与评价

审计人员按照审计实施方案确定或者选定的表6-2审计程序中的相关内容，以及取得的相关资料，利用资料审查、系统调查、风险评估和专家评审等审计方法，进行如下检查测评和审计评价：

(1) 对表6-2审计程序中的相关内容逐一进行符合性检查测评,包括审查的相关资料、调查的相关对象、采用的审计方法等,记录测评过程和测评情况。

① 数据采集的信息化程度审查。通过查看信息系统功能说明资料、应用效果资料以及现场测试信息系统功能,审查市场数据采集是否实现了信息化,程度如何;销售数据采集是否实现了信息化,程度如何;技术数据采集是否实现了信息化,程度如何;管理数据采集是否实现了信息化,程度如何;人力资源数据采集是否实现了信息化,程度如何。

② 办公自动化程度审查。通过查看信息系统功能说明资料、应用效果资料以及现场测试信息系统公文处理流程,审查系统是否实现了 Intranet;是否实现信息流程的跟踪与监控;是否实现面向外部的电子公文交换;是否实现文档共享,收文管理、发文管理、会议管理是否实现自动化;是否实现信息集成;签报管理、周报(月报)管理是否实现自动化;信息发布、业务讨论是否实现自动化,是否建立电子邮件系统;是否实现个人数据管理电子化;档案管理、人力资源管理、固定资产管理是否实现自动化。

③ 信息系统管理决策支持能力效益性审查。通过查看信息系统功能说明资料、应用效果资料以及现场测试信息系统功能,审查信息系统是否如实记录单位生产经营活动;能否正确理解并传达高层指令;信息系统是否具备辅助管理人员编制、调整计划的能力;信息系统能否定期生成企业经营状况的综合报告,是否提供数据咨询功能。

(2) 对审计发现的问题,进行实质性测评,必要时调查被审计单位的主管部门、建设项目的主管部门;涉及审计人员无法判断的专业性问题,组织专家评审,或者将此事项列入审计组委托的专业机构评审范围。

(3) 对审计发现并核实的问题,进行审计取证,描述问题事实,形成审计取证记录,并要求由提供证据的有关人员、单位在审计取证记录上签名或者盖章。不能取得签名或者盖章不影响事实存在的,该审计证据仍然有效,但审计人员应当注明原因。

(4) 依据审计取证记录,按照相关的法律法规,判断问题性质,进行风险评估,提出审计意见和建议,编制审计工作底稿。

6.2.6 常见错弊

对被审计单位信息系统管理决策支持能力绩效评价的审计,要重点关注信息系统应用之后对各决策层的影响程度,信息系统是否在提升管理决策能力、改善经济业务发展方面发挥了作用。

常见错弊的问题表现和法规依据:

系统开发不符合内部控制要求,授权管理不当,可能导致无法利用信息技术实施有效控制并提升管理决策能力。

定性依据:

《企业内部控制应用指引第 18 号——信息系统》第二章 信息系统的开发:"第六条 企业开发信息系统,应当将生产经营管理业务流程、关键控制点和处理规则嵌入系统程序,实现手工环境下难以实现的控制功能。"

处理处罚依据:

无。

6.3 信息资源共享能力的绩效评价与审计

信息资源共享能力的绩效评价与审计检查的是信息系统中的管理资源、业务资源、人力资源、财力资源、技术资源、市场资源等各类信息资源的共享程度和利用状况,评价信息系统的共享协同对改善经济业务发展的效率、效果与效能的影响程度。

6.3.1 内容概述

利用信息系统进行信息化管控的价值最后体现在对信息资源的整合共享和优化利用上,即对管理资源、业务资源、人力资源、财力资源、技术资源、市场资源等各类信息资源进行规划、预算、组织、协调、控制与开发利用,以实现最大效用。此项指标着眼于系统整体功能,对信息资源保障能力、信息资源利用情况以及用户满意度等要素进行全面分析,从而评价信息系统的共享协同对改善经济业务发展的效率、效果与效能的影响程度。

信息资源就是指在信息活动中积累起来的以信息为核心的各类信息活动要素的集合,信息资源的价值实现离不开这些要素的综合作用。这些要素包括:

(1) 经过加工处理有序化并大量积累起来的有用数据的集合;

(2) 为某种目的而生产信息的信息生产者的集合;

(3) 加工处理和传递信息的设备与技术的集合;

(4) 信息活动要素的应用集合。

6.3.2 审计目标

效益性:信息系统应当对各类信息资源按照一定的原则加以配置,加强整合,促进互联互通、信息共享,使有限的资源发挥最大效益。审计人员可以通过对信息系统可提供的资源与服务以及资源服务的使用情况、使用效率、用户满意度等进行度量，评价信息系统的共享协同对改善经济业务发展的效率、效果与效能的影响程度。

6.3.3 审计程序

审计人员在对信息资源共享能力的绩效评价具体审计事项进行审计时，要依据该事项的审计目标和审计内容，对信息系统的共享协同和改善经济业务发展等方面的内容进行检查和风险评估。对信息资源共享能力的绩效评价的审计程序见表 6-3。

表 6-3　信息资源共享能力绩效评价的审计程序

被审计单位：　　　　　　　　　　　　　　　　信息系统建设项目：

审 计 程 序	执行	审计底稿
1. 信息资源基础建设审查 1.1 信息系统的信息资源是否符合用户的信息需求； 1.2 信息资源的结构和布局是否覆盖单位各项生产经营和管理活动； 1.3 信息资源的质量是否符合使用要求，是否存在大量脏数据或无效数据； 1.4 信息资源是否实现实时更新。 2. 信息资源利用效率审查 2.1 统计一段时间内用户对资源利用的实际数据，包括登录次数、查询、检索次数、下载次数等，根据统计结果进行综合评价； 2.2 信息资源是否对用户单位和成员单位起到辅助和补充作用。 3. 信息资源共享效益性审查 3.1 统计信息共享协同的服务响应时间，即从查询信息资源到回复查询结果的时间，服务响应时间本质上是用户所享受服务的时间成本，时间越短、服务效率越高、服务越有利； 3.2 统计信息共享协同的用户满意度，包括对信息资源检索响应时间、检索功能和检索结果的综合满意度，根据统计结果评价信息系统的协同共享能力是否达到用户要求		

审计人员：　　　　审计日期：　　　　复核人员：　　　　复核日期：

按照确定或者选定的审计程序内容，逐一执行，并在执行栏中标注，执行了的打"√"，不适用的打"×"；编写审计工作底稿，并在表 6-3 中执行的审计程序内容的"审计底稿"处进行关联标注。

6.3.4 应取得的资料

按照审计目标和测评内容程序，应获取的资料如下：

(1) 信息系统数据库设计资料。包括信息系统数据库设计说明书、数据字典等文档。

(2) 信息系统的共享协同应用效果资料。包括通过信息系统生成的综合数据分析报告等文档。

6.3.5 审计测评与评价

审计人员按照审计实施方案确定或者选定的表 6-3 审计程序中的相关内容，以及取得的相关资料，利用资料审查、系统调查、风险评估和专家评审等审计方法，进行如下检查测评和审计评价：

(1) 对表 6-3 审计程序中的相关内容逐一进行符合性检查测评，包括审查的相关资料、调查的相关对象、采用的审计方法等，记录测评过程和测评情况。

① 信息资源基础建设审查

通过查阅信息系统数据库设计文档、数据分析报告等，审查信息系统的信息资源是否符合用户的信息需求，信息资源的结构和布局是否覆盖单位各项生产经营和管理活动，信息资源的质量是否符合使用要求，是否存在大量脏数据或无效数据，信息资源是否实现实时更新。

② 信息资源利用效率审查

统计一段时间内用户对资源利用的实际数据，包括登录次数、查询检索次数、下载次数等，根据统计结果进行综合评价。通过发放调查问卷等，调查信息资源是否对用户单位和成员单位起到辅助和补充作用。

③ 信息资源共享效益性审查

统计信息共享协同的服务响应时间，即从查询信息资源到回复查询结果的时间。服务响应时间本质上是用户所享受服务的时间成本，时间越短、服务效率越高、服务越有利。统计信息共享协同的用户满意度，包括对信息资源检索响应时间、检索功能和检索结果的综合满意度，根据统计结果评价信息系统的协同共享能力是否达到用户要求。

(2) 对审计发现的问题进行实质性测评，必要时调查被审计单位的主管部门、建设项目的主管部门；涉及审计人员无法判断的专业性问题，组织专家评审，或者将此事项列入审计组委托的专业机构评审范围。

(3) 对审计发现并核实的问题进行审计取证，描述问题事实，形成审计取证记录，并要求由提供证据的有关人员、单位在审计取证记录上签名或者盖章。不能取得签名或者盖章不影响事实存在的，该审计证据仍然有效，但审计人员应当注明原因。

(4) 依据审计取证记录，按照相关的法律法规，判断问题性质，进行风险评估，提出审计意见和建议，编制审计工作底稿。

6.3.6 常见错弊

对被审计单位信息系统信息资源共享能力绩效评价的审计,要重点关注信息系统对各类资源的整合应用力度以及用户对信息资源的利用效率和满意度,信息系统的共享协同是否在改善经济业务发展方面发挥了作用。常见错弊的问题表现主要为电子政务信息系统未对各类资源进行有效整合。

定性依据:

《国家信息化领导小组关于我国电子政务建设的指导意见》(中办发〔2002〕17号)中提出,我国电子政务建设要坚持以下原则:"整合资源,拉动产业。电子政务建设必须充分利用已有的网络基础、业务系统和信息资源,加强整合,促进互联互通、信息共享,使有限的资源发挥最大效益。要在符合标准的条件下优先使用国产设备与软件,逐步推进系统建设、运行维护的外包和托管模式,带动我国信息产业发展。"

处理处罚依据:

无。

6.4 经济业务协同能力的绩效评价与审计

经济业务协同能力的绩效评价与审计检查的是信息系统对提升单位内部不同业务之间、行业内部不同单位之间、与外部相关经济业务之间的业务协同情况,评价信息系统对提升经济业务协同能力,改善经济业务发展的效率、效果与效能的影响程度。

6.4.1 内容概述

信息系统集成应用的核心是业务的集成和业务的协同,信息系统通过搭建统一的信息交互平台实现业务与业务之间的协同应用,实现整个企业的管理、经营和决策的信息化,达到各项业务协同运作的效果。此项指标侧重于检查信息系统对提升单位内部不同业务之间、行业内部不同单位之间、与外部相关经济业务之间的业务协同情况,如对全业务资源进行有效的整合与业务融合,对业务流程进行梳理和优化,加强各业务线条在工作上的联动以及部门间的工作协同能力,解决跨部门工作的协同问题。

从现代系统科学的观点看,企业的整个经营和运作活动是由若干相互联系、相互作用的局部组成的系统。狭义协同是指系统内部各组成要素之间的和谐状态,广义协同是指企业内外部资源之间达到和谐的状态。对于企业资源的协同性,就是通过合理有效的企业资源管理、规划工作,使企业资源的无序状态变为有序状态,综合发挥出企业资源的最大效用。

6.4.2 审计目标

效益性:信息系统应通过搭建统一的信息交互平台实现业务与业务之间的协同应用,实现整个企业的生产、经营、管理和决策的信息化,达到各项业务协同运作的效果。审计人员可以通过对信息系统的业务整合、流程优化、协同部署等进行度量,评价信息系统对提升经济业务协同能力,改善经济业务发展的效率、效果与效能的影响程度。

6.4.3 审计程序

审计人员在对经济业务协同能力的绩效评价具体审计事项进行审计时,要依据该事项的审计目标和审计内容,对信息系统在业务整合、流程改造等方面的内容进行检查和风险评估。经济业务协同能力绩效评价的审计程序见表6-4。

表6-4 经济业务协同能力绩效评价的审计程序

被审计单位: 信息系统建设项目:

审 计 程 序	执行	审计底稿
1. 信息系统业务整合能力审查 1.1 信息系统功能是否实现了单位所有业务需求,单位内部各项业务是否通过信息系统紧密耦合,单位内部各项业务是否存在"应用孤岛",单位内部各业务子系统之间是否存在通信接口,单位内部各项业务是否通过信息系统实现协同运作; 1.2 单位信息系统与外部是否存在通信接口,本单位是否通过信息系统与外部单位实现业务协同。 2. 信息系统业务流程优化能力审查 2.1 信息系统应用后是否进一步完善业务流程,信息系统应用后是否存在业务流程缺失; 2.2 信息系统是否对全业务资源进行有效的整合与业务融合,信息系统是否对业务流程进行梳理和优化,信息系统是否具备流程建模和再造的能力,信息系统是否实现业务流程自动化。 3. 业务协同效益性审查 3.1 单位业务流程管理与应用系统是否实现耦合,是否实现跨地区、跨部门、可变流程的电子政务业务协同; 3.2 信息系统应用之后业务协同效率是否提高,信息系统应用之后业务协同成本是否降低		

审计人员: 审计日期: 复核人员: 复核日期:

按照确定或者选定的审计程序内容,逐一执行,并在执行栏中标注,执行了的打"√",不适用的打"×";编写审计工作底稿,并在表6-4中执行的审计程序内容的"审计底稿"处进行关联标注。

6.4.4 应取得的资料

按照审计目标和测评内容程序,应获取的资料如下:

(1) 信息系统功能设计资料。包括信息系统可行性研究报告、需求说明书等文档。

(2) 信息系统在提升经济业务协同能力方面的应用效果资料。包括通过信息系统生成的综合数据分析报告等文档。

6.4.5 审计测评与评价

审计人员按照审计实施方案确定或者选定的表6-4审计程序中的相关内容,以及取得的相关资料,利用资料审查、系统调查、风险评估和专家评审等审计方法,进行如下检查测评和审计评价:

(1) 对表6-4审计程序中的相关内容逐一进行符合性检查测评,包括审查的相关资料、调查的相关对象、采用的审计方法等,记录测评过程和测评情况。

① 信息系统业务整合能力审查

通过查阅信息系统功能设计资料以及对信息系统进行接口测试,审查信息系统功能是否实现了单位所有业务需求;单位内部各项业务是否通过信息系统紧密耦合;单位内部各项业务是否存在"应用孤岛";单位内部各业务子系统之间是否存在通信接口;单位内部各项业务是否通过信息系统实现协同运作;单位信息系统与外部是否存在通信接口;本单位是否通过信息系统与外部单位实现业务协同。

② 信息系统业务流程优化能力审查

通过查阅信息系统功能设计资料以及对信息系统进行业务流程测试,审查信息系统应用后是否进一步完善业务流程;信息系统应用后是否存在业务流程缺失;信息系统是否对全业务资源进行有效的整合与业务融合;信息系统是否对业务流程进行梳理和优化;信息系统是否具备流程建模和再造的能力;信息系统是否实现业务流程自动化。

③ 业务协同效益性审查

通过了解单位实际业务流程并与信息系统处理流程进行对比分析,审查单位业务流程管理与应用系统是否实现耦合;是否实现跨地区、跨部门、可变流程的电子政务业务协同;信息系统应用之后业务协同效率是否提高;信息系统应用之后业务协同成本是否降低。

（2）对审计发现的问题，进行实质性测评，必要时调查被审计单位的主管部门、建设项目的主管部门；涉及审计人员无法判断的专业性问题，组织专家评审，或者将此事项列入审计组委托的专业机构评审范围。

（3）对审计发现并核实的问题，进行审计取证，描述问题事实，形成审计取证记录，并要求由提供证据的有关人员、单位在审计取证记录上签名或者盖章。不能取得签名或者盖章不影响事实存在的，该审计证据仍然有效，但审计人员应当注明原因。

（4）依据审计取证记录，按照相关的法律法规，判断问题性质，进行风险评估，提出审计意见和建议，编制审计工作底稿。

6.4.6 常见错弊

对被审计单位信息系统经济业务协同能力绩效评价的审计，要重点关注信息系统对单位各项业务的整合力度以及单位与外部单位之间通过信息系统实现业务协同的程度和水平，信息系统应用之后是否提升了经济业务协同能力。常见错弊的问题主要表现为电子政务信息系统设计未充分考虑部门业务协同的需求，形成"应用孤岛"。

定性依据：

《国家电子政务工程建设项目管理暂行办法》（中华人民共和国国家发展和改革委员会令第55号）第一章 总则："第三条……电子政务项目建设应以政务信息资源开发利用为主线，以国家统一电子政务网络为依托，以提高应用水平、发挥系统效能为重点，深化电子政务应用，推动应用系统的互联互通、信息共享和业务协同……"

处理处罚依据：

无。

6.5 系统建设发展能力的绩效评价与审计

系统建设发展能力的绩效评价与审计检查的是信息系统的整体架构、技术路线、开发策略、应用模式和运维模式，以及应对职能业务发展、信息技术发展、环境风险防范等方面的适应能力，评价信息系统对职能业务发展可持续支持的影响程度。

6.5.1 内容概述

信息系统成功的关键取决于系统建设发展能力，信息系统建设内容包括

第6章
信息系统绩效评价与审计的具体事项

确定整体架构、选择技术路线、制定开发策略、组织实施开发、明确应用模式和运维模式等。此项指标以信息系统建设为核心,全面检查系统设计、系统开发、系统运维等各方面内容,审查其应对职能业务发展、信息技术发展、环境风险防范等方面的适应能力,评价信息系统对职能业务发展可持续支持的影响程度。

信息系统架构是指应用程序、技术和数据的相应选择和投资组合的定义,硬件、软件和通讯的配置等。信息系统架构是一个体系结构,它反映一个政府、企业或事业单位的信息系统的各个组成部分之间的关系,以及信息系统与相关业务,信息系统与相关技术之间的关系。

信息系统技术路线是指系统开发选用何种技术,常用的信息系统开发技术包括构件技术、中间件技术、软件复用技术、J2EE 技术、COM 技术、CORBA 技术等。构件技术是指通过组装一系列可复用的软件构件来构造软件系统的软件技术。通过运用构件技术,开发人员可以有效地进行软件复用,减少重复开发,缩短软件的开发时间,降低软件的开发成本。中间件(Middleware)是处于操作系统和应用程序之间的软件,也有人认为它应该属于操作系统中的一部分。人们在使用中间件时,往往是将一组中间件集成在一起,构成一个平台(包括开发平台和运行平台),但在这组中间件中必须有一个通信中间件,即中间件=平台+通信,这个定义也使得只有用于分布式系统中的软件才能称为中间件,同时还把它与支撑软件和实用软件区分开来。软件复用技术是提高软件生产力和质量的一种技术,将已有软件的各种有关知识用于建立新的软件,以缩短软件开发和维护的花费。早期的软件复用主要是代码级复用,被复用的知识专指程序,后来扩大到包括领域知识、开发经验、设计程序、体系结构、需求、设计、代码和文档等一切有关方面。1968 年,D. McIlroy 在国际首次讨论软件工程的会议上提出了软件复用的概念,建议建立生产软组件的工厂,用软组件构成复杂系统,作为解决"软件危机"的一种可能方法。J2EE 技术是一种利用 Java 2 平台来简化企业解决方案的开发、部署和管理相关的复杂问题的体系结构,该体系结构提供中间层集成框架,可用来满足无需太多费用而又需要高可用性、高可靠性以及可扩展性的应用的需求。通过提供统一的开发平台,J2EE 降低了开发多层应用的费用和复杂性,同时提供对现有应用程序集成强有力支持,完全支持 Enterprise Java Beans,有良好的向导,支持打包和部署应用,添加目录支持,增强了安全机制,提高了性能。COM(Component Object Model,组件对象模型)技术,是一种说明如何建立可动态互变组件的规范,此规范提供了为保证能够互操作,客户和组件应遵循的一些二进制和网络标准。通过这种标准可以使任意两个组件进行通信而不用考虑其所处的操作环境是否相同、使用的开发语言是否一致以及是否运行于同一台计算机。CORBA(Common Object Request Broker Architecture，公共对象请求代理体系结构）是由 OMG（Object Management Group，对象管理组织）提出的应用软件体系结构和对象技术规范，其核心是一套标准的语言、接口和协议，规范支持异构分布应用程序间的互操作性及独立于平台和编程语言的对象重用。CORBA 规范充分利用了现今软件技术发展的最新成果，在基于网络的分布式应用环境下实现应用软件的集成，使得面向对象的软件在分布、异构环境下实现可重用、可移植和互操作。

6.5.2　审计目标

（1）完整性

信息系统设计功能应满足客户功能要求，包括依从性、准确性、安全性。其中，准确性是指能否得到正确或相符结果或效果的能力；依从性是指遵循有关标准、约定、法规以及类似规定的程度；安全性是指防止对程序以及数据的非授权的故意或意外访问的能力。

（2）效益性

信息系统建设应具备应对职能业务发展、信息技术发展、环境风险防范等方面的适应能力，可随着职能业务、信息技术、外部环境等发生变化做出适时调整。信息系统适应性包括易改变性、易分析性、可检验性。其中，易改变性是指进行修改、排错或者使用环境变化所需的努力；可检验性是指确认已经修改软件所需的努力；易分析性是指为诊断缺陷或失效原因，从而判定待修改部分所需的努力。

（3）可靠性

信息系统应用后应一直在稳定的状态对职能业务发展提供支持，包括成熟性、容错性、可恢复性、可维护性。其中，成熟性是指由软件故障引起失效的频度；容错性是指在软件故障或违反指定接口的情况下，维护规定的性能水平的能力；可恢复性是指在失效发生后，重建某性能水平并恢复直接受影响数据的能力，以及为达到此目的所需的时间和努力；可维护性是指信息系统在应用后为适应职能业务发展而进行调整的能力。

6.5.3　审计程序

审计人员在对系统建设发展能力的绩效评价具体审计事项进行审计时，要依据该事项的审计目标和审计内容，对系统设计、系统开发、系统运维等方面的内容进行检查和风险评估。系统建设发展能力绩效评价的审计程序见表 6-5。

表 6-5　系统建设发展能力绩效评价的审计程序

被审计单位：　　　　　　　　　　　　　　　　　　信息系统建设项目：

审　计　程　序	执行	审计底稿
1. 系统开发与设计能力审查 1.1　系统架构是否具有跨平台性，架构设计思想是否具有灵活性，架构设计是否具有兼容性，系统架构的层次性与模块化程度高不高； 1.2　系统开发所选技术路线是否成熟，技术路线是否经过选型论证和专家评审，编码的标准化程度高不高，代码设计是否具有可扩展性，模块设计是否具有统一性，开发方法论的规范度高不高； 1.3　系统开发工具是否先进，系统管理软件是否具有二次开发能力，系统开发专用设备选型是否可靠、合理，数据库管理系统选型是否合理，网络与通信设计是否合理，网络拓扑结构是否合理，网络容量是否具有可扩展性。 2. 系统开发模式审查 2.1　信息系统是自主研发还是外包开发，根据企业现状评价系统是否需要外包，信息系统外包开发是否获得较好收益； 2.2　信息系统外包商开发人员的素质与能力是否适应系统开发的要求，外包商是否具有承担相关信息系统建设项目的经验，外包商对用户培训支持的程度高不高，外包商对原有设备与资源的继承性高不高，外包商项目实施计划是否合理，外包商与用户单位的配合度高不高，应用系统功能划分与结构是否合理； 2.3　信息系统外包商的可靠度高不高，外包商是否存在泄露战略信息的可能性。 3. 信息系统可持续发展能力审查 3.1　信息系统是否能得到与职能业务发展相符的正确结果，信息系统是否能防止对程序以及数据的非授权的故意或意外访问； 3.2　信息系统是否能稳定的为智能业务发展提供服务，系统由软件故障引起的实效频度高不高，系统容错性高不高，系统是否具有随职能业务发展而进行调整的能力，系统是否具有易改变性、易分析性和可检验性		

审计人员：　　　　　审计日期：　　　　　复核人员：　　　　　复核日期：

按照确定或者选定的审计程序内容，逐一执行，并在执行栏中标注，执行了的打"√"，不适用的打"×"；编写审计工作底稿，并在表 6-5 中执行的审计程序内容的"审计底稿"处进行关联标注。

6.5.4　应取得的资料

按照审计目标和测评内容程序，应获取的资料如下：

（1）信息系统设计资料。包括信息系统概要设计说明书、详细设计说明书、数据库设计说明书、网络拓扑结构图等文档。

（2）信息系统开发资料。包括编码规范、源代码、测试说明书等文档。

（3）信息系统项目管理资料。包括建设合同、开发商资质、项目管理章程、项目管理计划、系统变更记录、系统运维记录等文档。

6.5.5　审计测评与评价

审计人员按照审计实施方案确定或者选定的表6-5审计程序中的相关内容，以及取得当年相关资料，利用资料审查、系统调查、风险评估和专家评审等审计方法，进行如下检查测评和审计评价：

（1）对表6-5审计程序中的相关内容逐一进行符合性检查测评，包括审查的相关资料、调查的相关对象、采用的审计方法等，记录测评过程和测评情况。

① 系统开发与设计能力审查

通过查阅信息系统设计和开发文档，审查系统架构是否具有跨平台性；架构设计思想是否具有灵活性；架构设计是否具有兼容性；系统架构的层次性与模块化程度高不高；系统开发所选技术路线是否成熟；技术路线是否经过选型论证和专家评审；编码的标准化程度高不高；代码设计是否具有可扩展性；模块设计是否具有统一性；开发方法论的规范度高不高。

通过了解信息系统开发环境及开发工具，审查系统开发工具是否先进；系统管理软件是否具有二次开发能力；系统开发专用设备选型是否可靠、合理；数据库管理系统选型是否合理；网络与通信设计是否合理；网络拓扑结构是否合理；网络容量是否具有可扩展性。

② 系统开发模式审查

通过查阅信息系统开发资料以及外包商资料，审查信息系统是自主研发还是外包开发；根据企业现状评价系统是否需要外包；信息系统外包开发是否获得较好收益。

信息系统外包商开发人员的素质与能力是否适应系统开发的要求；外包商是否具有承担相关信息系统建设项目的经验；外包商对用户培训支持的程度高不高；外包商对原有设备与资源的继承性高不高；外包商项目实施计划是否合理；外包商与用户单位的配合度高不高；应用系统功能划分与结构是否合理；信息系统外包商的可靠度高不高；外包商是否存在泄露战略信息的可能性。

③ 信息系统可持续发展能力审查

通过查阅信息系统管理制度、功能设计资料以及信息系统运行维护记录等，审查信息系统是否能得到与职能业务发展相符的正确结果；信息系统是否能防止对程序以及数据的非授权的故意或意外访问;信息系统是否能稳定地为职能业务发展提供服务;系统由软件故障引起的失效的频度高不高;系统容错性高不高;系统是否具有随职能业务发展而进行调整的能力;系统是否具有易改变性、易分析性和可检验性。

(2) 对审计发现的问题,进行实质性测评,必要时调查被审计单位的主管部门、建设项目的主管部门;涉及审计人员无法判断的专业性问题,组织专家评审,或者将此事项列入审计组委托的专业机构评审范围。

(3) 对审计发现并核实的问题,进行审计取证,描述问题事实,形成审计取证记录,并要求由提供证据的有关人员、单位在审计取证记录上签名或者盖章。不能取得签名或者盖章不影响事实存在的,该审计证据仍然有效,但审计人员应当注明原因。

(4) 依据审计取证记录,按照相关的法律法规,判断问题性质,进行风险评估,提出审计意见和建议,编制审计工作底稿。

6.5.6 常见错弊

对被审计单位信息系统建设发展能力绩效评价的审计,要重点关注信息系统的建设与开发是否能够在合理的进度和预算范围内,获取项目资源,并交付用户所需的功能,完成系统预期目标,信息系统能否对职能业务发展提供可持续支持。常见错弊的问题主要表现为企业信息系统开发技术落后,运行维护过程中经常发生故障,不能适应职能业务发展。

定性依据:

《企业内部控制应用指引第 18 号——信息系统》第三章 信息系统的运行与维护:"企业应当加强信息系统运行与维护的管理,制定信息系统工作程序、信息管理制度以及各模块子系统的具体操作规范,及时跟踪、发现和解决系统运行中存在的问题,确保信息系统按照规定的程序、制度和操作规范持续稳定运行。"

处理处罚依据:

无。

6.6 信息系统贡献能力的绩效评价与审计

检查信息系统运行对单位经济业务活动和国家经济社会健康发展的经济效益、社会效益的影响,信息系统的规划模式、建设模式等对其他行业信息化的可借鉴性,评价信息系统对经济业务发展和行业、地区信息化发展的贡献度。

6.6.1 内容概述

信息系统对单位经济业务活动和国家经济社会健康发展存在着广泛的影响，包括提高单位经济效益、改善组织的决策、提高组织的管理效率、改善业务流程、改善生产计划、影响产品和服务、提高社会影响力等。此项指标侧重于统计信息系统应用之后所取得的经济效益和应用效果，从而评价信息系统对经济业务发展和行业、地区信息化发展的贡献度。

直接经济效益是系统绩效中最直观的部分，直接以资金的形式展现出来。例如销售收入的增长率，主要评价信息系统应用之后对销售增长情况的影响。利润增长率，主要评价信息系统应用之后对利润增长情况的影响。库存资金的降低，主要评价信息系统应用之后对库存资金占用情况的影响。这些传统的财务指标能够清楚地显示系统应用之后的直接经济效益。

间接经济效益主要是指信息系统作用于某些要素，而这些要素又直接影响财务指标。主要包括市场占有增长率，主要评价信息系统应用之后对市场占有情况的影响；资金运转效率，主要评价信息系统应用之后对资金运转效率的影响，通过企业运营资金每年的周转次数来反映；企业财务决算速度，评价信息系统应用之后企业实现财务决算所需要的时间改善情况。

组织改善度主要反映在信息系统应用之后对组织效率方面的改善，主要体现在管理费用降低率、综合计划完成率等方面，以及信息系统应用之后对组织结构方面的改善。

业务流程改善度主要反映在信息系统应用对业务流程以及业务功能方面的改善，包括冗余流程的删除和精简等。计划改善度主要反映在信息系统应用对生产计划方面的改善，主要体现在计划完成率的提高、材料利用率的提高、设备利用率的提高、工时利用率的提高、计划更改率的提高。

产品和服务改善度主要反映在信息系统应用之后对企业产品与服务交付质量的改善，主要包括客户销售量增加率、客户增加率和合同履约率等。提高社会影响力主要反映在信息系统的规划模式、建设模式等对其他单位或行业信息化的可借鉴性，包括信息化经验交流次数、行业信息化应用覆盖率等。

6.6.2 审计目标

效益性：信息系统应用后应能提高单位经济效益，改善组织的决策、提高组织的管理效率、改善业务流程、改善生产计划、影响产品和服务、提高社会影响力等，通过对信息系统应用后所获得的经济效益、取得的应用效果、产生的社会影响进行度量可以评价信息系统对经济业务发展和行业、地区信息化发展的贡献度。

6.6.3 审计程序

审计人员在对信息系统贡献能力的绩效评价具体审计事项进行审计时,要依据该事项的审计目标和审计内容,对信息系统应用后所获得的经济效益、取得的应用效果、产生的社会影响等方面的内容进行检查和风险评估。信息系统贡献能力绩效评价的审计程序见表6-6。

表6-6 信息系统贡献能力绩效评价的审计程序

被审计单位: 信息系统建设项目:

审 计 程 序	执行	审计底稿
1. 信息系统应用后经济效益提高率审查 1.1 信息系统应用后销售收入是否增长,信息系统应用后利润是否增长,信息系统应用后库存资金是否降低 1.2 信息系统应用后市场占有率是否增长,信息系统应用后资金运转效率是否提高,信息系统应用后企业财务决算速度是否加快。 2. 信息系统应用效果审查 2.1 信息系统应用后组织效率是否得到改善,单位管理费用是否降低,综合计划完成率是否提高,组织结构是否实现优化; 2.2 信息系统应用后业务流程是否得到改善,冗余业务流程是否被删除,核心业务流程是否精简; 2.3 信息系统应用后生产计划是否得到改善,计划完成率是否提高,材料利用率是否提高,设备利用率是否提高,工时利用率是否提高,计划更改率是否提高; 2.4 信息系统应用后产品和服务改善度是否提高,客户销量是否增加,客户数量是否增加,合同履约率是否提高。 3. 信息系统应用社会影响力审查 其他单位或行业是否来本单位学习信息化建设经验,本单位是否前往其他单位或地区交流介绍信息化建设经验,本单位或相关行业信息化应用覆盖率是否得到提高		

审计人员: 审计日期: 复核人员: 复核日期:

按照确定或者选定的审计程序内容,逐一执行,并在执行栏中标注,执行了的打"√",不适用的打"×";编写审计工作底稿,并在表6-6中执行的审计程序内容的"审计底稿"处进行关联标注。

6.6.4 应取得的资料

按照审计目标和测评内容程序,应获取的资料如下:

(1) 信息系统应用效果资料。包括直接经济效益统计数据、间接经济效益统计数据、组织改善度统计数据、业务流程改善度统计数据、计划改善度统计数据、产品和服务改善度统计数据等。

(2) 信息化建设经验总结材料。

6.6.5 审计测评与评价

审计人员按照审计实施方案确定或者选定的表6-6审计程序中的相关内容，以及取得的相关资料，利用资料审查、系统调查、风险评估和专家评审等审计方法，进行如下检查测评和审计评价：

(1) 对表6-6审计程序中的相关内容逐一进行符合性检查测评，包括审查的相关资料、调查的相关对象、采用的审计方法等，记录测评过程和测评情况。

① 信息系统应用后经济效益提高率审查。通过查阅信息系统应用效果资料及相关统计数据，审查信息系统应用后销售收入是否增长；信息系统应用后利润是否增长；信息系统应用后库存资金是否降低；信息系统应用后市场占有率是否增长；信息系统应用后资金运转效率是否提高；信息系统应用后企业财务决算速度是否加快。

② 信息系统应用效果审查。通过查阅信息系统应用效果资料及相关统计数据，审查信息系统应用后组织效率是否得到改善；单位管理费用是否降低；综合计划完成率是否提高；组织结构是否实现优化；信息系统应用后业务流程是否得到改善；冗余业务流程是否被删除；核心业务流程是否精简；信息系统应用后生产计划是否得到改善；计划完成率是否提高；材料利用率是否提高；设备利用率是否提高；工时利用率是否提高；计划更改率是否提高；信息系统应用后产品和服务改善度是否提高；客户销量是否增加；客户数量是否增加；合同履约率是否提高。

③ 信息系统应用社会影响力审查。通过查阅信息系统应用效果资料，审查其他单位或行业是否来本单位学习信息化建设经验；本单位是否前往其他单位或地区交流介绍信息化建设经验；本单位或相关行业信息化应用覆盖率是否得到提高。

(2) 对审计发现的问题，进行实质性测评，必要时调查被审计单位的主管部门、建设项目的主管部门；涉及审计人员无法判断的专业性问题，组织专家评审，或者将此事项列入审计组委托的专业机构评审范围。

(3) 对审计发现并核实的问题，进行审计取证，描述问题事实，形成审计取证记录，并要求由提供证据的有关人员、单位在审计取证记录上签名或者盖章。不能取得签名或者盖章不影响事实存在的，该审计证据仍然有效，但审计人员应当注明原因。

(4) 依据审计取证记录，按照相关的法律法规，判断问题性质，进行风险评估，提出审计意见和建议,编制审计工作底稿。

6.6.6　常见错弊

对被审计单位信息系统贡献能力绩效评价的审计,要重点关注信息系统应用价值方面的评价,不仅仅是狭隘的财务角度的评价,也不仅只是关注用户满意度或者只关注系统质量的评价,而是要评价信息系统应用对整个单位和相关地区、行业所带来的影响。常见错弊的问题主要表现为电子政务信息系统应用后未提高单位的行政效率。

定性依据:

《国家电子政务工程建设项目管理暂行办法》(中华人民共和国国家发展和改革委员会令第 55 号)第一章 总则:"第三条……电子政务项目建设应以政务信息资源开发利用为主线……提高行政效率,降低行政成本,发挥电子政务对加强经济调节、市场监管和改善社会管理、公共服务的作用。"

处理处罚依据:

无。

第7章

信息系统绩效评价与审计案例

7.1 案例1 英国国家审计署对政府税务部门IT系统的审计

7.1.1 背景资料

2003年,英国国家审计署开展了对税务局2002—2003年度财务审计以及防止纳税欺诈的绩效审计,在检查税收征管的合法性、合规性和合理性的基础上,还重点审计了税务部门IT系统的安全性与稳定性,尤其是出现过故障的新课税扣除IT系统以及电子退税服务系统。

两个系统的情况如下:

(1) 新课税扣除IT系统

2003年4月6日,英国政府开始实施"子女和工作课税扣除制度",取代原先的"工作家庭和残疾人课税扣除制度"。按照规定,课税扣除必须申请,并经审核后,符合条件的申请人才能给予税款扣除。税务部门计划在2003年4月之前,将1月31日之前收到的符合条件的申请全部支付。截止到2003年6月底,税务部门收到了450万份课税扣除申请,同时支付了大约26亿英镑。预计子女和工作课税扣除今后每年要支付160亿英镑。为支持新课税扣除制度,税务部门委托IT开发商EDS开发了一个新的课税扣除处理系统。2002—2003年度,在课税扣税制度项目委员会的监督下,税务局一直在完善这个系统。但是,这个系统全面投入使用后,出现了严重的技术故障,导致大量纳税事项处理被延迟。

(2) 关于网上电子退税方式

为方便退税,税务部门开发了网上电子退税系统,并且鼓励纳税人在线提交电子退税申请。但2002年5月,出现了少数纳税人在网上填写电子申请表时可以看到其他纳税人数据信息的泄露事件。

7.1.2 审计目标

（1）可用性

检查税务部门IT系统的可用性，运行的稳定性、运行速度以及功能的有效性。

（2）安全性

检查税务部门IT系统保存的信息是否安全，纳税人的信息是否得到保密，纳税人对于税务部门的安全信任度是否足够高。

（3）完整性

检查税务部门IT系统数据的完整性。

（4）风险管理

检查税务部门IT系统的相关风险管理是否充分、有效，检查开发设计和测试策略设计的合理性，以及设计、开发、应用过程中的各种风险及其影响的评估是否合理。

（5）故障处理

检查税务部门对于IT系统故障处理及其采取的补救措施是否及时、合理、充分和有效。

（6）资源利用

检查税务部门IT系统资源是否取得了最大利用率，系统运用是否确实有利于提高工作效率。

7.1.3 审计方法

（1）调查法

为了解新课税扣除系统在投入使用初期产生错误的原因、所采取的措施及系统的恢复情况，审计人员对税务部门、系统开发商、政府商务署、新课税扣除系统项目委员会以及部门雇主进行了综合调查。围绕电子退税系统出现的错误，税务部门进行的补救措施，以及恢复服务后的使用效果，审计人员对税务局进行了专项调查。

（2）访谈法

审计人员与来自税务局的大业务办公室、课税扣除办公室、内部审计、新课税扣除系统项目委员会以及系统开发商EDS、政府商务署项目关口检查部门等的各方代表进行了专题访谈。

（3）比较分析法

对新课税扣除系统，审计人员采用计量统计分析法，对税务部门提供的中期转账支票支付方式的发生数量进行了月份比较分析，以佐证税务部门所进行的恢复工作是有效的,而且恢复后的系统运行正常。对于电子退税系统,采用计量统计分析法,对电子退税申请的数量进行了跨年度比较分析,以佐证电子退税服务系统的安全性得到了提高,并受到了更多纳税人的欢迎。

(4) 专家经验法

审计人员广泛咨询了税务部门专家组、系统开发商 EDS 专家组、政府商务署负责系统关口检查的专家组、新课税扣除系统项目委员会及税务部门外聘的专家顾问团等专家代表,以获得有关的建议。

7.1.4 审计发现的主要问题

(1) 测试策略的缺陷影响了新课税扣除信息系统的稳定性、运行速度和可用性,并最终导致了纳税申请事项的处理延迟。

2003年1月以来,新课税扣除信息系统出现了由于运行速度慢和系统故障而造成的系统停工,4月份投入使用时,又出现了一系列需要人工操作才能克服的已知 IT 错误。随后,出现了严重的系统运行问题,业务处理被迫延迟的现象大量发生,并影响到整个系统。2003年4月28日,财政部向下议院的陈述中,指出了新课税信息系统故障造成的严重后果:许多在2003年1月31日以前就提交课税扣除申请的申请人仍然没有收到课税扣除款;有一些申请的处理时间达7个月;有些按周领取课税扣除的申请人在规定的第一次领取日后3周,都没有收到课税扣除款;为申请人和下议院议员开通的热线服务电话不能处理所接电话的号码等。据税务部门和 EDS 的分析,故障产生的原因是:为保证在4月份以前该系统的关键功能可以正常运行,在测试策略设计时,把功能性测试放在了第一位,而忽视了其他测试。事故发生后,税务部门采取了许多措施,来处理新课税扣除系统出现的问题,如:修订工作计划,制定新的措施,重点关注那些出现问题的地方,尽可能将积压的工作都办完;提供中期转账支票支付方式;全面总结经验教训,聘请专家组再次检查 IT 系统;讨论赔偿问题。

(2) 系统运行速度过慢,影响课税扣除支付记录的更新,需要大量的人力来手工编制支付清单,加大了税务部门的工作压力。

在地方税务局做支付课税扣除工作时,需要通过访问 NTC 和新信息系统来完成记录的更新。但是系统运行速度过慢,会影响访问操作,这时就需要先编制手工支付清单,等系统恢复正常后,再录入 NTC 系统。这样加大了税务部门的工作量,如何做好支付工作就成为税务部门面临的一个巨大挑战。

(3) 新课税扣除信息系统未能按原设计需求,实现支付授权与操作之间的"每日自动协调"功能,影响税务部门对课税扣除付款的核对。

在新课税扣除信息系统支付循环的设计中,提供了在支付授权和支付操作之间的每日自动协调功能。但是,由于新的课税扣除系统还未提供对这种协调功能的相关支持服务,这种协调根本就无法发挥作用。为实现这一协调功能,税务部门正在详细部署,但是直到9月份,还未完成,甚至计划都还未定案。

(4) 在新课税扣除系统试用阶段,雇主难以适应税务部门的要求。

在新的课税扣除规划中,雇主承担着非常重要的工作。他们和工资软件开发商参与了业务流程和数据表的设计。尽管如此,雇主对于税务局发布的一些通知仍然感到困惑。为解决这一问题,税务部门专门安排人员详细地记录了雇主们反映的问题,并和雇主代表进行了广泛的探讨。

(5) 电子退税系统出现安全故障,导致部分纳税人信息的意外泄露。

在2002年5月,出现了一小部分纳税人在网上填写电子申请表时可以看到其他纳税人的数据信息的情况。对此,税务部门立即做出反应,停止了此项服务,并会同IT系统服务商及其他相关部门对问题原因展开了详细调查。经过全面的检查分析后,税务部门设计并实施了补救措施。同时,在恢复服务之前,还请了一些信息技术和互联网方面的专家来帮助测试新修改的系统,并向所有受到影响或可能受到影响的纳税人致信揭示了事故原因,告知问题已解决。从2002年夏季以来,就再也没有发生过类似的互联网申请填写的技术问题。从2002年4月6日至2003年1月31日,共有32.5万件税收返还申请通过互联网提交,超过上年同期的4倍。同年,通过代理人提交的电子退税申请也增加到了36.5万件。

7.1.5 审计建议

(1) 应当重视并保持纳税人对税务部门的信任度。
(2) 在维持系统的日常运行及处理积压工作的同时,应当加强课税扣除控制。
(3) 充分吸取IT系统建设中的教训,制定全面、有效的系统设计和测试策略。
(4) 帮助雇主尽快从系统故障所造成的影响中恢复过来。
(5) 加强互联网业务的安全性,保护纳税人的利益。

7.2 案例2 某湖流域污染源在线监控系统投入绩效审计案例

7.2.1 项目背景和基本情况

2007年,某湖蓝藻暴发引发了某市"供水危机",某湖水污染治理因而受到国内外广泛关注,更受到政府高度重视。

污染源监控系统由自动化监控设备和监控中心组成。自动监控设备是指在污染源现场安装的用于监控、检测污染物排放的仪器、流量计、污染治理设施运行记录仪和数据采集传输仪等仪器、仪表。监控中心指环保部门通过通信传输线路与自动监控设备连接用于对重点污染源实施自动监控的软件和硬件。污染源监控系统的建成和使用,可以更加科学、准确、实时地掌握重点污染源的主要污染物排放数据、污染治理设施运行情况等于污染物排放相关的各类信息,及时发现并查出违法排污行为,并有利于环境监管工作的高效和规范。

近年来,该湖流域周边各市均建立了一定规模的污染源自动监控系统。由于各市县经济水平、社会和环境等因素的差别,自动监控水平存在一定的差异,现有系统在建设水平、覆盖广度、科学布点、管理水平以及信息共享方面尚与国家标准要求相比存在一定的差异。2009年,该省批准在该湖流域新建一个"高标准、全覆盖、最先进"的污染源在线监控系统,项目概算总投资27 998万,其中:监控中心投资10 885万,检测仪器及设备用房投资9 773万,数采仪及视频监控系统投资3 460万、污染源监控系统软件开发及实施投资1 450万,主干网租赁等投资2 430万,项目建设工期为1年。省级该湖水污染专项资金安排10 565万,其余为各市县投入和企业自筹资金。

7.2.2 审计项目选择

(1) 对该湖流域污染源在线监控系统投入与绩效进行审计,依据该省"严格项目报批审批,加强项目资金全过程审计监督,及时进行绩效评估,确保资金发挥最大效用"精神,对该湖流域污染源在线监控系统投入与绩效进行审计,为某湖流域水污染治理项目的顺利实施及其资金的合规使用提供监督保障,为主管部门提供建设性意见和决策参考。

(2) 对该湖流域污染源在线监控系统投入与绩效进行审计,是探索环境信息系统审计工作模式的需要。环境信息系统是解决环境问题的信息保障,所提供的信息是环境质量的晴雨表,是环境治理的标尺,也是领导科学决策的重要依据。在经济发展和环境问题日益严峻的背景下,环保部门建设了污染源在线监控系统、地表水自动监测系统、生物检测和物种资源信息系统、排污费征收系统等多个环境信息系统,有的系统已经实现全县、全市、全省乃至全国联网,具有多层级的特点。国内外信息系统建设的实践表明,信息系统建设不成功者屡见不鲜,造成极大的社会资源浪费和恶劣的影响。对该湖流域污染源在线监控系统投入与绩效进行审计,是有效提高信息系统投资效益的有益尝试。

(3) 对该湖流域污染源在线监控系统投入与绩效进行审计,是创新审计方法的需要。由于技术不断更新、业务需求的变化,以及业务经济支付能力和系统应用水平等因素的制约,环境信息系统的建设不是一蹴而就、一劳永逸的,必然是一个建设——再建设的持续提升过程。环境信息系统的这一特点,决定了对该湖流域污染源在线监控系统投入与绩效进行审计,要把现有系统的事后审计和新系统的事前审计结合起来,通过事后审计,对现有系统进行客观公正评价,事前审计与事后审计的结合,对新系统实施纠偏和控制。

7.2.3 审计评价标准

(1) 综合性标准
- 《中华人民共和国环境保护法》(1989 主席令第 22 号)
- 《中华人民共和国水污染防治法》(2008 主席令第 81 号)
- 《中华人民共和国招标投标法》(1999 主席令第 21 号)
- 《中华人民共和国合同法》(1999 主席令第 15 号)
- 《建设工程质量管理条例》(2000 国务院令第 279 号)
- 《某省某湖水污染防治条例》
- 《某湖流域水环境综合治理总体方案》
- 《省政府关于印发某省某湖水污染治理工作方案的通知》
- 《省政府关于加强某湖流域水环境监控系统建设的通知》
- 《某省政府关于印发某省某湖流域水环境综合治理实施方案的通知》
- 《某省某湖水污染治理专项资金使用管理办法(试行)》

(2) 专业性标准
- 《关于印发(某省重点污染源名单的通知)》
- 《国控重点污染源自动监控能力建设实施方案》
- 《国控重点污染源自动监控能力建设项目污染源自动监控现场端建设(暂行)》
- 《污染源自动监控管理办法》(国家环境保护总局令第 28 号)
- 《污染源自动监控设施运行管理办法》
- 《环境污染源自动监控信息传输、交换技术规范(试行)》
- 《污染源在线监控(监测)系统数据传输标准》

(3) 项目文件
- 《省发展改革委关于省某湖流域污染源在线监控系统工程建设项目可行性研究报告(含项目建议书)的批复》
- 《省发展改革委关于某省某湖流域污染源在线监控系统工程建设项目初步设计的批复》
- 《关于下达省级某湖水污染治理专项资金(第二期第二批)的通知》

7.2.4 审计程序和方法

1) 对现有系统进行事后审计,重点关注其运行绩效

(1) 对现有系统建设投入情况进行审计调查,从资金来源角度分析财政投入对监控系统的影响。通过发放现有水污染源在线监控系统建设情况统计表格,由环保部门和企业填报,掌握总体建设情况,收集立项、设计等文件资料,该环节重点调查了解以下内容:

① 现有在线监控系统建设总规模以及资金来源情况。对照立项、设计等文件,了解在线监控系统建设投入总规模、资金来源渠道,分析是否存在因资金投入不足,导致建设标准过低、系统功能不全面等问题。将现有在线监控系统投资情况,包括监控中心和现场端投资情况,与新的在线监控系统的建设内容进行对比,查找新系统立项申报环节存在的问题。

② 监控中心设备购置情况。通过查阅项目设计文件、设备购买合同等资料,了解监控中心设备的购置情况,招投标程序的履行情况。对已经换新的在线监控系统要求购置的设备,收集设备类型、型号、生产厂商等资料,通过各地购置情况对比同类型设备价格差异、功能差异,分析在设备购置环节能否节约投资。

(2) 运用信息系统审计方法,对某市现有系统自身建设的合规性、安全性、效益性进行审计调查。通过发放现有水污染源在线监控系统建设情况统计表格,由环保部门和企业填报,掌握总体建设情况,收集立项、设计等文件资料,该环节重点调查了解以下内容:

① 现有系统开发前期准备阶段工作情况。通过召开座谈会、查阅文件立项文件、设计文件等资料,了解系统开发情况,审查监控系统的立项文件、可行性研究报告等文件是否齐全,有关文件的内容和编制格式是否符合国家软件工程规范等法律法规的要求,分析系统建设的合法合规性。

② 现有系统使用、运行情况。a. 通过查阅资料、系统运行过程的测试,检查项目网络架构是否安全、内部控制制度是否健全,有无存在软硬件可能被恶意破坏、数据可能被篡改、未经授权可能被违规操作,系统和数据无备份或未及时备份在遭受破坏时无法恢复等情况,分析评价监控系统内部控制的缺陷对信息系统安全性和可靠性的威胁。b. 采集各级监控中心监测数据,通过对各级数据进行对比,检查数据是否一致,是否存在人为调整等影响数据的真实性和完整性的问题。c. 核实自动监控设施社会化运行单位是否将日常巡查、维护、仪器校准等信息,及环境监察机构是否将现场执法检查情况记入该省污染源自动监控系统。

③ 现有系统功能情况。分析软件功能结构与业务流程,比对业务需求文档和详细设计文档,检查监控系统设计开发的功能和技术指标是否符合用户需求,能否

满足用户业务特别是关键业务的复杂度要求,能否满足数据处理的及时性和正确性、能否满足控制的有效性,是否存在线监控软件不能得到及时的升级维护而被废置的情况,分析系统的效率效益性。

(3) 用比对的方式,对现有系统监控数据运用情况进行审计调查,反映现有系统在环保监管中的作用。

① 在线监控系统联网企业及在线监控系统管理情况。通过环保部门调查和在线监控系统实时信息进行对比等方式,核对该地区环保部门监管企业数、安装在线监控设备的企业数、已经与环保部门在线监控系统联网的企业数、未联网企业数以及联网企业运营维护单位情况,并查找分析未联网的原因。此外,对环保部门在线监控系统管理情况进行调查了解。

② 采集分析在线监控数据。取得在线监控系统备份数据,筛选出本地区 2008年 1 月至 2009 年 5 月环保部门监管的企业数据,以及在线监控数据反映超标、设备仪器故障、通信中断等情况的企业清单,核实监控中心是否及时将情况反馈有关部门进行查处及查处情况。

③ 在线监控数据在环境违法行为的处理处罚中的利用情况。查看并采集相同年度内环保部门处理处罚企业清册,进行关联筛选,核对了解根据超标反馈信息进行查处情况,实际处罚时依据的数据与在线监控数据是否存在差异,分析影响在线监控数据权威性和有效性的原因。

④ 在线监控数据在运营维护中的利用情况。根据在线监控数据反映设备仪器故障、通信中断等情况的企业信息,查看运营维护单位运营维护记录,核实反馈信息实际维护情况。

⑤ 在线监控数据在排污费征收管理中的利用情况。调查了解是否利用在线监控系统数据征收排污费,并通过环保部门排污费征收情况调查,采集征收排污费时依据的排污量和监测指标,再与在线监控系统中相同时间的排污量和监测指标进行比对,找出差异,对存在的差异进行分析,反映在线监控数据的可利用程度。

⑥ 在线监控数据在排污许可制度中的利用情况。查阅企业的排污许可证、环评批复等文件,了解环保部门核定的排污总量的依据和准确性,对比核定量与在线监控数据的差异。环保部门对在线监控数据反映的超总量排污企业,是否进行处理处罚,收集了解环保部门对超总量排污处理处罚情况、依据及存在的困难。

⑦ 在线监控数据在环境统计中的利用情况。取得环保部门年度环境统计数据,取得重点调查单位名单和数据,计算重点调查单位中在线监控企业的比重;筛选出所抽审企业的有关数据,与在线监控数据进行对比,反映在线监控数据两者的差异。

(4) 延伸重点监控企业和运营公司,对在线监控现场端运行维护情况进行审计调查,反映现有系统运行的可靠性。根据采集的在线监控数据反映超标、设备仪器故障、通信中断等情况的企业清单,确定抽审的重点监控企业和运营公司,该环节重点调查了解以下内容:

① 污染源现场端设备购置运行情况。通过现场查看和查阅设备购买合同、设备合格证等资料,了解现场端监控设备的购置情况,核对所购设备是否符合要求、设备联网运行状况以及自动监控仪器的定期强制检定、比对监测、企业日常监测情况。

② 在线监控企业对监控设备仪器的维护情况。了解环保部门对企业监控设备维护方面是否有明确的职责约束和响应的处理处罚措施,以及企业因设备仪器维护不到位而受到处理处罚情况。结合在线监控系统反映的设备仪器故障,以及企业监控设备维修等记录,核实设备的维修单位、维修时间、维修费用等情况,反映设备仪器故障的真实性和维修的效率,并对照分析企业是否按照要求承担了相应的责任和义务。

③ 在线监控现场端运营单位情况。通过现场走访、调阅合同文件、财务资料等方法,了解运营维护经费资金来源情况,审查运营维护单位的确定是否经招投标、有无资质且资质是否符合有关规定。

④ 在线监控设备第三方运营维护情况。了解环保部门对第三方运营单位是否有明确的职责约束和相应的处理处罚措施,以及运营单位因运营维护不到位而受到处理处罚情况。查阅运营单位对监控企业现场设备的运营维护记录,了解对企业设备的巡检、维修、对比检测、仪器强制检定等情况以及是否定期更换监测药剂、更换老化配件等,并对照分析运营单位是否按照要求承担了相应的责任和义务。

2)对新系统进行事前审计,重点关注其建设绩效

(1)对新系统前期准备阶段工作情况进行审计,分析其合法合规性和立项的准确性。

① 审查基本建设程序的合规性。重点审查项目建议书、可行性研究报告、初步设计等有关文件的编制、审批是否按规定程序进行,有无越权审批的现象,有关文件的内容和编制格式是否符合国家软件工程规范等法律法规的要求。

② 审查项目立项决策的准确性。结合现有系统审计情况,重点审查项目立项依据是否真实,是否符合实际需求,现有系统存在问题,在新系统建设中,是否采取措施予以解决,所采取的措施是否能够保障既定目标的实现。

③ 审查招投标程序的合法性。重点审查项目的设计、施工、监理、设备和材料的采购等是否按规定进行了招投标,招投标程序及其结果是否合法、有效。

(2)对新系统工程概算进行审计,分析其建设的经济性、效率性和效果性。

① 审查系统建设的技术可行性。重点审查系统硬件、软件所需要的技术是否具备,系统建设硬件配备和软件功能是否能够实现。

② 审查系统建设投资的经济性。重点审查系统建设投资硬件估算是否合理,是否存在低估或高估投资问题。a. 以国家污染源监控中心建设规范为标杆,对新系统计划建设的监控中心建设规模实施审计,分析有无超标准和重复建设问题。b. 通过对硬件市场价格的尽职调查,判断新系统采购预算的硬件价格,是否偏离市场价格,是否存在高估冒算问题。c. 将系统软件功能与现有系统功能进行对比,分析其是否能明显提高和改善其功能,分析软件投资的必要性。

③ 审查系统组织管理的保障性。环境等有关状况是否能满足系统建设及重点审查组织机构、管理方式和管理运行管理的要求,是否存在制约系统作用发挥的不利因素。

(3) 对新系统工程资金来源情况进行审计,分析资金使用的合规性和有效性。

① 审查资金来源的合规性。重点审查资金筹措计划的安排是否合理,来源是否合法,建设资金是否落实,是否按投资计划及时到位,是否能满足工程建设需要。

② 审查资金使用的合规有效性。重点审查资金的各项开支是否合规,资金到位与项目进度是否衔接,有无因资金不到位影响项目实施或资金挪用、滞留闲置等问题。

(4) 对新系统工程建设情况进行审计,分析系统建设效率。审查项目实施过程中的概算执行、设计变更、合同履行和工程结算等内容。重点审查项目是否按照投资计划要求执行。检查工程实际进度与计划进度的偏差,分析由此对工程造价和工期的影响。检查项目建设过程中有无因设计失误、监理不到位、管理控制不严等造成损失浪费、质量隐患的等问题。

(5) 对新系统工程内部控制制度执行情况进行审计,分析内控制度执行效果。

审查是否按照国家有关规定建立健全相关的管理制度,责任是否明确。了解各级项目承担单位对项目实施的管理情况,是否及时掌握计划执行、建设管理、作用发挥等情况,对实施中出现的新情况、新问题是否采取相应的补救措施。

7.2.5 审计结果和建议

1) 审计结果

(1) 现有系统监控数据利用范围有限。目前现有系统发挥了故障维修和超标报警作用,其数据已明确要求在排污许可证发放、环境统计、排污费征收和现场环境执法等环境监督管理中逐步应用,但其作用的发挥,还受到一些客观因素的限制。一是自动监控数据有效性审核制度和规范的不完善,有效性审核工作也未全面实施,这是数据应用的一个前提条件。二是一些地方计量部门于2008年年底才取得自动监控设备的强制检定资质,强制检定工作开展滞后,这是数据应用的又一前提条件。三是由于仪器本身质量问题、仪器参数不准等原因,自动监控设备的准确性不高。如部分COD自动监控设备,历次比对监测合格率在××％至××％之间。四是设备故障、通信故障、企业间歇性排放及上下级污染源在线监控系统不统一等原因,导致部分实时数据上传稳定性不够,造成了部分实时数据的不连续,影响了数据的完整性。

（2）现有系统中超标报警和设备故障信息未及时处理。一是环保部门未对部分超标报警企业进行查处。2009年1月至5月,某市监控中心所监控企业有××天次COD浓度数据超标,而未按规定向执法科室开具查处工作单。2009年1月1日至6月30日,某市监控中心所监控企业COD超标××次,期间开具工作单××份。某市本级对故障、超标报警等信息处理情况没有相关的书面记录,无法确定报警信息的查处情况。二是设备故障维修维护不及时,期间未采取人工做样方式报送数据。3市审计均发现,部分企业设备故障并未按规定在4小时内恢复正常运行,如某市2008年4月8日至2009年6月15日,企业端设备故障时间超过48小时的共有××次,其中有的企业故障天数甚至达到××天。而在设备维修无数据上传期间,一些地方并未按要求采取人工采样监测的方式报送数据,形成了在线监控盲点,造成在线监控数据的不完整。

（3）环保部门内部机构职责不明确。依照《污染源自动监控管理办法》第七条规定,应由环境监测机构负责对自动监控设备进行定期比对监测,并提出自动监控数据有效性的意见。而目前一些地方在线监控数据的有效性审核尚未全面实施,自动监控设备的比对监测由环境监察机构实施。

（4）新系统建设需求分析不实,部分建设内容重复申报。新系统可行性研究及初步设计报告中,均未提及2007年度环保部统一实施的全国国控重点污染源自动监控能力建设项目(以下简称国家项目)情况,新系统硬件、软件方面存在问题、建设需求分析不实,建设内容重复申报总投资××万元。

（5）申报时隐瞒新系统部分建设内容已完投资情况。在批复的新系统投资概算中,有××万元的投资于项目申报前就已经建设完成(包括与2007年国家项目重复申报的已完成投资××万元),其中监控中心××万元,现场端××万元。而上报省发改委审批的初步设计报告中并未如实反映上述情况,省发改委的批复项目性质为新建,建设工期为1年。

（6）新系统投资概算编制不规范,监控中心建设规模过大,导致现场端建设任务的减少。一是有××家污染源企业重复,涉及投资××万元。二是同样级别的监控中心,申报建设内容不统一,不符合建设规范要求,部分地方包括办公用品购置、机房改造装潢、机房验收、监理、运行等费用,个别地方甚至包括现场端监控用房和视频设备。三是同样级别监控中心配置的设备差异较大。四是有××个监控中心计划投资超过国家基础配置标准估算投资,合计超××万元。由于新系统各级监控中心的投资是一定投资规模进行确定的,监控中心投资过大,导致现场端计划建设任务的减少。

(7) 新系统软件开发及实施工作必要性、经济性需要重新论证。

① 放弃使用国家统一软件带来的不利影响。省环保厅放弃使用环保部统一开发的污染源在线监控系统软件,自行开发使用软件。从软件平台的统一性、后续开发及维护角度考虑,如果不用环保部软件,环保部相关要求的变化和软件后续升级,省级软件必须重新改造开发与之衔接。

② 部分软件投资任务的实施有待进一步论证。部分建设任务由于与其他项目建设任务重复、用其他资金已经实施以及继续实施的必要性等原因,××万元的建设投资需要进一步论证。

③ 招标的新开发软件任务继续实施的必要性和成本需要论证。首先,新开发一套软件不符合项目初步设计要求的对现有系统升级和再开发;其次,数据交换系统有的已经建设、有的与共享平台重复,其继续建设值得商榷;最后,新开发软件开发成本较高。如污染源信息管理系统和自动监控系统的功能,绝大多数在现有系统中都有,数据结构、系统架构等方面与现有系统也没有太大差异。现重新开发费用××万元,而当时某市环保局开发现有系统的支出为××万元。

(8) 新系统中的3个省级监控中心各自建设,难以保证建设的经济性。新系统中,除软件平台和骨干网建设外,省环保厅还要建设3个省级监控中,分别由环境监察局、省应急与事故调查中心和某环保督察中心各自负责软硬件设备购置,并自行负责相关资金的使用和管理。这种分散建设、分散采购的建设方式,不利于软硬件设备的统一,不能有效节约人力、物力和财力。

(9) 新系统部分建设任务调整,尚未办理相关审批手续。某市不再实施监控中心及××家污染源的建设任务,涉及投资××万元,某市某区调减××家重点污染源的建设任务,涉及投资××万元,尚未向省发改委办理建设内容调整的相关手续。

(10) 新系统项目建设进度缓慢,省级财政补助资金闲置。2009年8月财政厅批复下达省环保厅新系统省级某湖治理专项资金××万元,12月资金拨付省环保厅,除厅本级支付省环境信息中心项目建设费××万元外(该单位实际支出××元专家咨询费),其余资金××万至审计时一直未用。资金滞留闲置的主要原因是各地项目实施进展缓慢。至审计时,尚有××个监控中心(含省级3个)尚未开始建设。根据各地填报的统计报表反映,监控中心投资完成率××%,现场端建设任务完成率××%。

(11) 新系统建设不能确保建设目标的实现。一是实现统一软件平台的目标不太可能。二是现场端设备"最先进"的建设目标不能实现。三是现场端"全覆盖"的建设目标受到影响。四是新系统建设不能解决在线监控数据利用率低的问题。

(12) 污染源在线监控系统制度建设滞后。至审计时，某省尚未出台有关污染源在线监控系统各级监控中心运行管理和第三方运营管理等方面的管理、考核制度。已经制定并按此开展相关考核的《某省污染源自动监控工作考核办法》(讨论稿)，其相关指标究竟是对监控中心考核还是对排污企业考核没有明确，且各个指标最终考核结果没有量化计分，对考核得分也未按照优良中差进行等级划分。据了解，A、B等省早已正式出台污染源在线监控系统考核、运营维护等方面的各种制度、规范。

2) 审计建议

(1) 立足实际，提高自动监控数据的利用率。各级环保部门的当务之急，不是提高监控中心的建设水平，而应该是尽力提高污染源自动监控数据的利用率，解决数据利用中有效性审核制度规范不完善、强制检定滞后、超标报警和设备故障信息未及时处理及现场端监测仪器准确性差等问题。

(2) 加强对自动监控设备的运行维护，提高数据的准确性和完整性。进一步明确在线监控企业、运行维护单位和环保部门三者的责任，加强污染源在线监测技术和管理方面的人员培训，确保系统稳定运行，提高自动监控数据的准确性和完整性。

(3) 进一步规范管理，推进自动监控数据的应用。严格按照国家规范的要求，明确本地区环境监察、环境监测等部门在自动监控系统运行管理中职责，在确保系统运行正常、数据准确可靠的情况下，推进自动监控数据的利用，发挥自动监控数据在总量核定、环境管理和监督执法等环境保护工作中的作用。

(4) 积极按照要求整改，严格规范项目申报和建设行为。对以上审计发现的问题，省环保厅应严格按照处理意见，积极落实整改措施。今后应如实申报项目，规范建设管理，确保项目建设真实、规范。

7.2.6 审计成效

1) 审计成果

审计完成后，审计厅向省政府上报了《某省审计厅关于某湖流域污染源在线监控系统投入与绩效的综合报告》。根据这次审计实践，审计人员总结了信息系统审计的审计经验，撰写了2篇环境信息系统审计和绩效审计方法和体会的文章。这些基本方法和经验，为今后开展环境信息系统审计和绩效审计创造了有利条件。在计算机审计方面，审计人员积极探索对污染源在线监控系统数据利用情况开展审计,完成提交了 2 篇 AO 应用实例和 1 篇计算机审计方法,其中 AO 应用实例获审计署 2009 年 AO 应用实例鼓励奖。

2) 被审计单位整改情况

审计结果得到被审计单位的高度重视。在审计过程中,对审计发现系统用户口令安全性存在不足,用户口令在数据库中存储未进行显示加密、未安装防病毒软件等问题,相关被审计单位立即进行了整改。对审计厅提到关于污染源在线监控系统资金使用和项目管理上的建议,相关被审计单位已经责成有关部门统筹考虑,合理安排使用省级下达的第三方运营补贴费用,避免发生资金使用重复。同时督促有关部门加快相关项目的实施进度,按进度及时拨付相关经费,充分发挥财政资金使用效益。对审计厅提到污染源在线监控数据利用率低问题,相关被审计单位表示正积极创造条件,采取有力措施,进一步提高监控数据在排污许可证发放、环境统计、排污费征收和现场环境执法等环境监督管理中的作用。

7.2.7 经验与体会

(1) 必须制订操作性强的审计实施方案

项目审计前,审计厅到省环保厅收集了国家和某省关于污染源在线监控方面的文件资料,并对 C、D、E 等 3 地开展审前调查,制定了较为科学、详细的审计实施方案,并请有关专家对审计实施方案进行审核,提出修改意见。

在常州进行试审后,根据试审情况对审计实施方案进一步修订。修订后的实施方案,目标明确、分工合理、操作性强,对于重要环节和重要事项,制定了具体可行的操作步骤和方法,确保了审计目标的实现。

(2) 借助专家与审计人员专业化分工有效结合

环境审计具有较大的难度和专业性,不只是与财务收支有关,还涉及环境管理等多个学科,环境信息系统审计又涉及计算机系统方面的知识,与重要业务环节密切相关。本案例中,污染源在线监控系统审计,涉及环保部门的排污申报核定、排污许可证发放、环境统计、排污费征收和现场环境执法等重要业务,而上述业务的评价最终都涉及项目投资的变化和效益的发挥。首先要聘请"管用"的外部专家,解决环境等方面的技术问题,这是迈出项目成功的第一步。其次,审计人员在每一市县对该项目审计中的审计分工不变,最大限度地提高审计效率。

(3) 适当时机选择适当的审计项目

当某一类环境信息系统处于已经建设完成并运行一段时间,已有更新改造计划,但改造尚未实施,此类环境信息系统适合事前事后相结合进行审计。只有选择恰当的审计项目,才能确定所选项目的获取最大的审计成果,才有可能在目前探索阶段总结经验教训,为全面推广事前事后相结合的环境信息系统审计提供借鉴和参考作用。

(4) 开展环境绩效审计面临的困难依然较多

一是审计人员环境审计业务能力有待进一步提高。审计人员对国内外环境审计的好经验、好做法,尤其是国际环境审计的新信息知之甚少。二是审计任务重与审计力量不足的矛盾较为突出。三是适合我国国情的环境绩效审计评价体系仍是空白,导致对行政区域各级政府履行职责的评价比较困难。此外,环境绩效审计的对象千差万别,衡量审计对象经济性、效率性和效果性的标准不可能相同,甚至同一项目,有多种不同的衡量标准,得出的结论会截然不同,从而造成评价困难。

7.3 案例3 某市中医医院经营管理绩效及信息系统审计案例

7.3.1 项目概况

1) 项目基本情况

某市中医医院建院三十余年,是一所以中医为主,中西医结合集预防、医疗、教学、科研为一体的综合性、非营利性国有二级甲等中医医院,是全国农村中医工作先进市的龙头单位。医院位于市中心,常年开放床位230张,设有中医骨伤科、中西医结合肾病科等特色专科,为城乡居民提供方便、快捷、安全、高效的医疗服务。医院信息系统(HIS)为某信息系统工程有限公司于1995年开发,1996年正式启用,该系统为C/S结构,后台数据库为SQL Server 2000,运行平台为微软的Windows 2003操作系统,由门诊划价收费系统、住院管理系统、药房管理系统、护士工作站管理系统、住院医生工作站管理系统五个系统组成。

2) 审计立项理由

此次审计是初次进行绩效审计的尝试,选择项目主要基于以下原则:

(1) 重要性原则:医疗卫生是事关老百姓切身利益的重大民生问题,随着医疗改革的进一步深入,它又与国家大政方针紧密相连,群众关心、社会关注、政府重视。市中医院作为介于市人民医院和乡镇医院之间的医疗机构,更能满足社会大众的需求,是提供医疗服务的主要力量。

(2) 可行性原则:主要是被审计单位配合程度较高,会计基础较好,会计资料齐全、信息化程度较高,为大业务量医疗数据审计创造了条件,既可以通过后台最原始医疗数据的审查有效查询、验证医院经营管理绩效的问题及原因,又可以对医院信息系统进行审计。

(3) 服务性原则:审计意见和建议可以为市政府、主管部门决策提供一定的依据,促进市中医院进一步提高医疗服务质量、服务水平,加强内部成本核算和控制,完善考核激励机制,在提高经济效益的同时,不断提升社会效益。

7.3.2 审计目标、范围及重点

1) 审计目标

在对市中医院财务收支审计、信息系统审计、经营管理分析的基础上,对其经营管理的经济性、效率性、效果性进行评价,找出影响单位绩效的主要问题及原因,提出合理化的建议,以促进单位加强内部管理,堵塞漏洞,提高经济效益,切实履行社会责任。

2) 审计范围

2009年度市中医院的事业投入,经济收益及其成本核算,信息系统存在的问题及原因。

3) 审计重点

(1) 分析评价医院取得的经济效益

在与医院、卫生主管理部门沟通和查阅大量资料的前提下,审计组构建了经济效益、综合管理水平、发展能力、变现能力四大类14个经济效益指标:

① 经济效益指标,包括业务收入、药品收入占业务收入的比例;

② 综合管理水平指标,包括资产负债率、百元医疗收入消耗卫生材料、药品周转天数、病床使用率、日常公用经费占业务收入比例;

③ 发展能力指标,包括人均业务收入、人均两项积累率、百元业务收入积累率、固定资产收益率、百元固定资产医疗收入;

④ 负债比例指标,包括流动比率、速动比率。

以上指标能够对医院经营情况和管理情况进行度量,当然计算、分析以上指标时必须对医院提供的相关数据的真实性进行审计,必要时进行一些调整,以真实反映经营效益。但是以上指标的分析不仅仅是在财务层面,还必须与医院HIS系统中的医疗业务数据分析相结合,从业务层面真正找到影响医院绩效的深层次原因。

(2) 分析医院经营管理的社会效果

受目前医疗市场大环境的影响,财政补偿机制不到位,医院的人员经费、运营成本、设施投入等基本是依靠自身的积累,再加上各项费用逐年增加,客观上形成了医院"以药养医"的格局,追求经济效益,但由于医疗服务的公共性特点,关系到群众的健康和切身利益,要求医院必须注重社会效益。从定性和定量两个方面来考虑,一是定性评价,主要是走访主管部门、查阅医院提供的资料、向患者发放问卷调查表,对医院取得的荣誉、为政府承担的工作、群众满意程度等进行了解。二是定量指标分析,主要从门诊每人次收费、门诊每人次药品收费、住院每床日收费、住院每床日药品收费中项指标对比,评价医院在减轻患者医疗费用方面的工作是否到位。

(3) 分析医院的中医特色经济效益和社会效益

市中医院是中医为主,中西医结合集预防、医疗、教学、科研为一体的综合性、非营利性国有二级甲等中医医院,通过中草药的使用率、参与率、中草药收入占全部药品收入的比例对比,分析其中医特色是否明显,是否达到主管部门的指标要求。

(4) 分析内部管理存在的薄弱环节

重点检查市中医院药品管理、医疗收费、医疗基础工作、部分公用经费的支出等方面,反映其在内部管理方面存在的不足。

① 药品管理:一是抽查药品是否全部实行集中采购,主要是将入库数量与采购网统计数量相核对;二是检查药品售价是否符合国家发改委、省物价部门的定价要求,是否违规加价;三是抽查核对药品进、销、存的业务数据和实物,检查是否存在将不报销或报销比例低的药品违规换成可报销或报销比例高的药品,而造成医院药品账实不符医疗保险基金的流失;四是检查是否将不属医保范围的药品纳入医保范围进行结算,而造成医疗保险基金的流失问题。

② 医疗收费:主要是检查收费标准是否合理、是否存在多收或少收床位费等费用、是否存在擅立收费项目或合并收费、是否重复收费的情况;是否存在空挂床位而帮助患者套取医保基金的情况;抽查是否存在小病大治、开大处方、过度检查和用药的情况。

③ 卫生专用材料:主要是通过当年度卫生专用材料消耗的金额、增幅与医疗收入金额、增幅的比较,反映卫生专用材料的投入产出是否匹配,是否存在损失浪费的情况。

④ 医疗纠纷赔偿:医疗纠纷和医疗事故赔偿是体现医院医疗质量和内部管理的重要数据,既反映医生的医疗水平,同时也体现医院的服务态度、内部管理质量和医务人员的工作责任心。审计重点是将中医院当年医疗纠纷赔偿与上年及全市医疗纠纷赔偿总额相比较,并分析其形成的主要原因。

⑤ 公用支出:重点关注交通费、人均公用支出、招待费当年的增加额及增加幅度,分析费用支出与当年收入的匹配程度,并与全市费用总额相比较。

(5) 分析大型医疗设备投入产出效率

因医院大型医疗设备较多,收入一般不单独核算,此次审计重点抽查可以对比地、单独核算收入的医用直线加速器投入运营3年来的经济收益情况,对3年来治疗人数、治疗收入两项指标分析,检查投资的经济效益和社会效果是否达预期目标。

(6) 分析评价医院信息系统效率

医院信息系统是医院管理运行的平台,所有医疗费用的收取、业务的发生均由系统处理,如果信息系统及其相关模块被非法篡改,就难以保证业务数据的真实性和合法性,进而就影响财务数据的真实合法性,所以就必须对处理数据载体的安全可靠性进行审计,主要包括软件设计及系统设置存在的缺陷、系统使用和内部控制制度建立运行情况、网络和系统的安全性维护情况等。

7.3.3 审计评价标准

审计评价标准的确立,是整个绩效审计中极为关键的一环,选择和确定评价标准必须从审计项目实际出发,围绕审计目标、紧扣审计目标,力求做到全面、客观、科学、适用,既考虑项目审计的一般要求,又考虑审计项目的特殊性;既考虑通用的考核标准和水平,又考虑被审计单位专门的具体标准和规定。本次绩效审计评价依据主要有:

- 财政部颁布的《医院会计制度》;
- 财政部颁布的《医院财务制度》;
- 卫生部颁布的《医院信息系统基本功能规范》;
- 某省卫生厅颁布的《某省中医医院管理评价细则(试行)》;
- 某省物价局、卫生厅制定的《某省医疗服务价格》;
- 某市药品集中采购中心有关药品采购的文件。

7.3.4 审计程序与方法

1) 审计的主要思路

审计组经过讨论研究,确定基本的审计思路是围绕审计目标,确定审计重点内容和审计范围,围绕审计目标运用各种收集审计证据的审计方法和评价方法,在审计评价过程中坚持客观公正,从微观和宏观两个角度去分析存在的问题及原因,并着重提出有建设性的审计建议。

2) 绩效审计的主要方法

(1) 充分开展审前调查

在调查阶段,与被审计单位深入交谈,查阅有关的会计资料、业务资料,全面了解医院药品物资采购、定价、销售、管理的环节和风险控制点,门诊和住院病人治疗、检查、购药、收费的流程和控制环节,医疗服务项目及其省定收费标准,医院收费信息系统的运营和管理情况,医院财务收支的核算及管理,2008 年、2009 年各项收入、支出的规模和结构等,为确定审计目标、审计重点、审计方法提供了充分的依据。

(2) 细致实施现场审计

① 传统审计方法。绩效审计虽然是传统财务收支审计的进一步发展和延伸,但传统审计方法不可丢,仍需大量使用,审计过程中对有关的财务、业务资料审阅、计算、核对、分析性复核,特别是与有关人员座谈法、现场观察法,可以有效发现管理中存在的低效率、损失浪费、内控制度不全等问题。

② 发放调查表法。为准确对医院承担社会责任、规范收费医院创建、群众满意程度等情况进行了解,便于定性评价,减少审计实施时间,提高绩效审计的效率,审计组设计了调查表向患者发放,对医院社会效益的有关问题进行了调查了解。

③ 横向、纵向比较法。有比较才有区别,在比较中才能判断绩效的优劣。此次审计对选定的审计重点和评价指标采用了横向、纵向比较法,审计组对医院2008年、2009年的指标数据进行了纵向比较,对该市全部公立医院与中医院2008年的指标进行了纵向的比较,以表格和图的形式展示。

④ 应用计算机审计方法。采用计算机审计技术,不仅可以快速、全面地对大容量的医院 HIS 系统(信息)数据库进行检索、统计、筛选以获得完整可靠的数据资料,而且可以极大地提高审计工作效率。本次审计运用 SQL 语言对医疗数据进行处理,主要对药品加价、医疗服务收费(床位费、降温取暖费、护理费等)、药品进销存的管理、使用计算机将非医保药品纳入医保进行结算报销等进行了查询分析,并结合财务数据,找到了影响有关绩效指标的根本原因。

⑤ 绘制流程图法。在对信息系统效率审计中,审计人员绘制了业务(数据)流程图,以清晰反映业务和系统数据的运行过程,从图中初步判断出医疗业务和系统中重要数据流动线路和重要控制环节,以确定审计重点。

(3) 审计总结阶段

对现场审计取得的数据和资料,利用计算机辅助方法、分析性复核法、对比法、验证法,评价整个项目的经济性、效率性和效果性。

7.3.5 审计评价

审计结果表明,市中医院坚持以病人为中心,扎实开展医疗服务,不断加强医院财务管理、药品、材料、设备等物资的管理,并制定了内部成本核算制度和员工激励考核机制,综合管理水平得到了进一步提高;2009年医院不断加大基础设施投入、专用医疗设备购置和人才的引进培养力度,对改善医疗服务环境、改进服务流程、提高医务人员的专业素质、提升医疗服务质量、促进医院可持续发展奠定了良好的基础;医院在总量扩张、净资产积累、资本保全性和增长性等方面潜在的发展能力有了进一步增强,业务发展平稳,业务收入持续增长,2009年度实现业务收入

8 421.15万元,占全市30家公立医院总收入40 550.96万元的20.77%,处于全市医疗系统第二位,与2008年相比,该医院业务收入增加1 175.31万元,增长16.22%,每职工平均门诊人次、每职工平均住院床日、人均业务收入、人均两项积累率、百元业务收入两项积累率、固定资产收益率、百元固定资产医疗收入等指标均高于全市平均和市直同等级医院水平;医院在加强内部管理,提高经济效益的同时,注重社会效益的提升,对困难群体和特殊人群实行了费用减免政策,加强与大医院的广泛合作,邀请著名专家来院坐诊讲学,既促进了医院专科建设、培养了本院医生,又方便患者就近得到高水平治疗。审计期间对患者发放了满意度调查表,病人满意率达×%。但医院在中医特色、病人治疗平均收费水平、医疗服务项目收费、药品和医用耗材的管理、日常公用支出以及大型医疗设备的投入产出效益方面还存在着不足。

7.3.6 审计发现的主要问题及成因分析

1) 中医特色不够明显

市中医院现有中医骨伤科、中西医结合肾病科等5个特色专科,中医类别执业医师53人,为患者提供了安全、有效、方便、价廉的中医医疗服务,近年来中草药收入逐年增加,但使用率和使用量不高,中草药收入占全部药品收入的比例达不到《某省中医医院管理评价细则(试行)》规定的10%的要求,且呈下降趋势。

究其主要原因:一是患者对中医、中药的认识不够,认为中草药价格虽然低廉但治病的速度不如西药快,大多数患者选择西药治病;二是医院名老中医基本退休,现有的中青年中医执业医师的中医理论水平、临床实践经验和辨证施治的能力还不强,影响了中草药的使用量和参与率;三是中草药的经济收益不如西药高,在目前"以药养医"的大环境下,医院对中草药的使用量和参与率重视程度也不够。市中医院药品收入比例如图7-1,图7-2所示:

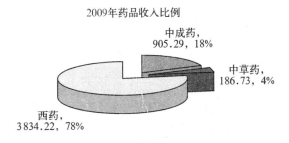

图7-1 药品收入比例

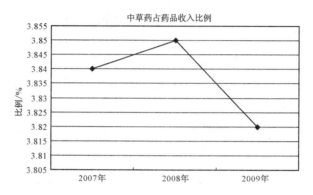

图 7-2 中草药占药品收入比例

2)药占比及病人治疗平均费用偏高

(1)药占比偏高:2009年与2008年相比,药品收入增幅为20.56%,高于医疗收入增幅9.01个百分点(图7-3)。2009年各月药占比呈上升趋势,12月份达到了61.84%,年平均药占比为58.5%,高出2008年近2.1个百分点,高于当年全市和市直同级医院水平,没有达到市卫生局规定药占比较上年有所下降的要求(图7-4)。

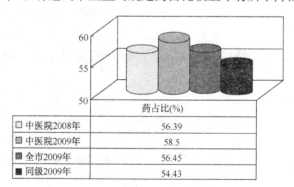

图 7-3 某医院药占比

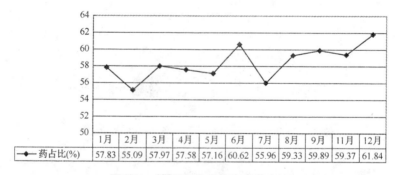

图 7-4 某医院2009年各月药占比

(2) 病人治疗的平均费用偏高：通过门诊每人次收费、门诊每人次药品收费、住院每床日收费、住院每床日药品收费四项指标的对比、分析，比较情况如图7-5所示。

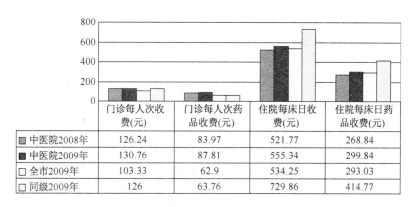

图 7-5　费用比较

比较说明市中医院就诊病人的费用偏高，医院"以药养医"的情况依然比较突出，究其主要原因：一方面受目前医疗市场大环境的影响，财政补偿机制不到位，医院的人员经费、运营成本、设施投入等基本是依靠自身的积累，再加上各项费用逐年增加，客观上形成了"以药养医"的格局；另一方面医院药占比控制不严等因素，也增加了就诊病人药品收费的水平和比例。

3）内部管理存在薄弱环节

通过审计发现，市中医院在药品管理、医疗收费、医疗基础工作等内部管理方面仍存在不足。

（1）药品库存管理不规范。市中医院对药品库存采取金额控制法，而未实行金额实物双重控制，经对2009年药品进、销、存的抽查、分析，发现存在药品互换的问题，造成了药品库存账实不符，2009年药品互换××万元，主要原因一是为了方便患者用药，有的病人因用药不适确需调药；二是人情换药。

（2）将部分不在基本医疗保险用药范围的药品纳入医保范围进行结算，2009年因此多支付医保基金近21.13万元。

（3）医疗收费不够规范。2009年多收医疗服务费23 772.3元；少收床位费、护理费6 696人次，按少收10天以下的数据统计，医院收入损失近27.28万元；同时还存在216.99万元的医疗收费未明确到明细收费项目、单个项目合并收费等现象。造成以上问题的主要原因是医护人员工作责任心不强，操作不规范，人情收费以及部分患者空挂床位等。

(4)基础工作不够规范。2009年少部分医生因工作责任心不强,将离休干部住院收费清单中已开具的药品未在病历中记录,医院在与病人结算时已列为可报销范围,但市医保中心对这部分药品未予报销,导致医院损失5.07万元。

4)部分费用支出偏高,增长较快

(1)交通费:主要是将交通费及交通费占业务收入比例两项指标与全市及市直同级医院对比,对市中医院与救护车有关三项指标进行分析,比较情况分别如图7-6所示。

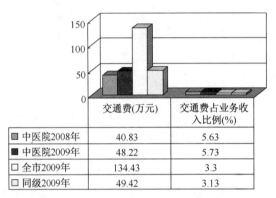

项目	2008年	2009年	增长额	增幅
1. 交通费(万元)	40.83	48.22	7.39	18.10%
2. 救护车出车(次)	1 490	1 360	−130	−8.71%
3. 救护车接回病人数	1 243	1 122	−121	−9.73%
4. 救护车收入(万元)	7.15	5.78	−1.37	−19.16%

图7-6 支出情况比较

通过以上图表分析,市中医院交通费用较高,与市直同级医院交通费基本相当(而汽车数量只有其三分之一),且交通费占业务收入的比例高于全市和市直同级医院水平近1.76倍。2009年交通费48.22万元,平均每车达9.65万元,救护车的出车次数、接回病人的数量、收入均比2008年下降,但交通费用却增加,且增幅较大,业务量与收入不成比例。每辆救护车日均出车1.24次,每接诊一名病人平均成本是212.74元,而每接诊一名病人的平均收入却只有42.5元,虽然医院救护车是非营利车辆,但总费用与收入不匹配。

(2)卫生专用材料费:分析了卫生专用材料六项构成指标及医疗收入,比较情况如表7-1所示。

表 7-7　卫生专用材料六项构成指标及医疗收入

项　目	2008年(万元)	2009年(万元)	增长额(万元)	增长比例(%)
1. 输血费	53.25	54.48	1.23	2.31
2. 氧气费	18.81	28.81	10	53.16
3. 放射材料	29.94	32.49	2.55	8.52
4. 化验材料	34.91	58.33	23.42	67.09
5. 钢板等骨科材料	277.28	363.89	86.61	31.24
6. 其他卫生材料	298.54	385.66	87.12	29.18
卫生专用材料消耗合计	712.73	923.66	210.93	29.59
医疗收入	3 037.31	3 387.97	350.66	11.55

以上分析反映,卫生专用材料消耗的增幅与医疗收入增幅差异较大,2009年度卫生专用材料消耗的增幅高于医疗收入增幅近2.5倍,通过对部分材料消耗的抽查分析,存在个别损失浪费现象。

(3) 罚没及医疗纠纷赔偿支出:2009年市中医院罚没及医疗纠纷赔偿支出比2008年增加61.14万元,达113.15万元,增加了近2倍。医疗纠纷赔偿增多的主要原因有三项:一是部分医生自身医疗技术不强导致了医疗事故;二是有的医护人员工作责任心不强,治疗护理不到位而引起医疗纠纷;三是患者的维权意识不断增强,认为治疗效果不理想就是医院责任,在一定程度上也导致了医患纠纷。

(4) 公用支出和业务招待费:比较情况如图7-7所示。

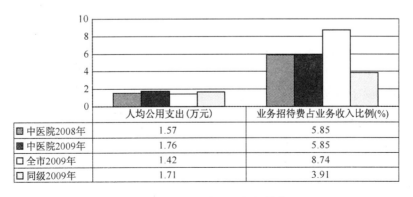

图 7-7　公用支出和业务招待费

2009年市中医院人均公用支出比2008年增长0.19万元,高于全市平均水平和全市同级医院的水平。业务招待费49.28万元,比2008年增加6.9万元,高于市同级医院的水平。

数据分析说明,市中医院以上五项费用总体水平偏高,与全市平均和市直同级医院相比、与2008年医院自身各项费用相比均有可压缩的空间。

5) 大型医疗设备的投入未达到预期效果

为方便肿瘤患者就近就医、促进医院发展,2006年市中医院总投资836.59万元的医用直线加速器建成使用,对其预期目标实现情况,主要分析了近三年治疗人数、治疗收入两项指标,比较情况如图7-8所示。

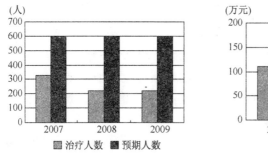
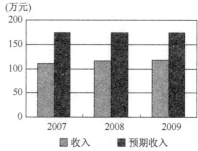

图7-8 近三年治疗人数、治疗收入

通过上述分析,3年实际治疗人数只有预期的42.78%,实际收入只有预期的65.7%,说明市中医院医用直线加速器投入的实际效果未达到预期目标,设备的使用率不高。主要原因:一是肿瘤治疗可选择手术、放疗、化疗等多种方式,患者不一定就选择放射疗法;二是有些患者认为大医院的放疗技术较强,往往会选择去A,B,C等地医院;三是设备的配置未完全到位,没有安装精确定位放疗系统,部分患者放疗的效果不佳。

6) 短期偿债能力不强

主要分析流动比率,速动比率两项指标,2009年比2008年均有下降,2009年两项指标低于全市和市直同级医院水平,说明市中医院短期变现偿债能力不强,问题的原因主要是因为以前年度医院建设的债务714.3万元还未化解,当年东区医院投入又增加借款650万元。

7) 医院信息系统控制、使用、维护存在薄弱环节

医院信息系统(HIS)由某信息系统工程有限公司研制开发,医院信息系统的使用,加强了药品购、销、存的管理,减少了门诊、住院的收费计价、统计的工作量,方便了患者对诊疗费用的查询,避免了一些纠纷,提高了医院的工作效率和服务质

量减少了医院的管理成本。但也发现系统控制、使用、维护存在一些薄弱环节。

（1）物理和环境安全存在的问题

① 医院机房没有按机房标准建设,计算机科室与机房设在同一个房间内,仅用玻璃门相隔,达不到防火、防静电、防尘标准。

② 医院机房没有严格的出入管理制度,可能存在非授权人员随意进入中心机房,修改系统设置、拷贝内容,导致机密信息外泄、机器受损或者关键设置被篡改的风险。

③ 机房的玻璃门外随意堆放易燃物品,存在安全隐患,容易因防火意识薄弱而引发火灾,造成机房毁坏的后果。

（2）数据库系统缺少内控制度:①操作日志内容不完整。该院信息系统的操作日志,其内容主要为一般性的登录和退出信息,缺少详细的操作内容记录,不便于非授权访问、恶意操作等问题的责任追查。②口令设置过于简单。该系统多数操作员设置口令为"123456",很容易被人破解,保密性极差。③数据备份采用冗余备份,没有异地备份,当发生自然灾害等不可预知的情况时,对数据进行完整性恢复的能力还不够,可能导致数据全部损毁的后果。④缺少专业维护人员和相应的文档,不利于系统维护。该系统由系统开发公司远程控制进行日常维护,若出现故障及错误则派专人来医院维护,计算机科室的工作人员只负责电脑硬件、网络的日常维护及调试。⑤未对系统的使用科室、人员的职责、权限等制定规章制度。

（3）部分重要功能模块未使用,影响信息系统整体效能发挥。如门诊医生工作站系统,门急诊挂号系统未使用,医生工作站分系统正在试用阶段,销售的卫生专用材料单独系统进行核算,未纳入收费信息管理系统中统一管理。

（4）软件功能设置存在一些不足。①床位费、护理费等以住院天数计价收费的项目,不是系统自动计价,这是导致收费出现问题的技术原因。②住院部统计报表功能不全,不能生成正确统计报表,导致每月汇总收入时手工修改报表,不符合有关规定。③住院收费系统中,病人办理入院手续时,需填写病人"入院诊断",即确定病人的病症,而通常收费人员对病人的病因确定不准确。

（5）系统使用的内控制度不完善。①医疗服务收费项目调价由计算机科室的一名工作人员依据有关文件作相应调整,系统没有设定授权和复核人员。②现场观察门诊收费,发现门诊收费人员可以直接以收费人员名义办理退费事项,而不需要通过系统授权。

7.3.7　审计建议(部分)

（1）健全内部管理制度,堵塞漏洞。加强药品出库、入库及实物的管理,确保药品库存账账、账实相符;规范病历管理,强化考核机制,做到用药记录完整、规范;

正确核算各项费用,规范费用支出票据,加强日常公用经费的管理,控制和压缩不必要的支出,合理控制债务规模,提高资金使用效率。

(2)进一步完善内部成本核算制度,加强卫生专用材料、低值易耗品和其他物资的管理,有效控制成本支出,尽量减少损失和浪费。

(3)更加科学合理论证大中型医疗设备的配备,既要为患者提供高质量的医疗和保健服务,又要兼顾医院的收益;既要考虑患者的承受能力,又要兼顾医院的运行成本。建议加大医用直线加速器功能和疗效的宣传,吸引更多的患者,进一步扩大辐射范围,以实现资源效益的最大化。

(4)进一步提高医疗服务水平,加强医疗安全管理,减少医患纠纷,建立完善的医疗纠纷调解机制、赔偿机制,为医院各项事业持续稳定发展提供有力保障。

(5)建议对沿街门面房采取社会招租的方式进行出租,以提高房租租金,增加单位经济效益。要加强房租租金的管理,按照出租合同的约定,及时、足额将房租收取到位。

(6)进一步完善医院信息管理系统的功能。一是将销售的卫生专用材料纳入到收费信息管理系统中统一管理;二是全面推行电子病历,减轻临床医生的工作压力,提高工作效率;三是实现收费管理系统与财务核算系统的无缝对接,使业务数据与财务数据能及时核对、有效控制;四是建章立制,进一步加强完善内控制度建设。

7.3.8 经验和体会

当前绩效审计还处在探索阶段,没有现成的经验可供参考,没有现成的模式可供套用。审计人员操作的难度较大,但同时又为审计人员创新审计提供了一个学习的平台。

(1)重视审前调查。与传统审计不同,绩效审计涉及的内容多,性质复杂,不经过充分的审前调查很难确定审计的方向和重点。本次审计审前调查细致、全面,摸清了医院管理、业务、资金、信息系统的整个环节和风险点,制定了切实可行的审计实施方案,审计实施得以顺利开展。

(2)重视非财务资料。传统的审计只要有财务或计算机数据就可以开展审计,绩效审计远非如此,必须同时考虑财务资料、业务资料,而且应更侧重非财务资料,不仅与财务人员打交道,更要与医院其他各个部门的人员进行交流与沟通。

(3)重视方法和内容的创新。绩效审计不是就事论事,要能够反映和提示问题背后的原因,这就涉及大量业务数据和财务数据的分析,要应用各种审计方法,特别是统计学中的一些方法。同时绩效审计的广度和深度较传统的财务收支审计有了质的飞跃,因此在审计实践中应当学会使用更多的审计方法,注重内容的创新,如将信息系统审计、医院的中医特色、大型医疗设备的投入产出作为绩效审计的一部分组成内容予以实施,成效明显。

7.4 案例 4 某市审计局关于某市政府部门信息化项目专项调查及绩效审计结果报告

市人民政府:

根据《中华人民共和国审计法》第二十七条的规定,我局派出审计组,自××××年××月××日至××月××日,对市政府各部门投资信息化项目的资金管理、项目管理和项目实施结果进行了专项审计调查和绩效审计。

主要审计了某市 A 办公室(以下简称"市 A 办")信息化发展基金的管理使用情况,调查了市 B 局、市 C 局、市 D 局、市 E 局等 17 个单位使用财政性资金实施的信息化建设项目,抽查审阅了相关会计记录、有关项目方案、招投标过程、合同和验收报告等资料。审计工作得到了市 A 办及相关项目实施单位的积极配合,现将审计调查和绩效审计结果报告如下。

7.4.1 基本情况

这次审计调查了 17 个单位,涉及 10 个信息化建设项目,项目资金总额达 1.23 亿元。除我局审计人员参加外,还聘请了我市首席信息专家对部分信息管理系统项目从技术角度进行分析评价。同时,整合审计资源,组织各处室结合部门预算执行情况审计,对各相关单位的信息化建设项目进行审计调查和绩效评价。

7.4.2 政府部门信息化建设项目取得的成效

我市信息化工作在市委市政府的重视下,市财政和各部门加大了信息化资金的投入,政务内网接入的单位包括市级党、政、群部门已超过 200 个,覆盖了全部政府部门发文单位。政务外网实现了市、区(县)、镇(街道)、村(社区)四级全覆盖。建成了一批涉及民生和重点领域的电子政务应用信息管理系统和重点信息化项目,依托政务外网,社保、民政、计生、残联等部门的信息化服务系统已延伸到社区。审计调查结果表明,我市大部分信息化建设项目按照需求和规划进行建设,对提高行政效率、降低行政成本、改善政府管理起到了积极作用。

1) 引导资金作用显著

按照信息化总体发展思路,市 A 办每年将市财政预算安排的信息化发展基金中的 50%(约 1 000 多万元)用于政府部门信息系统建设,其余用于信息产业发展和政策扶持兑现。2008年信息化发展基金中安排15万元用于汽车违法变道自动抓拍系统开发项目的开发研究经费,该系统试验成功后,市财政拨款295万元在全市各主要交通道口安装30套抓拍系统,经过6个月试运行,已累计拍摄到22.5万起违法行为。该系统的投入使用,提高了通行效率,减少了交通事故。2004年至2008年信息化发展基金中安排296.5万元用于市安全生产管理信息网络及重特大安全生产事故应急处理指挥系统等十个信息化项目的建设,实现了全市系统市、市(县)区、镇(街道)三级联网。

2) 精心调研和采购,确保有限资金发挥更大的作用

建设单位对项目需求精心调研,并精心组织采购,保证了信息化建设项目开发成功并取得成效。市安全生产管理信息网络系统项目在建设中坚持需求调研从基层做起,确保系统功能的设计更加符合工作实际,功能设计傻瓜化、模块化、可扩展化,大大减少重复开发造成的浪费。市民政综合业务信息系统项目本着"时间服从质量"的原则,对项目需求不断进行调研、分析和修改完善,系统建成后能基本满足管理的需要。

7.4.3 政府部门信息化项目绩效管理中存在的主要问题

1) 部门信息化项目各自为政,信息资源有效集成和共享困难

2008年,市政府针对信息化项目重复建设、信息资源有效集成和共享困难等问题,专门下发了《某市使用财政性资金的信息化管理办法》,办法规定"使用财政性资金的信息化项目应当坚持资源整合、共建共享、集约高效的原则"。但实际工作中,各部门在信息系统建设过程中重复建设数据库,基本信息重复采集、部门之间资源无法共享等现象依然存在。审计调查发现,有些部门各自为政,分别开发业务信息系统,相关部门基本信息不能共享,重复采集,浪费了大量人力、物力和财力。某单位信息系统项目建成后,仅使用了办公自动化OA系统和网吧事后监控两个功能,系统软件中设计的对网吧、印刷企业、电子游戏厅、文物保护单位、演出场所进行实时视频监控的模块功能无法使用。

2) 部分项目未按规定实施招投标,基础资料不够完整

审计调查发现,少数信息系统项目没有可行性研究报告,未按规定实施招标,采取邀标方式的相关程序资料不全,项目完工投入使用没有验收报告;某管理系统项目在绿地测量和古树名木GPS定位工程项目中没有实施招投标,该系统由于无法及时取得最新版的电子地图,延期了两年多仍未完成。

3) 个别项目缺乏日常维护和系统完善经费

某系统项目建成后,系统设置的实时监管系统、DLP大屏幕显示系统因为缺乏日常运行维护费用不能正常使用。同时,因经费困难,无法根据业务需要对系统

进一步开发完善,使系统不能发挥应有功能。

4) 部分信息化资金未及时使用或被挪作他用

调查发现,少数单位的信息化资金利用程度较低,且存在挪用现象。某单位在建设中未按项目计划进度实施,资金结余 514 万。占预算资金的 39%;某单位在项目方案立项时建设费 300 万元已到位,但至审计时一直未使用,造成财政资金闲置。某单位 2007—2008 年在信息化建设项目资金和系统运行维护资金中列支机关会议、招待、礼品额达 152.45 万元,占拨款总额的 60.98%。

7.4.4 影响政府信息化资金绩效的原因分析

1) 现有行政管理体制造成部门间条块分割,部门间缺乏有效沟通

现有行政管理体制,条块管理部门间信息资源共享整合会遇到困难。如省 F 厅〔2006〕××号文明确规定:"全省各级 F 机关依法登记管理的人口信息资料,不能直接对外提供数据拷贝"。其他部门涉及人口基础数据方面的资料只能单独采集。

2) 信息化管理部门难以对信息化资金进行归口管理和资源整合

各部门用于信息化建设项目的资金来源广泛,根据审计 19 个信息化建设项目的数据分析,项目资金总额 1.23 亿元,其中信息化发展基金仅占 4.26%,对于其他资金来源的项目,信息化主管部门无法有效地管理和监督,无法掌握投资规模。调查发现,部门信息化建设项目存在多头投入,类似项目间缺乏有效整合的现象。

3) 缺乏专业技术人员,导致项目效益不能正常发挥

在信息化业务系统的建设过程中,各部门应由专业技术人员来研究业务流程,提出业务流程优化建议,这样才能保障部门信息化业务系统真正发挥作用。

调查发现,在某管理系统开发过程中,因软件公司开发人员不熟悉基层业务流程,加上建设单位缺乏相应信息化专业人才,该系统建成后基层单位在使用中经常出现问题,导致项目迟迟不能完工。还有一些部门的信息化业务系统建成后,因为没有专业人员对系统进行日常维护和完善,使许多信息化业务系统流于形式,没有发挥真正的作用。

7.4.5 加强政府信息化项目绩效管理的审计建议

1) 加大信息化资源整合力度,推动各部门的业务联动

相关部门应开展对全市信息资源调查、研究和分析,对全市信息化资源进行有效整合,搭建市级信息交换(共享)平台,推行软件功能设计便捷化、模块化、可扩展化。政府各部门应积极提供与其他部门之间进行共享或交换的数据接口,逐步实

现各部门间在数据平台上实现交换(共享)。

2) 加强对信息化项目和资金的归口管理

根据全市信息化发展中长期规划,相关部门要加强分类指导,规范全市的信息化建设。严格执行《某市使用财政性资金的信息化项目管理办法》,对来源于多渠道用于信息化建设的项目资金,依项目实行归口管理。专款专用,切实提高信息化资金的使用效果。

3) 建立政务网络统一安全保障系统

加快建立政务网络统一安全的保障体系和电子签名系统,保证我市信息化建设的安全可靠,为各项业务应用集中提供安全防御、密钥管理等服务,为网络整合、数据交换和共享、业务联动扫清安全和保密方面的障碍。

4) 重视部门信息化建设的规划和人才培养

相关部门应重视信息化工作,加强对信息化建设的规划,针对信息化专业人才不足的实际状况,一方面制定培养和引进人才的专项政策,尽快培养和引进信息化专业人才;另一方面大力推进服务外包,将网络、运行、维护等业务外包给专业公司管理,改变我市各部门信息化专业人才不足的局面,促进我市信息化工作的快速发展。

××××年××月××日

7.5 案例5 某市建设工程招投标信息系统绩效审计实施方案

根据局年度审计工作计划安排,审计组负责对某市建设工程招投标信息系统绩效情况进行审计。为了规范审计工作行为,提高审计工作质量和水平,制定本方案。

7.5.1 编制依据

按照《审计机关审计项目质量控制办法(试行)》(审计署第6号令)、《审计机关专项审计调查准则》(审计署第3号令)、《计算机审计审前调查指南》(计算机审计实务公告第8号)及某市审计局年度审计工作计划安排,在审前调查的基础上,编制本方案。

7.5.2 审计目标

通过对某市建设工程招投标信息系统架构和流程的合法性和合规性、系统的安全性和可靠性、系统开发的经济性、系统运行的效率性和效益性、重点数据的真实性和完整性、业务财务数据一致性进行检查,了解该市招投标信息系统的运行状况,发现该系统在使用和管理中存在的问题,分析影响系统发挥效益的主要原因,有针对性地提出审计建议,促进被审计单位信息系统的完善,使之更好地为招投标管理服务。

合法合规性:系统在购买、使用、开发、更新、维护、转移等过程中必须符合相关法律、法规、准则、制度及标准的规定。

安全性:系统硬件和相关设施在遭受各种外力因素破坏时仍能正常运行的物理安全概率、系统软件在遭受黑客、病毒入侵时的逻辑安全以及有关数据文件的安全性。

可靠性:系统运行稳定、易于维护、恢复以及系统输入、处理和输出数据的及时、准确和完整。

经济性:系统开发、运行过程中单位资源投入和成本节约的水平及程度,资源使用的合理性。

效率性:是否用最少的系统资源投入产生最多的用户信息,主要是系统硬件处理能力、软件及数据资源优化利用程度、数据处理速度、查询响应时间。

效益性:系统的投入产出比,在财力、人力资源和系统硬件、软件资源的大量投入的情况下,系统实现组织目标的程度。

真实性:系统数据真实反映业务及管理活动的程度。

完整性:系统数据的正确生成、存储和传输,不被偶然或蓄意删除、修改、伪造、丢失的特性。

7.5.3 审计范围

审计范围主要包括某市建设工程招投标信息系统开发、运行、管理、维护、效益情况及与招投标信息系统相关的投标保证金、招标费用等重点资金收付情况。

7.5.4 重要性水平确定和审计风险的评估

1)重要性水平设置

重要性水平。根据审计确定的审计目标,重要性水平按以下原则确定:以当期保证金存款及应缴财政专户款为基数计算,投标保证金和招标综合服务费分别计算出重要性水平值,以此反映。根据审前调查情况和被审计单位的实际,结合以前年度审计情况和此次审计实施时间、人员等因素,按投标保证金和招标综合服务费总额的0.5%确定重要性水平。2009年市区投标保证金收到的金额为2.33亿元,重要性水平确定为116万元,招标综合服务费收到的金额为736.7万元,重要性水平确定为3.68万元。

2)审计风险评估及控制

审计风险评估。我们将本次审计可接受的最大审计风险确定为5%。根据以前年度对该单位实施审计的情况以及审前调查了解的情况,确定固有风险为80%。通过对内控制度的初步评价,确定控制风险为25%。依据风险模型,计算出本次审计的检查风险=审计风险/(固有风险×控制风险)=5%/(80%×25%)=25%。

为控制审计风险,结合审计实施重点,在审计中将采取以下检查控制措施的方法来降低各种审计风险,如表7-2所示:

表7-2 风险控制措施

措　　施	固有风险	控制风险	检查风险
系统是否选取性能优良的硬件设备,降低数据出错的可能性	√	√	
信息系统是否设置防火墙与Internet隔离	√	√	
重要的数据以加密的形式传输或存放	√		
信息系统处理数据的过程采取连续的日志记录	√		
系统对操作人员输入错误、系统内部运算错误、网络传输错误和数据完整性进行检测提示	√	√	
完善操作日志的设计、只有在打印存档后才允许删除	√		
系统对重要数据进行强制备份	√		
信息系统的输入数据应尽量通过其他电子数据生成,减少人员输入错误	√		
对操作人员输入的数据进行复核	√		
完善内部控制制度		√	
详细检查软件是否实现了内部控制制度		√	
详细检查软件是否存在缺陷,存在违反内部控制制度的可能性		√	
是否对信息系统操作人员进行上岗培训,减少操作错误		√	
根据内部控制制度,对系统工作人员设置的权限口令进行检查		√	
审计组成员掌握计算机信息系统技术和审计技术的水平			√
审计组成员熟悉被审计单位业务的程度			√
重点检查与系统相关的投标保证金、投标费用等资金收付情况			√
搭建适宜的审计环境			√
要求被审计单位按标准和统一的格式提供审计数据			√
要求被审计单位标准和统一外部接口			√
在开展审计前,设计一套有针对性的审计检查程序(确定审计目标、审计重点和方法)			√

7.5.5 被审计单位基本情况

1) 信息系统基本情况

某市建设工程招投标系统 4.0 是在招投标监管工作的整体规划下,依托省招投标监管系统运行平台,于 2008 年 9 月开始系统需求分析,采用与××公司合作开发升级的模式,开发合同为 19 万元。系统采用主流开发语言(Visual Studio. NET 2005 2.0 框架),以 B/S 为主部分结合 C/S 访问模式,运行环境为服务器操作系统:Windows Server 2003,数据库为 MS SQL Server 2005,应用服务器为 IIS,Net Framework,客户端浏览器使用 MS IE6.0 以上,经过半年的系统开发与上线运行和调试,2009 年 3 月 27 日系统正式投入使用。系统达到 C2 级标准安全级别。系统由市招标办业务监管子系统、市交易中心服务子系统、县(市、区)招标办业务监管子系统、县(市、区)交易中心服务子系统、内控电子监察子系统、评委库及考核子系统等 11 个子系统组成。

2) 招投标相关收费情况

(1) 2009 年市区投标保证金期初余额为 18 993 645.62 元,本期借方发生额 210 193 810.5 元,本期贷方发生额 233 259 315 元,期末余额为 42 059 150.05 元,涉及相关会计分录 5 256 笔。

(2) 2009 年市区招标综合服务费收到的金额为 7 366 682 元,涉及相关会计分录 5 256 笔。

7.5.6 审计内容、重点和方法

1) 信息系统一般控制审计(GC)

(1) 总体 IT 控制环境审计

① IT 规划和计划审计(GC-1)

a. 审计内容和重点:确认该单位是否制定了信息系统规划和计划,其规划计划是否得当;重点检查规划计划是否在实际作业活动中认真执行。

b. 审计方法:分析法、观察法。获取被审计单位信息系统规划文档,分析规划计划是否得当,能否支持管理目标,满足业务活动及信息需要;观察操作流程是否符合系统设计。

② IT 组织结构审计(GC-2)

a. 审计内容和重点:确认职责划分是否合理,不相容职责是否相分离;重点是查阅是否有设置满足控制要求的组织流程。

b. 审计方法:审阅法、观察法、矩阵测试法。审阅组织结构图、重要工作描述及流程;实地观察与组织控制相关的作业活动,确认职责划分是否合理,在实际中

不相容职责是否进行了严格分离;编制测试矩阵。

(2) 基础设施控制审计

① 机房物理环境控制审计(GC-4)

a. 审计内容和重点:确认机房建设是否符合《计算站场地安全要求》(GB 9361—1988)、《计算站场地技术条件》(GB 2887—1989)以及《电子计算机房设计规范》(GB 50174—1993)等国家标准的规定。

b. 审计方法:观察法、矩阵测试法。实地检查信息系统机房防盗措施,查看是否安装报警装置、监控系统、门禁系统,有无人员出入管理措施;查看是否配备火灾监测设备、灭火设备,有无进行灭火培训;查看机房地板、工作人员服装是否采取防静电措施;看大楼有无外部避雷系统以及内部电子设备有无加装过电保护装置;查看室内温控措施;查看机房有无配置电压调节器等电力保障措施;编制测试矩阵。

② 硬件设备采购管理控制审计(GC-5)以及系统软件采购管理控制审计(GC-6)

a. 审计内容和重点:确定被审计单位的软硬件获取规定是否合理;确认被审计单位是否按照相应的软硬件获取规定取得软硬件;确定所获取的软硬件是否满足被审计单位的需求。

b. 审计方法:检查法、观察法、测试法。检查被审计单位的软硬件获取规定,确认其是否符合软硬件选型的原则;查看获取过程中的各种文档,确认选型是否进行充分论证;审查测试所获取的软硬件是否满足被审计单位的需要,是否预留有接口,具有开放性和扩展性。

(3) 信息系统生命周期控制审计

① 系统开发控制审计(GC-7)

a. 审计内容和重点:确定各系统的开发活动是否完全遵循合同约定;确定系统开发的各个阶段是否都经过批准;确认系统文档是否准确完整,便于审计和维护活动的开展;确认系统正式运行前是否经过全面测试;确认系统开发过程是否实施了有效的质量控制。

b. 审计方法:检查法、观察法、询问法。审查合同,确认了解项目规划、交付日期及计划;审查设计方案,确认分析理由是否充分;检查系统开发文档;询问用户确认系统分析人员在开发过程中是否详细研究用户的需求;审查系统功能模块实现状况;检查系统测试报告,确认测试是否包括系统所有功能;检查系统验收工作有无进行。

② 系统变更控制审计(GC-9)

a. 审计内容和重点:确认被审计单位是否制定系统变更控制程序;确认系统变更控制程序实际执行情况。

b. 审计方法:检查法、询问法。检查确认系统变更控制程序;询问系统管理人员系统变更控制程序执行情况,查阅日志记录。

(4) 信息安全控制审计

① 逻辑访问控制审计(GC-10)

a. 审计内容和重点:确定是否制定访问控制策略;确认用户的访问管理机制;确定用户的注册程序;审查特权管理;检查用户口令管理。

b. 审计方法:检查法、观察法、询问法、测试法。检查确定是否制定访问控制策略并执行;检查是否存在未授权用户访问系统;查看正式用户的注册及注销程序;审查对特殊权限的分配及使用;检查用户口令的有效时间、口令复杂程度以及缺省密码情况。

② 网络安全控制审计(GC-11)

a. 审计内容和重点:确定网络服务策略;确定系统对外部用户的鉴别;确认网络连接控制;确认远程诊断和配置端口的保护。

b. 审计方法:检查法、观察法、询问法、矩阵测试法。检查确认用户是否仅能直接访问获得专门授权的服务;检查系统网络是否安装防火墙;检查系统是否安装防病毒软件;询问远程操作情况及端口配置控制措施;编制测试矩阵。

③ 操作系统安全控制审计(GG-12)

a. 审计内容和重点:确定被审计单位是否建立了完整的操作管理制度;确认各项操作管理制度是否有效执行。

b. 审计方法:检查法、观察法、询问法、问卷调查法、矩阵测试法。获取被审计单位操作管理制度,分析其是否健全;检查各种操作手册;检查操作日志,并就出现的事件和采取的行动询问操作人员;查看一些部门的具体操作;观察日常备份以及上传下载数据等活动;发放问卷调查系统操作性;编制测试矩阵。

④ 数据库系统安全控制审计(GC-13)

a. 审计内容和重点:确认数据库用户身份;重点查看数据库默认用户;确认用户访问数据库权限;确认数据库完整性约束。

b. 审计方法:检查法、观察法、询问法、矩阵测试法。检查数据库中已有用户的身份;检查除 SA 用户外,重点检查数据库默认用户,尤其是操作系统用户;检查系统是否采用最小授权原则,查看并建议取消 PUBLIC 角色的一些不必要权限;检查数据库完整性约束的三个过程;编制测试矩阵。

(5) 信息系统运营维护控制审计

① 系统维护控制审计(GC-15)

a. 审计内容和重点:确认是否存在未经授权擅自修改或更改系统的问题;确定维护工作是否保护了应用程序,并使数据库不受非法访问;确定应用程序是否经过全面充分地测试而没有重大错误;确定系统维护后文档资料是否及时更新。

b. 审计方法:检查法、询问法。核对应用程序的版本,如果所使用的应用程序版本和授权的版本不相符,表明存在未经授权更改应用程序;审查系统维护审批手续,查看维护作业申请资料和高层主管的授权签名;检查系统维护测试记录;抽查重要的功能,查看其使用是否符合要求;检查文档资料,确认系统维护后相关文档是否妥善保存。

② 系统灾难恢复控制审计(GC-17)

a. 审计内容和重点:确认灾难恢复计划是否适应业务的要求,实施方案是否可行有效,是否符合《信息系统灾难恢复规划》(GB/T 20988—2007)标准;确认灾难恢复的相应资源包括数据和设备是否做好了备份;评估异地存储及其安全性;确认灾难恢复计划测试结果是否达到了预定的目标。

b. 审计方法:检查法、观察法、询问法。获取灾难恢复计划与操作手册;检查所制定的灾难恢复计划是否为现实的解决方案;观察备份现场;检查关键数据文件是否依据灾难恢复计划进行备份;询问恢复人员是否熟悉恢复步骤;检查灾难恢复计划的测试文档,确认其测试结果是否达到预定目标。

2) 信息系统应用控制审计(AC)

(1) 业务流程控制审计

① 业务授权与审批控制审计(AC-1)

a. 审计内容和重点:确认处理权限控制;检查业务时序控制。

b. 审计方法:分析法、观察法、模拟身份测试法、矩阵测试法。审查在应用程序中设计的处理授权功能是否有效、合规,是否只有经过授权批准的人员才能执行处理操作;检查各个权限设置是否合理;测试在业务处理流程中,数据是否按照程序设计的顺序处理业务,有无逆顺序及未经批准授权的数据处理业务;对照管理文件观察相应的控制措施;以系统管理员的身份去内控模块查看控制流程;审查招投标最后环节,重点筛选审定施工合同是否与招标文件中标公示内容一致;审定编制测试矩阵。

② 数据输入控制审计(AC-2)

a. 审计内容和重点:检查输入操作的控制性;确认输入数据正确性;检查输入数据的完整性;查看输入错误的纠正控制。

b. 审计方法:分析法、观察法、审查法、矩阵测试法。检查输入操作之前,操作人员身份是否得到系统确认,操作人员操作权限,检测计算机程序处理的数据是否有误,查看输入的数据是否正确合理;检测输入的数据是否完整,是否存在程序漏算的情况;观察对错数据,系统是否提供了改正和重新输入的机会,是否对改错和重新输入实施了相关的控制,是否保留了修改痕迹;编制测试矩阵。

③ 数据输出控制审计(AC-2)

a. 审计内容和重点:检查输出操作权限控制性;确认输出数据正确性;确认输出数据审核控制;查看输出差错更正控制。

b. 审计方法:分析法、观察法、审查法、矩阵测试法。观察屏幕显示、打印、电子版本输出是否设立相应的权限;对照数据之间的勾稽关系;审查系统输出数据和初始的输入数据总数是否一致,各项分类合计是否正确;查看对输出的错误信息,系统是否设置了专门的更正程序,是否存在相应的控制日志,对于发现的差错的修改记录是否保证;编制测试矩阵。

(2) 数据控制审计

对主数据的审计(AC-5)

① 审计内容和重点:确认信息系统数据的完整和安全;确定各项数据控制是否有效。

② 审计方法:核对法、复算法、SQL 查询分析法、黑盒测试法。根据业务处理逻辑、数据勾稽关系和审计经验建立分析模型或"中间表",通过应用软件、SQL 查询分析器、AO 系统对数据库中的主要数据表进行查询、筛选、测试分析;将有内在联系的数据按照勾稽关系进行核对,验证是否有人违规调整;检查数据处理是否合法合规;对系统中通过计算的得到的关键数据进行复算检查;检查系统授权表;审查主要数据存取控制是否有效;观察数据库管理员对数据的管理活动。

7.5.7 绩效评价指标及方法

1) 组织评价指标

(1) 需求驱动指标

需求驱动指标反映招投标各相关主体对信息系统的需求程度,如果需求程度高,在系统建成投入运行后运用积极性就比较高,有助于发挥系统效益。

$$需求驱动指标 = \frac{调查中有明确系统需求的人数}{发放调查总人数} \times 100\%$$

发放调查表调查招投标各方对信息系统必要性的需求情况,评价信息系统的需求驱动性,系统需求性高投入运行后使用系统的驱动力就较高,系统发挥效用的可能性就会更大。

(2) 信息化重视程度

信息化重视程度反映组织对信息化的重视程度和系统规划落实情况,其是领导层对系统的重视程度。

$$信息化重视程度 = \frac{(1) + (2) + (3)}{3} \times 100\%$$

① 信息系统建设最高领导者的地位:最高领导者是主要负责人,得100分;是第二负责人,得70分;是其他领导层成员得50分,部门领导得30分。

系统管理人员职位的级别设置:

a.正式设置管理职位,得50分,否则得0分。

b.管理职位级别处于组织最高层,得50分,处于中层,得25分。

计算方法:a项得0分,则要素得总分为0,否则,将a和b的得分相加。

② 系统规划和预算的制定情况

a.单列系统规划,得50分,分散在总体规划中,得25分,无成文的系统规划,得0分。

b.单列系统预算,得50分,分散在总体预算中,得25分,无成文的系统预算,得0分。

计算方法:将a和b得分相加。

信息化重视程度越高说明在系统建设的各个组织层级目标越一致,就越能致力于建设有效的信息系统。

(3) 组织系统投资控制指标

组织系统投资控制指标反映组织在对信息系统投资方面可能的控制程度。

$$组织系统投资控制指标 = \frac{实际投资金额 - 计划投资金额}{计划投资金额}$$

组织系统投资控制指标大于零,说明组织在对信息系统投资方面可能的控制程度较弱,实际投资金额大于计划投资金额,反之说明组织在对信息系统投资方面可能的控制程度较强,体现系统建设在实现组织目标的过程中具有经济性。

2) 系统基础建设评价指标

(1) 系统建设投入金额占固定资产总额比率

系统建设投入金额占固定资产总额(根据验资报告)比率反映组织对信息系统建设的投入力度。

$$系统建设投入金额占固定资产总额比率 = \frac{系统建设投入金额}{固定资产总额}$$

系统建设投入金额包含软件、硬件、网络、通信设备的投入。

(2) 职能部门计算机拥有率

职能部门计算机拥有率反映组织对信息系统硬件建设的硬件普及程度。

$$职能部门计算机拥有率 = \frac{职能部门计算机拥有量}{职能部门人员数量}$$

计算机硬件设备是信息系统运行的基本载体,职能部门计算机拥有率的高低可以直接体现信息系统基础建设的效果。

（3）CPU 利用率

CPU 利用率标志信息系统计算机主机配备 CPU 的利用情况,它从 CPU 方面反映计算机主机的处理能力。

$$CPU\ 利用率 = \frac{CPU\ 使用}{CPU\ 配置}$$

该项指标反映计算机主机配备的合理性。使用率高表示投资节省,但同时也反映系统应用能力的弹性较弱;使用率低表示投资浪费,但同时也反映系统应用还有很强的可扩充能力。该指标的分母是计算机主机 CPU 配置处理能力,分子是一个时间周期(如一天、一周)计算机主机 CPU 实际平均使用量,计量单位同为 M 或者 G。

CPU 利用率可以细分为高峰时段 CPU 利用率和平均 CPU 利用率。

（4）网络性能指标

网络性能指标反映组织对信息系统网络建设的网络通信能力。

$$网络性能指标 = \frac{(求和)各种网络出口得分}{网络出口类型}$$

单位网络的出口带宽小于 128K(含)得 30 分,在 128K 和 512K(含)之间得 50 分,在 512K 和 2M(含)之间得 70 分,在 2M 和 10M(含)之间得 80 分,在 10M 和 100M(含)之间得 90 分,在 100M 以上得 100 分。通过调制解调器(Modem)和普通电话上网,带宽在 128K(含)以下,可以同时开辟多个连接通道,按 30 分计。

网络性能指标高说明信息系统中网络带宽大,对系统体系具有较好的保障。

（5）计算机联网率

计算机联网率反映组织内在运行信息系统时的协调应用能力。

$$计算机联网率 = \frac{职能部门计算机拥有的联网计算机数量}{部门计算机总量}$$

3）系统应用指标

（1）核心业务流程系统功能覆盖率

核心业务流程系统功能覆盖率反映信息系统功能模块覆盖单位核心业务流程的程度。

$$核心业务流程系统功能覆盖率 = \frac{系统功能模块}{业务流程种类数}$$

核心业务流程系统功能覆盖率主要反映信息系统的功能性，系统功能覆盖率高说明信息系统有效覆盖了主要业务流程。

（2）系统登录率

系统登录率反映招投标各方主体登录使用信息系统的频率。

$$系统登录率 = \frac{一定时间段内系统登录次数}{系统注册账户数}$$

系统登录率主要评价主方主体日常登录系统的频率，说明各方主体对信息系统的依赖程度，系统登录率越高说明信息系统在业务流程中更有效。

（3）系统操作技能普及率

系统操作技能普及率反映单位人力资源的信息系统操作应用能力。

$$系统操作技能普及率 = \frac{具有系统操作技能的人员数量}{单位人员数量}$$

具有系统操作技能的人员数量包括计算机专业人员和经过信息系统操作培训的业务人员及管理层人员，系统操作技能普及率说明单位人员具备有效操作系统进行业务作业的能力。

（4）系统维护费比率

系统维护费比率反映系统投入应用后发生的维护费用与系统建设投入资金的比例关系。

$$系统维护费比率 = \frac{系统维护费}{系统建设费用}$$

系统维护费比率过高说明系统在规划或设计时存在严重漏洞或缺陷，造成系统应用缺乏经济性。

4）系统安全指标

（1）系统安全投入率

系统安全投入率反映组织在信息系统安全控制方面投入的资金占全部系统建设资金的比率。

$$系统安全投入率 = \frac{系统安全控制投入金额}{全部系统建设资金}$$

系统安全控制投入金额包括安全软件、安全硬件、信息安全培训支出。

系统安全投入率是评价信息系统安全有效运行的指标。

(2) 安全措施应用率

安全措施应用率反映信息系统安全控制是否全面系统,各项措施的使用能否有效保障系统安全运行。

$$安全措施应用率 = \frac{已采用的安全控制措施}{通常采取的安全措施}$$

通常采取的安全措施包括系统安全制度、本地实时备份、本地定时备份、异地实时备份、异地定时备份、安装防火墙、安装企业级杀毒软件、杀毒软件按时升级、全面安装单机版杀毒软件、单机版杀毒软件按时升级、安装邮件加密系统、档案服务器设备备份、网络服务器设备备份、防火墙设备备份。

5) 系统综合效益指标

(1) 招投标项目覆盖率

招投标项目覆盖率反映市本级范围内一定时期,发改部门审批的需招标或备案的项目在信息系统体现的项目覆盖程度。

$$招投标项目覆盖率 = \frac{一定时期发改部门批准或备案的项目数(建设项目)}{信息系统中记录的项目数}$$

招投标项目覆盖率指标主要比较需要招投标或需要备案的项目数量和纳入招投标信息系统规范管理的项口数量,反映信息系统的业务覆盖程度。

(2) 招投标资金覆盖率

招投标资金覆盖率反映市本级范围内一定时期,发改部门审批的需招标或备案的招投标项目资金在信息系统体现招标或备案金额的覆盖程度。

$$招投标资金覆盖率 = \frac{一定时期发改部门批准或备案的项目金额}{信息系统中记录的招投标金额}$$

招投标资金覆盖率指标主要比较需要招投标或需要备案的项目金额和纳入招投标信息系统进行招标或备案的项目所涉及金额,反映信息系统的业务金额覆盖程度。

(3) 服务流程效率

服务流程效率反映在招投标过程中的需要相关人员到场办理各种事项的次数在信息系统运行后增加变动情况。

$$服务流程效率 = \frac{系统运行前需现场办理的事项 - 系统运行后需现场办理的事项}{系统运行前需现场办理的事项}$$

服务流程效率指标是正数则反映信息系统运行后效率提高节约了招投标人的时间和费用。

(4) 服务对象满意度

服务对象满意度反映招投标信息系统运行过程中相关服务对象对系统的满意程度。

$$服务对象满意度 = \frac{汇总调查满意度}{调查人数}$$

发放调查表,调查相关单位在招投标过程中对招投标信息系统满意程度,评价系统的服务效益。

(5) 招投标系统投放前后业务流量上升率

招投标系统投放前后业务流量上升率反映信息系统运行后,年处理的业务流量及总金额对比前一年是否有较大幅度的调整。

$$招投标系统投放前后业务流量上升率 = \frac{系统运行当年进场交易项目数 - 系统运行前一年进场交易项目数}{系统运行前一年进场交易项目数}$$

$$招投标系统投放前后业务金额上升率 = \frac{系统运行当年进场交易项目合同总金额 - 系统运行前一年进场交易项目合同总金额}{系统运行前一年进场交易项目合同总金额}$$

两个业务上升率数值越大,表明系统的运行提高了工作效率和业务量。

(6) 系统运行后业务人员人平均处理业务金额

系统运行后业务人员人平均处理业务金额反映系统运行后,业务人员人平均处理进场交易的项目合同金额。

$$系统运行后业务人员人平均处理业务金额 = \frac{系统运行后进场交易项目合同总金额}{业务人员总数}$$

系统运行后业务人员人平均处理业务金额越大,反映系统运行有助于业务人员提高工作效率,以此数值与其他省辖市进行对比,可以反映该系统在同等工作强度下,是否节约人力。

(7) 投诉增长率

投诉增长率反映系统运行前后,招投标相关主体对业务过程及监管行为的不满程度的变化。

$$投诉增长率 = \frac{系统运行当年投诉量 - 系统运行前一年投诉量}{系统运行前一年投诉量}$$

如投诉增长率为正数,说明信息系统中仍存在可控环节,监管不够严密,或者操作不够便易。

(8) 相关主体工作量效率

相关主体工作量效率是指招投标相关主体在系统运行前后,工作量的变化程度。

$$监管人员工作量效率 = \frac{系统运行后工作环节 - 系统运行前工作环节}{系统运行前工作环节}$$

$$招投标工作量效率 = \frac{系统运行后到场次数 - 系统运行前到场次数}{系统运行前到场次数}$$

如两种工作量效率为负数,说明系统运行有效,减少了工作环节,提高了工作效率,节约了时间,提供了方便。

6) 系统总体指标

系统总体指标是在上述五大类基本指标评价的基础上分配权重总体计算,评价信息系统。

$$系统总体指标 = 汇总(大类指标 \times 大类指标权重)$$
$$大类指标 = 汇总(单项指标 \times 单项指标权重)$$

大类指标权重:组织评价指标(15%);系统基础建设评价指标(20%);系统应用指标(20%);系统安全指标(15%);系统综合效益指标(30%)。

单项指标权重:组织评价指标大类中需求驱动指标(35%)、信息化重视程度(20%)、组织系统投资控制指标(5%);系统基础建设评价指标中系统建设投入金额占固定资产总额比率(25%)、职能部门计算机拥有率(20%)、CPU利用率(10%)、网络性能指标(20%)、计算机联网率(15%);系统应用指标中核心业务流程系统功能覆盖率(40%)、系统登录率(10%)、系统操作技能普及率(20%)、系统维护费比率(30%);系统安全指标中系统安全投入率(50%)、安全措施应用率(50%);系统综合效益指标中招投标项目覆盖率(10%)、招投标资金覆盖率(10%)、服务流程效率(15%)、服务对象满意度(15%)、招投标系统投放前后业务量上升率(15%)、系统运行后业务人员人平均处理业务金额(10%)、投诉增长率(10%)、相关主体工作量效率(15%)。

7.5.8 审计调查实施步骤与时间安排

1) 审计准备阶段

××××年××月××日,审计组编制调查计划,进行审前调查,撰写审前调查报告,编制审计实施方案,制发《审计通知书》。

2) 审计实施阶段

××××年××月××日至××××年××月××日,对某市建设工程招投标信息系统进行现场审计。

3）审计报告阶段

××××年××月××日前,编写绩效审计报告并征求有关部门和单位的意见。

7.6 案例6 某公司信息系统审计项目报告

7.6.1 项目摘要

根据《审计署办公厅关于印发审计署2010年中央企业领导人员任期经济责任及财务收支审计工作方案的通知》（审办企发〔2010〕55号）的要求,审计署派出由某两地特派办组成的信息系统审计组,于2010年5月10日至7月30日,对某总公司（以下简称某公司）信息系统应用情况进行了审计。

由于该公司在用的信息系统较多,本次审计关注的重点是与资产负债损益相关的信息系统,因此将审计范围确定为某公司在用的SAP-ERP系统（以下简称ERP系统）及部分与其有数据共享、传递关系的系统,审计期间为2006年1月至2010年4月。

本次信息系统审计项目主要探索IT绩效审计,重点关注某公司ERP系统的使用效果。从用户使用状况、核心业务流程应用状况、与其他管理系统的集成或共享程度、关键应用控制的实现程度等多个角度开展审计,发现某公司ERP系统使用效果欠佳,建议被审计单位高度重视,并在下一步工作中予以完善。

7.6.2 被审计单位信息系统基本情况

1）某公司信息系统建设总体情况

截至审计时,某公司在用和在建的信息系统涵盖了从生产到管理的各个层面。生产应用信息系统方面,所属各单位共建成主要生产应用信息系统160余个;管理应用系统方面,除ERP系统外,目前还有办公系统NOTES、全面预算管理系统、装备管理综合信息平台、采办业务管理系统等12个集团级管理信息系统在投入使用或正在建设。某公司部分信息系统及建设情况的主体框架如图7-9所示：

第7章 信息系统绩效评价与审计案例

A 上游业务	B 下游业务	C 专业技术服务/综合服务	D 金融贸易	E 管理信息系统	F 基础设施	G 组织标准
A1.地球科学系统	B1.先进计划系统	C1.工程项目管理	D1.核心银行	E1.商业智能/数据仓库	F1.企业信息门户	G1.IT管控改进
A2.E&P数据管理	B2.生产运行管理系统	C2.海事综合信息系统	D2.估值系统	E2.风险管理系统	F2.灾难恢复中心	G2.安全政策与标准
A3.勘探开发生产管理系统	B3.实验室信息管理系统	C3.专家系统	D3.金融资产管理系统	E3.ERP	F3.网络基础架构改进	G3.信息技术标准
A4.钻井系统	B4.一、二次配送系统	C4.EPSO综合管理平台	D4.信托业务管理系统	E4.全面预算管理	F4.企业集成平台(SOA)	G4.数据标准
A5.业务运作风险管理	B5.仓储管理系统	C5.资产设备管理系统	D5.金融风险管理系统	E5.客户关系管理	F5.IT系统管理	G5.数据标准平台
A6.原油分配与结算	B6.智能工厂	C6.物流信息系统	D6.客户管理中心	E6.供应链管理	F6.海上通信能力提升	
A7.生产运营中心		C7.社会服务系统		E7.供应商关系管理	F7.应急指挥中心	
					F8.三维可视中心	
主要由各二级单位承建项目				总公司统一规划整体建设项目		

图 7-9 某公司信息系统框架

由总公司统一开发建设并在全集团范围推广应用的信息系统如表 7-3 所示:

2) 某公司 ERP 系统情况

某公司的 ERP 系统由埃森哲公司统一部署实施,主要实现企业在生产经营过程中对人、财、物等资源的统一管理。该系统自 2004 年末启动建设,2005 年其下属单位开始陆续上线,截止到 2009 年底,已经累计完成总部和 10 家所属二级单位,285 家三级以下单位的 ERP 系统上线,ERP 系统在全集团覆盖率达到 86%,该系统包括人力资源模块(HR)、财务管理会计模块(FI/CO)、物料管理模块(MM)、销售分销模块(SD)、生产计划模块(PP)、工厂维护模块(PM)、项目管理模块(PS)等,初步建成集团范围的经营管理平台。该系统采用"三纵四横"的管理模式,如图 7-10 所示。

"三纵":对于贯穿某公司总公司和各二级公司的核心业务,即人力资源管理、财务资金管理和物料管理,集中开发集团管理层面的 SAP 全球通用模板,并定义针对二、三、四级公司子模板变异的刚性要求,保障集团总公司的管理模式得以贯穿各二级公司,实现集团价值最大化。

"四横":行业管理层面,主要包括销售、生产、维修和项目管理方面的业务,根据各二级、三级和四级公司的业务特色,在全球通用模板的基础上,先形成相应的推广模板,然后按集团的业务板块分类,形成行业解决方案。

表 7-3 主要信息系统

序号	类别	系统名称	应用范围	系统状况	上线时间(年)	主要用途
1	管理系统	NOTES	全集团	在用	2000	集团及各单位日常办公
2	业务/财务	SAP	全集团	在用	2006	集团及各单位人、财、物管理,生产经营管理
3	财务/管理	全面预算管理	全集团	在用	2007	集团及各单位预算编制及管理
4	业务系统	大型装备管理综合信息平台	全集团	部分在用	2008	集团及各单位大型装备管理
5	业务系统	节能减排管理	全集团	在建		集团及各单位节能减排管理
6	业务系统	金融信息平台	全集团	在用	2008	集团及各单位资金状况管理
7	业务系统	采办业务管理	全集团	在建		集团采办业务管理
8	业务系统	"四合一"展示中心	全集团	在用	2008	应急指挥、三维、视频信息展示
9	管理/业务	审计管理	全集团	在用	2007	审计计划、执行管理、成果汇总、档案管理
10	管理/业务	风险管理	全集团	在用	2009	风险及内控管理工作平台
11	管理系统	网络视频会议系统	全集团	在用	2009	视频(广播)会议
12	硬件系统	灾难恢复中心	全集团	在用	2007	集团集中部署的系统、数据备份,灾难恢复

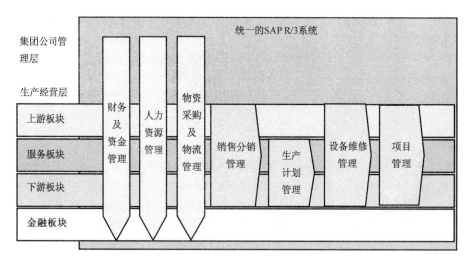

图 7-10 SAP R/3 模块图

3）某公司 ERP 系统的特点

（1）数据大集中。ERP 管理系统在整个某公司系统覆盖面最广、数据集中度最高，上线单位均启用其中的财务管理模块，各下属公司根据经营特点不同程度地启用采办、销售、生产、项目、设备及质量管理模块，上线的所有单位数据均统一存储在总公司服务器中。这种方式有利于对数据进行集中分析。

（2）不同业务板块的流程应用方式差异较大。某公司下属公司经营业务主要为四类板块：上游板块，负责油气开采；专业板块，负责钻井平台的建造及油田服务；下游板块，负责油气产品的加工和利用；金融板块，包括财务公司、信托公司、保险公司等。不同业务板块所启用的模块内容、业务流程配置和管理方式差异很大，使某些审计思路很难适用于所有业务板块。

（3）业务流程设计极为复杂。某公司的 ERP 系统各模块之间关联度极高，相互触发、高度集成，往往一笔业务行为会引起多个模块数据发生变化，使后台数据表呈现出复杂的逻辑关系。

7.6.3 被审计单位信息系统控制情况

1）系统安全管理

为保证系统安全，某公司在 2002 年部署互联网防火墙、客户端防病毒；2003—2006 年，各主要片区部署防火墙、主机防病毒系统、Windows 打补丁系统、入侵检测、漏洞扫描等安全设备、移动访问 VPN；2007 年，通过 ISO 27001 认证，建立日志审计系统，启动总公司同城灾备建设；2008 年，加强合规性建设，持续关注等级保护等相关法律法规政策，总公司同城灾备投入运营、ISO 27001 体系认证维持，推广日志审计系统。其系统安全管理主要包括：

（1）物理环境安全。公司建立了符合国际标准的机房系统，办公场所采用标准化的布线结构，部署机房环境监控系统。

（2）网络安全。总公司互联网采用的安全防护体系防火墙，包括 QoS、入侵检测、流量负载、DDOS 等；广域网安全措施包括 VPN 线路、QoS 等。

（3）主机安全。实现了用户终端的标准化，统一微软产品补丁系统；建立了终端统一防病毒系统；为业务系统服务器提供安全加固服务，提供服务器自身的安全防护能力；建立了移动办公平台，为移动办公提供安全防护。

（4）系统安全。VPN 移动访问已经使用 CA 证书认证 4 年；ERP XI 项目组 Demo 环境中完成了从 Client 通过 Https 访问 XI Plain http Adapter 的传输层加密传输试验；AD、企业门户、无线网络接入认证已经通过技术测试。

（5）灾难备份及恢复。建立了燕郊信息系统灾难恢复中心，主要应用系统及灾备技术包括 6 个应用级系统及 5 个数据级系统。

2) IT 风险管理

某公司已经在总公司和主要地区部分实施 IT 风险管理,其实施方式是通过 ISO 20000 IT 服务管理体系和 ISO 27001 信息安全管理体系予以实现,目前正在进行信息化内控管理建设。

3) 用户权限管理

某公司系统采用三层架构,在不同的层面上考虑授权管理标准:第一,表示层,限制用户对不同服务器、不同集团(CLIENT)的登录;第二,应用层,限制对集团(CLIENT)的属性修改,为用户 ID、用户组、角色、授权参数文件(AUTHORIZATION PROFILE)以及 RICEF(报表、接口、数据转换、增强、表单)的授权管理设立标准;第三,数据库和操作系统层,限制相关用户的权限。某公司建立了 ERP 权限字典,即以规范权限设计方案和变更需求为目标,明确定义了 T-code 使用范围和基本权限控制点,是一套可量化、全面的权限控制标准。

4) ERP 系统配置及变更管理

主要是通过 SAP 系统配置管理工作说明书和系统变更管理规范进行定义和说明。配置变更流程如图 7-11 所示。

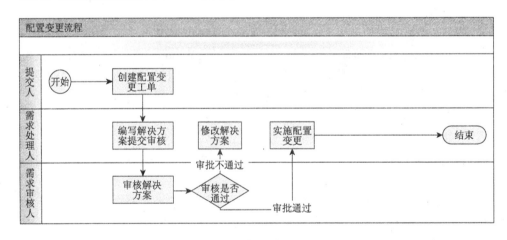

图 7-11 变更管理流程

以上这两部分工作均在 NOTES 中的 PMD 平台进行记录和跟踪。

5) ERP 系统与周边应用系统的集成管理

ERP 系统主要与五个系统进行集成,如图 7-12 所示。

其中,ERP 系统向采办业务管理系统提供物料主数据、物料组主数据、物料分类主数据、汇率主数据和采购申请单据,采办业务管理信息系统向 ERP 系统提供合同单据;ERP 系统向装备管理综合信息平台提供主数据和设备数据;ERP 系统

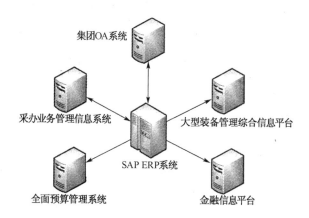

图 7-12　ERP 系统集成示意图

为全面预算管理系统提供获利分析(COPA)、工作分解结构(WBS)、成本中心和总账数据;ERP 系统为金融信息平台提供存款数据。

6) 具体应用控制

对于每一个 ERP 系统上线单位,均以业务蓝图的方式对其业务流程、管理要求、控制方式进行说明,并据此实施。

7.6.4　信息系统审计总体目标

本次信息系统审计,通过全面了解某公司 ERP 系统的结构和功能,对该系统的经济性、可靠性和安全性进行审计评价,发现并揭示其在设计、运行、管理和维护中存在的突出问题与潜在风险,对 ERP 运行的效果进行总体评价,并针对该系统存在的风险隐患和功能缺失提出相应改进建议,有效促进某公司的信息化建设。

7.6.5　审计重点内容

1) 信息系统安全方面

重点关注 ERP 中信息资源是否安全,分析现行管理方式中存在的问题和对信息系统安全造成的影响。主要查看角色设置和权限分配文件,明确是否有同一人担任不相容职务并带来安全风险的情况;明确是否存在人员变动后系统身份和口令未改动,并带来的安全风险的情况;分析系统结构,明确是否存在敏感信息被泄露的安全风险;明确互联网服务器上是否存有敏感数据;查看灾备计划的设计及执行情况。

2) 信息系统资源运用方面

重点关注 ERP 系统中的资源是否得到了充分运用,特别是在提升二级公司管理水平及运营效率、为决策层提供准确及时的信息支持方面是否发挥了应有的作用。由于ERP的用户是根据业务流程需求按岗位创建，可根据用户使用情况判断信息资源的运用程度；各二级公司启用的模块和业务流程虽有较大差异，但"三横"，即人、财、物管理涉及的核心业务流程应普遍推广应用，可通过设定相关指标分析核心业务流程的覆盖率。

3）业务流程控制方面

在详细了解ERP系统各个模块功能和设计思路的基础上，审查相关数据，主要是从业务流程设计的关键环节入手，检查数据是否符合流程设计的逻辑要求，从而对某公司内控制度执行情况做出评价，并分析异常数据的产生原因和对业务的影响。

4）数据接口方面

一方面，分析ERP系统与其他周边系统集成过程中，有无功能设计缺陷，导致数据不一致或人为修改数据的情况；另一方面，分析ERP系统与其他系统的数据是否高度共享，实现了信息资源的充分有效利用。

5）数据管理方面

某公司的ERP系统采用数据大集中的方式进行管理，应重点分析在数据集中的模式下，在总公司层面进行统一维护的数据是否得到了有效管理，保证了全系统基础数据的一致性。

7.6.6 审计过程和测试方法

了解ERP系统相关管理原则和程序的制定、更新及落实情况，评估其完善程度和有效性，制定调查表和问卷，与相关人员面谈，识别关键控制环节和控制环境，检查内部控制措施的完整性和有效性。根据符合性测试的结果，确定实质性测试的性质、范围和程度，从信息系统的业务处理出发，对业务处理模块进行应用控制测试，以获得这些控制在审计期间是否真实存在并合法有效的证据，对系统控制是否达到预期目标得出结论。审计方法包括面谈询问法、调查问卷法、实地观察法、文档查阅法、文字描述法、表格描述法、测试数据法、穿行测试等。

7.6.7 初步审计成果

本次某公司信息系统审计发现其ERP系统管理中存在一些突出问题：一是用户大量闲置或很少使用、核心业务流程使用率不高，导致ERP的信息资源未得到充分有效的使用。二是部分关键应用控制未实现，如ERP中的综合报表系统设置手工调整功能，使得部分下属单位在生成年度会计报表过程中"调表不调账"，影响了会计信息质量；"一次性供应商"使用的控制不到位，部分单位将只能用于询价的

"一次性供应商"用来完成实际采购业务;合同、订单、收(发)货单一致性的控制不到位,部分下属单位超合同、订单数量收发货;部分产品销售单价的校验控制未实现,下属单位通过异常单价的操作掩盖其真实交易行为。三是与其他管理系统的集成或共享程度低,甚至存在数据不一致。四是数据质量存在缺陷,不能完全满足统一数据平台的设计目标。具体情况如下:

1) 用户大量闲置或很少使用

据统计,至审计时某公司系统已创建 SAP 用户约 5 260 个,其中从未登录系统的用户 333 个,约占 6%;超过 60 天未登录系统的用户 1 186 个,约占 22%。ERP 的用户创建是根据业务流程需求按岗位设定,用户闲置说明 ERP 系统的资源没有得到全面、充分利用。此外,某公司需向 SAP 公司购买用户使用许可证,每个约××万元不等,并每年按购买价的 17% 支付服务费。截至 2009 年末,某公司系统已支付用户许可证费用及服务费用×万元。用户大量闲置一定程度上形成了损失浪费。

2) 核心业务流程使用率不高

ERP 系统最大优势在于把企业的物流、资金流、信息流集成起来进行管理。审计发现,对于 ERP 系统核心的采购管理流程,下属企业的使用率不高。据统计,2009 年度,某公司下属上线单位中仅有 62 家部署了采购管理模块,占上线单位的 21%,而在部署了采购管理模块的企业中,××责任公司等 5 家单位根本未使用;在线结算率在 60% 以下的企业有 16 家,在线结算率最低的仅为 5.1%。××公司作为该公司集团中资产占比近 1/3 的主体公司,也仅有 53% 的采购业务通过此核心流程进行处理。

3) 部分关键应用控制未实现

(1) 报表系统的控制存在缺陷。

××系统是某公司 ERP 中的综合报表系统,但 BCS 系统中设有"01"记账等级——调整已报告财政数据,允许操作人员在此系统中直接调整报表的科目余额或发生额,而不需对原始账务数据进行调整。审计发现,某公司所属部分单位通过此功能直接调整报表而不进行相关账务处理。

(2) "一次性供应商"使用的控制不到位。

某公司内部管理规定,"一次性供应商"是未获资质认定的供应商,仅能用于询价而不能用于实际采购业务,但 ERP 系统相关控制不到位,部分下属公司使用"一次性供应商"来完成采购业务,经抽查,在物料管理模块(MM)中共有××笔采购订单的供应商为"一次性供应商"。

(3) 合同、订单、收(发)货单一致性的控制不到位

经对某公司 ERP 系统分析发现,系统中(不含有限公司)共有××条销售合同

项目,最终执行的发货数量超出合同约定数量的10%,有限公司ERP系统中共有××笔原油销售业务,最终执行的发货数量超出合同和订单约定数量单笔均在10 000(桶)以上;共有××笔收货量超过订单数量的5%以上。

4)与其他管理系统的集成或共享程度低,存在数据不一致情况

审计重点抽查了某公司总部统一使用的全面预算管理系统、装备管理信息系统、海洋石油工程股份有限公司(以下简称海油工程)使用的经营管理系统,有限公司使用的开发生产系统,检查其与ERP系统的集成情况及数据一致性:

(1)某公司总部从2007年起投资1 711万元在全系统统一部署全面预算管理系统,要求定期从ERP中获取获利分析、工作分解结构、成本中心和总账数据,截至审计时,共有20家二级单位上线该系统,其中仅有某公司服务股份有限公司、某公司能源发展有限公司两家二级单位实现了运用接口从SAP中获取数据的功能,而且获取数据频率极低。

(2)某公司总部从2006年起投资641万元建设装备管理信息平台,现已完成项目二期,该系统要求设备管理模块的数据从ERP系统PM模块导入,但实际上仅于2009年9月从ERP系统导入过一次数据。

(3)某子工程通过经营管理系统向ERP系统的项目管理模块导入工时数据,分析2009年度数据发现,存在数据差异、数据错误、数据导入不全等情况,导致项目成本核算不准确。

① 经营管理系统工时与ERP系统工时数据存在差异。2009年度,两个系统可进行比对的人工工时总记录数为76 534条,工时差异绝对值在100小时及100小时以上的有1 324条,占比1.73%;

② 经营管理系统中部分工时数据未上报ERP系统。2009年度,经营管理系统中有3 120条人工工时记录,合计201 910小时未上传至ERP系统。

③ 经营管理系统中部分工时数据存在明显错误,导致上传ERP系统的工时数据不准确。经营管理系统中,有1 568条人工工时记录、57条船舶工时记录、4条设备工时记录,在同一工作日总计工时超过了24小时。部分错误的工时记录上传至ERP系统,造成重复工时数据,多计工时。

(4)有限公司使用的开发生产信息系统与ERP系统数据不共享,造成数据差异。

5)数据质量存在缺陷

(1)主数据关键字段缺少输入控制或控制无效。

(2)客户主数据与供应商主数据相关信息不一致。

(3)某公司总部与有限公司主数据不一致。

根据上述发现,审计组上报了简报《某公司ERP系统使用效果欠佳的问题应

引起重视》,建议国资委应加大对大型国有企业 ERP 项目实施效果的关注程度,采取有效手段进行评估和考核,以督促企业真正通过 ERP 系统应用实现管理的现代化、科学化,切实提升管理水平。

7.6.8 其他重要审计事项

在开展某公司信息系统审计过程中,审计组除了围绕 ERP 系统进行分析和评价外,还发现某公司使用存在重大缺陷的国外工程设计软件,造成经济损失 4 亿多元的问题。

7.6.9 本项目的局限性

(1) 审计范围有限,未能体现各业务板块的业务控制特点。此次对某公司的 ERP 系统开展审计,从业务角度而言,仅对其财务模块、资产模块、项目模块的部分内容进行了审计,大量的业务内部控制环节尚未涉及,仅重点检查了总公司、有限公司和海油工程,覆盖面较小。此外,虽然某公司的 ERP 系统采用了数据集中的方式,但实际上由于所属业务板块不同,各下属公司的业务流程设计和控制方式都有很大差异,具体内容体现在各自的需求报告和业务蓝图中。受审计时间、人员力量的限制,无法对下属公司的系统控制要求进行深入了解,只能就一些集团层面且具普遍性的管理原则进行分析和评价。这一问题将在以后的 ERP 审计中长期存在,审计工作应积极探讨如何在 ERP 环境中开展信息系统审计,特别是对分支机构多、业务多元化的大型中央企业。

(2) 对一般控制涉及不多,审计主要以应用控制为主,关注 ERP 使用效果。在此项目中,受时间和人力限制,对一般控制主要采用座谈和现场察看的方式,涉及的内容相对较少,未发现突出问题。

(3) 信息系统审计发现的一些控制缺陷,未能进一步核实原因。在审计中,发现了如会计报表系统可人工修改、"合同、订单、收(发)货单"不一致、"一次性供应商"控制不严、单价校验不严格等问题,但仅对会计报表、单价校验的问题进行了进一步延伸和核实,其他的问题仅能从现象上列示,未能深入查找原因。

参 考 文 献

[1] Agarwal R, Prasad J. Are Individual Differences Germane to the Acceptance of New Information Technologies? [J]. Decision Sciences, 1999, 30(2): 361-391.

[2] Ahmed R. Software Maintenance Outsourcing: Issues and Strategies[J]. Computers and Electrical Engineering, 2006, 32(6):449-453.

[3] Alina M Chircu, Rober J Kuffman. The timing and intensity of investment [J]. Journal of macroeconomics, 1999(1): 57-77.

[4] Andrew C Boynton, Robert W Zmud, Gerry C Jacobs. The Influence of IT Management Practice on IT Use in Large Organizations[J]. MIS Quarterly, 1994, 18(3):299.

[5] Balasubramanian P, Kulatilaka N, Storck J. Managing Information Technology Investments Using a Real-Options Approach[J]. Journal of Strategic Information Systems, 2000, 9(1):39-62.

[6] Barua A, Kriebel C, Mukhopadhyay T. Information Technologies and Business Value: An Analytic and Empirical Investigation[J]. Information Systems Research, 1995, 6(1):3-23.

[7] Bates Walter. Aligning Information Systems with Business Strategy[J]. Journal of Strategic Information Systems, 1992, 1(4):205-213.

[8] Bender D H. Financial Impact of Information Processing[J]. MIS, 1986, 3(2):22-32.

[9] Bhattacherjee A. Understanding Information Systems Continuance: An Expectation-Confirmation Model[J]. MIS Quarterly, 2001, 25(3):351-370.

[10] Bhola H S. Evaluating "Literacy for Development" Projects, Programs and Campaigns Evaluation planning, Design and Imple mentation, and utilization of Evaluation Results[M]. Hamburg, Germany: Unesco Institute for Education, 1990.

[11] Blau P M. Exchange and Power in Social Life[M]. New York: Transaction

Publishers, 1964.

[12] Boudreau M C. Learning to Use ERP Technology: a Causal Model[C]. System Sciences, 2003. Proceedings of the 36th Annual Hawaii International Conference on IEEE, 2003: 10-18.

[13] Briand L, Basili V R, Kim Y M, et al. A change Analysis Process to Characterize Software Maintenance Project[C]. Software Maintenance, 1994. Proceedings, International Conference on IEEE, 1994: 38-49.

[14] Brynjolfsson E, Hitt L. Is Information Systems Spending Productive? New Evidence and New Results[M]. Cambridge: MIT Sloan School of Management, 1993.

[15] Brynjolfsson E, Hitt L. Information Technology as a Factor of Production: The Role of Differences Among Firms[J]. Economics of Innovation and New Technology, 1995, 3(3-4):183-200.

[16] Brynjolfsson E, Hitt L. Computing Productivity: Firm-Level Evidence[J]. Review of Economics and Statistics, 2003, 85(4):793-808.

[17] Carney D, Hissan S A, Plakosh D. Complex COTS-based Software Systems: Practical Steps for Their Maintenance[J]. Journal of Software Maintenance: Research and Practice, 2000, 12(6):357-376.

[18] Castrogiovanni J Gary, Justis R, Julian S. Franchise failure rates: an assessment of magnitude and influencing factors[J]. Journal of Small Business Management, 1993, 31(2): 105-114.

[19] Chang H H, Chou H W. Drivers and Effects of Enterprise Resource Planning Post-Implementation Learning[J]. Behavior & Information Technology, 2011, 30(2):251-259.

[20] Chatterjee D, Grewal R, Sambamurthy V. Shaping up for E-commerce: Institutional Enablers of Web Assimilation in Firms[J]. MIS Quarterly, 2002, 26(2):65-89.

[21] Cohen L. Quality Function Development: How to Make QFD Work for You[M]. Boston: Addison Wesley Publishing Company, 1995.

[22] Cron William, Sobel Marion. The relationship between computerization and performance[J]. Information and Management, 1983(6):171-181.

[23] Cynthia Weston, Lynn McAlpine, Tino Bordonaro. A Model for Understanding Formative Evaluation in Instructional design[J]. Educational Technology Research and Development, 1995, 43(3):29-48.

[24] Darke P, Shanks G. Stakeholder viewpoints in requirements definition: A framework for understanding viewpoint development approaches[J]. Requirements Engineering, 1996, 1(2): 88-105.

[25] Das Sidhartha R, Zahara Shaker A, Warkentin Merrill E. Integrating the Content and Process of Strategic MIS Planning with Competitive Strategy[J]. Decision Science, 1991, 22(5):953-984.

[26] David I Cleland, William Richard King. Management: a Systems Approach[M]. New York: McGraw-Hill, 1972.

[27] Davis F D. Perceived Usefulness, Perceived Ease of Use and User Acceptance of Information Technology[J]. MIS Quarterly, 1989, 13(3):319-340.

[28] Dekleva S M. Software Maintenance: 1990 status[J]. Journal of Software Maintenance, 1992, 4(4):233-247.

[29] Dekleva S M. The Influence of the Information Systems Development Approach on Maintenance[J]. MIS Quarterly, 1992, 16(3):355-372.

[30] DeLone William H, McLean Ephraim R. Information Systems Success: The Quest for the Dependent Variable[J]. Information Systems Research, 1992, 3(1):60-95.

[31] DeLone William H, McLean Ephraim R. Measuring e-Commerce Success: Applying the DeLone & McLean Information Systems Success Model[J]. International Journal of Electronic Commerce, 2004, 9(1):31-47.

[32] DeLone William H, McLean Ephraim R. The DeLone and McLean Model of Information Systems Success: A Ten-year Update[J]. Journal of Management Information Systems, 2003, 19(4):9-30.

[33] Dishaw M T, Strong D M. Extending the Technology Acceptance Model with Task-Technology Fit Constructs[J]. Information and Management, 1999, 36(1):9-21.

[34] Drury D H, Farhoomand A. A Hierarchical Structural Model of Information Systems Success[J]. INFOR, 1998, 36(1-2):25-40.

[35] Farbey B, Land F, Targett. How to Assess Your IT Investment: A Study of Methods and Practices Management Today[M]. Oxford: Butterworth Heinemann, 1993.

[36] Gong B H, Sickles R C. Finite Sample Evidence on the Performance of Stochastic Frontiers and Data Envelopment Analysis Using Panel Data[J]. Journal of Econometrics, 1992, 51(1-2):259-284.

[37] Hannu Kivijarvi, Timo Saarinen. Investment in Information Systems and the Financial Performance of the Firm[J]. Information & Management, 1995, 28(2):143-163.

[38] Harris S E, Katz J L. Profitability and Information Technology, Capital Intensity in the Insurance Industry[C]. Proceedings of the 21st Annual Hawaii International Conference on System Sciences, 1988:124-130.

[39] Hartwick J, Barki H. Explaining the Role of User Participation in Information System Use[J]. Management Science, 1994, 40(4):440-465.

[40] Henderson J C, Venkatraman N. Strategic Alignment: a Model for Organizational Transformation through Information Technology Management in Transforming Organization [M]. New York: Oxford University Press, 1992.

[41] Henley J. Outsourcing the Provision of Software and IT-Enabled Services to India: emerging strategies[J]. International Studies of Management and Organization, 2006, 36(4):111-131.

[42] Hybertson D W, Ta A D, Thomas W M. Maintenance of COTS-Intensive Software Systems[J]. Journal of Software Maintenance: Research and Practice, 1997, 9(4):203-216.

[43] IEEE/EIA P 12207. 2. Standard for Information Technology-Software Life Cycle Processes Implementation Considerations [S]. Institute of Electrical and Electronics Engineers, 1997.

[44] Igbaria M, Iivari J. The Effects of Self-Efficacy on Computer Usage[J]. Omega, 1995, 23(6):587-605.

[45] Iivari, Netta. The Role of Organizational Culture in Organizational Change-Identifying a Realistic Position for Prospective is Research[J]. ECIS 2005 Proceedings, 2005.

[46] Irma Becerra Fernandez, Avelino J González, Rajiv Sabherwal. Knowledge Management: Challenges, Solutions, and Technologies[M]. Upper Saddle River: Prentice Hall, 2004.

[47] Ives B, Jarvenpaa S L. Applications of Global Information Technology: Key Issues for Management[J]. MIS Quarterly, 1991, 15 (1):33-49.

[48] Jackson C M, Chow S, Leitch R A. Toward an Understanding of the Behavioral Intention to Use an Information System[J]. Decision Sciences, 1997, 28(2):357-389.

[49] James Martin, Clive Finkelstein. Information Engineering[M]. London: Savant Institute, 1981.

[50] Jarvenpaa S, Ives B. Executive Involvement and Participation in the Management of Information Technology[J]. MIS Quarterly, 1991, 15(2):205-227.

[51] Jayanth J. Supply Chain Management: A Strategic Perspective[J]. The International Journal of Logistics Management, 1997, 8(1):15-34.

[52] Joan A Ballantine, Stephanie Stray. Information Systems and Other Capital Investments: Evaluation Practices Compared[J]. Logistics Information Management, 1999, 12(1/2):78-93.

[53] John Rockart. Chief Executives Define Their Own Data Needs[J]. Harvard Business Review, 1979(3):81-93.

[54] Kaplan R S, Norton D P. The Balanced Scorecard: Measures that Drives Performance[J]. Harvard Business Review, 1992, 70(1):71-79.

[55] Kemerer C. Software Complexity and Software Maintenance: A Survey of Empirical Research[J]. Annals of Software Engineering, 1995, 1(1):1-22.

[56] Kettinger William J, Lee Choong C. Pragmatic Perspectives on the Measurement of Information Systems Service Quality[J]. MIS Quarterly, 1997, 21(2):223-240.

[57] King John L, Edward L Schrems. Cost-Benefit Analysis in Information Systems Development and Operation[J]. Computing Surveys, 1978, 10(1):19-34.

[58] Learnonth G P, Merten A G. Operation and Evolution of Organization Information Systems[J]//Proceedings of the 2nd Conference of the European Cooperation on Informatics: Information Systems Methodology[C]. Springer Berlin Heidelberg, 1978.

[59] Lenos Trigeorgis. Real Options: Managerial Flexibility and Strategy in Resource Allocation[M]. Cambridge: MIT Press, 1996.

[60] Lichtenberg F. The Output Contributions of Computer Equipment and Personnel: A Firm-Level Analysis[J]. Economics of Innovation and New Technology, 1995, 3(4):201-218.

[61] Likert R. New Patterns of Management[M]. New York: McGraw-Hill, 1961.

[62] Loveman G W. An Assessment of the Productivity Impact of Information

Technologies [J]// Information Technology and the Corporation of the 1990s: Research Studies[C]. Cambridge: MIT Press, 1994.

[63] Lubbe S, Remenyi D. Management of Information Technology Evaluation-the Development of a Managerial Thesis[J]. Logistics Information Management, 1999, 12(1/2): 145-156.

[64] Lucas H C. Performance and the Use of an Information System[J]. Management Science, 1975, 21(8): 908-919.

[65] Mahmood M A. Associating Organizational Strategic Performance with Information Technology Investment: an Exploratory Research[J]. European Journal of Information Systems, 1993, 2(3): 185-200.

[66] Markus M L, Axline S, Petrie D, Tanis C. Learning from Adopters' Experiences with ERP-Successes and Problems[J]. Journal of Information Technology, 2000, 15: 245-265.

[67] Martin J Eppler, Dorte Witting. Conceptualizing Information Quality: A Review of Information Quality Frameworks from the Last Ten Years[C]. Proceeding of the 2000 Conference on Information Quality, 2000(7): 83-96.

[68] Mc Clure C. The three RS of Software Automation: Re-Engineering, Repository, Reusability[J]. Prentice-Hall, Inc., 1992.

[69] McFarlan F W, McKenney J L, Pyburn P. The Information Archipelago-Plotting a Course[J]. Harvard Business Review, 1983, 61(1): 145-156.

[70] Michael J Davern, Robert J Kauffman. Discovering Potential and Realizing Value From Information Technology Investments[J]. Journal of Management Information Systems, 2000, 16(4): 121-143.

[71] Michael Scriven. Evaluation Thesaurus[M]. SAGE Publications, 1991.

[72] Mike Kennerley, Andy Neely. Evaluation the Impact of Information Systems on Business Performance[C]. The Fifth International Conference of the European Operations Management Association, Trinity College Dublin, 1998(6).

[73] Mitra S, Chaya A. Analyzing Cost Effectiveness of Organizations: The Impact of Information Technology Spending[J]. Journal of Management Information Systems, 1996, 13(2): 29-57.

[74] Mooney J G, V Gurbaxani, K L Kraemer. A Process Oriented Framework for Assessing the Business Value of Information Technology[J]. The Data

Base for Advances in Information Systems, 1996, 36(1):15-23.

[75] Moore G, Benbasat I. Development of an Instrument to Measure the Perceptions of Adopting an Information Technology Innovation[J]. Information Systems Research, 1991, 2(3):192-222.

[76] Morrison C J, Brendt E R. Assessing the Productivity of Information Technology Equipment in U. S. Manufacturing Industries[J]. National Bureau of Economic Research, 1990, 79(3):471-481.

[77] Mukhopadhyat T, Kekre S, Kalathur S. Business Value of Information Technologies: a Study of Electronic Data Interchange[J]. MISQ, 1995, 19(2):137-156.

[78] Narayanan S, Balasubramanian S, Swaminathan J M. A Matter of Balance: Specialization, Task Variety, and Individual Learning in a Software Maintenance Environment[J]. Management Science, 2009, 55(11):1861-1876.

[79] Ng C, Gable G, Chan T. An ERP-Client Benefit-Oriented Maintenance Taxonomy[J]. The Journal of Systems and Software, 2002, 64(2):87-109.

[80] Paradi J C, Chehade R. Mutual Fund Performance Using DEA[A]. Working Paper, CMTE, Department of Chemical Engineering, University of Toronto, 1999.

[81] Paul A Strassmann. The Business Value of Computers: An Executive's Guide[M]. New Canaan: Information Economics Press, 1990.

[82] Paul Legris, John Ingham, Pierre Collerette. Why do People Use Information Technology? A Critical Review of the Technology Acceptance Model [J]. Information & Management, 2003, 40(3):191-204.

[83] Pinto J. Dennis P Slevin. Critical Factors in Successful Project Implementation[J]. IEEE Transactions on Engineering Management, 1987, 34(1):22-27.

[84] Pitt Leyland F, Watson Richard T, Kavan C Bruce. Service Quality: A Measure of Information Systems Effectiveness[J]. MIS Quarterly, 1995, 19(2):173-187.

[85] Premkumar G, King W R. An Empirical Assessment of Information Systems Planning and the Role of Information Systems in Organizations[J]. Journal of Management Information Systems, 1992, 9(2):99-125.

[86] Rai A, Lang S S, Welker R B. Assessing the Validity of is Success Models:

an Empirical Test and Theoretical Analysis[J]. Information Systems Research, 2002, 13(1):50-69.

[87] Rajiv D Banker, Richard C Morey. Efficiency Analysis for Exogenously Fixed Inputs and Outputs[J]. Operations Research, 1986, 34(4):513-521.

[88] Remenyi D, Arthur H Money, Michael Sherwood-Smith. The Effective Measurement and Management of IT Costs and Benefits[M]. Oxford: Butterworth-Heinemann, 2000.

[89] Ricardo Valerdi. The Constructive Systems Engineering Cost Model[D]. California: University of Southern California, 2005.

[90] Richard A Brealey, Stewart C Myers. Principles of Corporate Finance[M]. New York: McGraw-Hill, 1988.

[91] Robson W. Strategic Management & Information Systems[M]. England: Person Education Limited,1997.

[92] Ron A W. Information System Control and Audit[M]. Upper Saddle River: Prentice Hall, 1999.

[93] Saarinen T. An Expanded Instrument for Evaluating Information System Success[J]. Information and Management,1996, 31(2):103-118.

[94] Saiedian H, Henderson J. A Framework for Improving Software Maintenance Efficiency [J]. Journal of Computing and Information Technology, 1994,2(1):51-63.

[95] Schultz R L, Slevin D P, Pinto J K. Strategy and Tactics In a Process Model of Project Implementation[J]. Interfaces, 1987, 17(3):34-46.

[96] Scott J E. Post-Implementation Usability of ERP Training Manuals: The User's Perspective[J]. Information Systems Management, 2005, 22(2):67-77.

[97] Scott M Shafer, H Jeff Smith, Jane C Linder. The Power of Business Models[J]. Business Horizons, 2005, 48(3):199-207.

[98] Seddon P, Kiew M Y. A Partial Test and Development of the DeLone and McLean Model of IS success[J]. Australasian Journal of Information Systems, 2007, 4(1):90-109.

[99] Seddon P. A Respecification and Extension of the DeLone and McLean Model of is Success [J]. Information Systems Research, 1997, 8 (3): 240-253.

[100] Shari Shang, Peter B Seddon. Assessing and managing the benefits of en-

terprise systems: the business manager's perspective[J]. Information Systems Journal, 2002, 12(4):271-299.

[101] Sherry D Ryan, David A Harrison. Considering Social Subsystem Costs and Benefits in Information Technology Investment Decisions: A View from the Field on Anticipated Payoffs[J]. Journal of Management Information Systems, 2000, 16(4):11-40.

[102] Slater S F, J C Narver. Market Orientation and the Learning Organization [J]. Journal of Marketing, 1995, 59(3):63-74.

[103] Soh C, Markus M L. How IT Creates Business Value: A Process Theory Synthesis [C]. Proceedings of the Sixteenth International Conference on Information Systems, Amsterdam, 1995.

[104] Solano J, De Ovalles M P, Rojas T. Integration of Systemic Quality and the Balanced Scorecard[J]. Information Systems Management, 2003, 19 (4):64-79.

[105] Stan Brignall, Joan Ballantine. Performance Measurement in Service Businesses Revisited[J]. International Journal of Service Industry Management, 1996, 7(1):6-31.

[106] Stratopoulos T, Dehning B. Does Successful Investment in Information Technology Solve the Productivity Paradox? [J]. Information & Management, 2000, 38(2):103-117.

[107] Sumit Sircar, Joe L Turnbow, Bijoy Bordoloi. A Framework for Assessing the Relationship between Information Technology Investments and Firm Performance[J]. Journal of Management Information Systems, 2000, 16 (4):69-97.

[108] Szajna B. Empirical Evaluation of the Revised Technology Acceptance Model[J]. Management Science, 1996, 42 (1):85-92.

[109] Tallon P P, Kraemer K L. The Development and Application of a Process-oriented Thermometer of IT Business Value[J]. Working Paper, Center for Research on Information Technology and Organizations, University of California, Irvine, CA, 2004.

[110] Tallon P P. Value Chain Linkages and the Spillover Effects of Strategic IT Alignment: A Process-level View[J]. Journal of Management Information Systems, 2011, 28(3):9-44.

[111] Tan C W, Pan S L. ERP Success: the Search for a Comprehensive Frame-

work[C]. Proceedings of the 8th Americas Conference on Information Systems (AMCIS), 2002.

[112] Taylor S, Todd P A. Understanding Information Technology Usage: A Test of Competing Models[J]. Information Systems Research, 1995, 6(2):144-176.

[113] Teo T S H, Ang J S K. An Examination of Major is Planning Problems [J]. International Journal of Information Management, 2001, 21(6): 457-470.

[114] Thompson R L, Higgins C A, Howell J M. Personal Computing: Toward a Conceptual Model of Utilization[J]. MIS Quarterly, 1991, 15(1): 125-143.

[115] Thompson S H Teo, William R King. An empirical study of the impacts of integrating business planning and information systems planning[J]. European Journal of Information Systems, 1999, 8(3): 200-210.

[116] Turner J. Organizational Performance, Size and the Use of Data Processing Resources[D]. New York: Center for Reasearch in Information System, New York University, 1983.

[117] Venkatesh V Davis F. A theoretical extension of the technology acceptance model: four longitudinal field studies[J]. Management Science, 2000, 46(2):186-204.

[118] Venkatesh V, Davis F. A Model of the Antecedents of Perceived Ease of Use: development and test[J]. Decision Sciences, 1996, 27(3):451-481.

[119] Venkatesh V, Morris M G, Davis G B, et al. User Acceptance of Information Technology: Toward a Unified View[J]. MIS Quarterly, 2003, 27(3):425-478.

[120] Ward John, Griffiths P M. Strategic planning for information systems [M]. Hoboken: Wiley, 1996.

[121] Weill P. The Relationship between Investment in Information Technology and Firm Performance: A Study of the Value Manufacturing Sector [J]. Information Systems Review, 1992, 3(4):307-333.

[122] William R King. Strategic Planning for Management Information Systems [J]. MIS Quarterly, 1978, 2(1):27-37.

[123] Williams C. Client-vendor Knowledge Transfer in is Offshore Outsourcing: Insights from a Survey of Indian Software Engineers[J]. Information

Systems Journal,2010,21(4):335-356.

[124] Worthen Blaine R, Sanders James R, Fitzpatrick Jody L. Program Evaluation: Alternative Approaches and Practical Guidelines[M]. New York: Longman,1997.

[125] Wu J-H, Wang Y-M. Measuring KMS Success: a Respecification of the DeLone and McLean model[J]. Information & Management,2006,43(6):728-739.

[126] Zeithaml V, Parasuraman A, Berry L L. Delivering Quality Service: Balancing Customer Perceptions and Expectations [M]. New York: Simon and Schuster,1990.

[127] [美]肯尼思·C·劳东(Kenneth C Laudon),简·P·劳东(Jane P. Laudon).管理信息系统[M].第9版.劳帼龄,译.北京:中国人民大学出版社,2012.

[128] 蔡春,刘学华,等.绩效审计论[M].北京:中国时代经济出版社,2006.

[129] 蔡永明.企业信息系统投资价值评估及其优化策略研究[D].北京:北京交通大学,2007.

[130] 陈晓红,赖邦传.基于CMM的系统开发全面质量管理研究[J].系统工程,2002,20(2):57-62.

[131] 崔萌,张宏伟,王媛,等.基于层次分析法的生态校园评价体系[J].天津工业大学学报,2007,26(4):81-85.

[132] 龚代圣,杨栋枢,王文清,等.基于BP神经网络的信息系统运行质量评价模型[J].微型电脑应用,2011,11(12):9-12.

[133] 郭东强.现代管理信息系统[M].北京:清华大学出版社,2006.

[134] 韩亚利.关于信息化系统开发质量的分析和研究[J].机械研究与应用,2008,21(5):132-134.

[135] 郝晓玲,孙强.信息化绩效评价——框架、实施与案例分析[M].北京:清华大学出版社,2005.

[136] 郝晓玲,肖薇薇.信息系统绩效全过程评价体系研究[J].情报科学,2006,24(8):1223-1227.

[137] 侯伦,唐小我.企业信息化及其指标体系探讨[J].电子科技大学学报(社科版),2001,3(3):38-44.

[138] 虎巍.信息系统应用项目的绩效评价[J].广西科学院学报,2004,23(3):152-154.

[139] 姜旭平,姚爱群.信息系统开发方法[M].北京:清华大学出版社,1997.

[140] 李吉梅,宋铁英.信息系统服务质量评价研究综述[J].情报杂志,2007,26(4):26-29.

[141] 刘凌冰.信息系统绩效评价研究评述与未来研究[J].第九届全国会计信息化年会论文集(上)[C].上海,2010.

[142] 钱啸森.国外信息系统审计案例[M].北京:中国时代经济出版社,2007.

[143] 石跃军.计算机与管理信息系统基础知识讲座,1995.

[144] 孙建军,成颖,柯青.TAM模型研究进展——模型演化[J].情报科学,2007,25(8):1121-1127.

[145] 孙强.IT治理:中国信息化的必由之路[M].北京:机械工业出版社,2002.

[146] 孙强.信息系统审计:安全、风险管理与控制[M].北京:机械工业出版社,2003.

[147] 孙强,郝晓玲.金融企业信息系统绩效的综合评价机制[J].中国金融电脑,2006,(2):19-22.

[148] 唐志荣,湛素华.企业信息化水平评价指标体系研究[J].科学学与科学技术管理,2002,23(3):51-54.

[149] 熊晓元.企业信息化投资策略与评价研究[D].成都:西南交通大学,2002.

[150] 徐锦程.IT战略规划——实现IT目标与企业目标的战略集成[J].价值工程,2006,25(3):73-75.

[151] 许树伯.层次分析原理[M].天津:天津大学出版社,1998.

[152] 杨德胜,金在全,范叶平,等.基于熵权的信息系统运行质量评价模型及应用[J].现代电子技术,2012,34(22):24-26.

[153] 俞东慧,黄丽华,石光华.建立与企业战略相适应的IT战略的路径和方法研究——对UPS和FedEx的战略匹配案例研究[J].管理工程学报,2005,19(1):24-29.

[154] 于秀艳.信息系统绩效动态评价的权重确定方法研究[J].情报杂志,2007,26(1):115-116.

[155] 张金城.管理信息系统[M].北京:清华大学出版社,2012.

[156] 张玲玲,佟仁城.企业信息系统项目综合评价指标体系探究[J].中国管理科学,2004,12(1):95-100.

[157] 张青,黄丽华.IT投资价值评价研究综述[J].外国经济与管理,2003,25(6):35-40.

[158] 张维明,戴长华,陈卫东,等.信息系统原理与工程[M].北京:电子工业出版社,2004.

[159] ITGov.中国IT治理研究中心.http://www.itgov.org.cn.

附录

信息系统绩效评价与审计的相关标准和法规

一、国际相关标准与法规

(一) SOX 法案

2002年7月,为恢复投资者对财务报告的信心,美国国会通过并颁布了《萨班斯—奥克斯利法案》(SOX)。该法案的核心诉求是规避风险,完善内部控制,由于企业的业务运作已经非常信赖IT系统,因此IT控制已经成为企业内部控制的重要组成部分。虽然SOX法案的第302①条款和第404②条款本身没有直接涉及IT环境下的内部控制问题,但这个实质性条款影响到了SEC和PCAOB对内部控制(包括IT控制)的相关规范。

2003年6月,SEC发布的《最终规则:管理层的财务报告内部控制报告和交易法案定期报告中的披露的证明》认为COSO报告满足管理层对公司财务报告内部控制有效性评价的要求。2004年3月,根据SOX法案404条款以及SEC《最终规则》的要求,PCAOB发布了《审计准则No.2》,该准则中的几乎各个方面都涉及IT环境下的内部控制问题。

AICPA发布的《美国审计准则》第319节"在财务报表审计中对内部控制的考虑"全面接受了COSO框架,其中的第16~20条、第30~32条和第77~79条着重讨论了IT对财务报告内部控制的影响。

美国的内部控制规范考虑了IT对内部控制的影响,并将这种影响融入了其以COSO框架为基础构建的内部控制规范体系的各个规范中。

(二) COSO 内部控制框架

COSO内部控制框架是美国COSO委员会1992年发布的,COSO委员会的主要职责是对美国经济监管部门,如财务监督、审计等部门提出建议性指导。COSO报告的核心内容是对内部控制的定义、目标和要素做了规定。报告中提出内部控制由五部分组成：控制环境、风险评估、控制活动、信息与沟通以及监控。COSO 报告在内部控制的两个要素——"控制活动"和"信息沟通"中对 IT 控制做出了一些规定。

COSO 报告的"控制活动"将信息系统的控制分为一般控制和应用控制，一般控制通常包括数据中心操作控制、系统软件控制、数据访问安全控制和应用系统开发与维护控制。应用控制作用于各业务流程，有助于保证交易处理及授权的完整、准确和有效，包括对数据的格式、存在性、合理性等检查，这些控制功能内置在应用系统中。如果系统的控制功能设计正确，它们就能起到防止和及时纠正差错。

COSO 报告在"信息沟通"要素中提到必须将信息系统的规划、设计与实施同企业的整体战略整合在一起，提到要突破单纯的财务信息系统扩展到经营活动一体化的信息系统。

2004 年，COSO 委员会发布了 COSO-ERM 框架，将内部控制扩展到了企业风险管理领域，COSO-ERM 框架不仅满足内部控制的需要，还可以用于更广泛、全面的企业风险管理过程。COSO-ERM 框架和 1992 年的 COSO 报告一样，也主要在"控制活动"和"信息沟通"中对 IT 控制做出相关规定。但是因为时隔 12 年，信息技术已经有了翻天覆地的变化，所以该框架在技术上对一般控制和应用控制作了更为广泛、科学的描述。比如，引入了企业资源计划（ERP）、供应链系统（CRM）等概念。

（三）信息系统审计准则体系

ISACA（信息系统审计与控制协会）制定与颁布信息系统审计标准与实务指南来规范与指导信息系统审计师的工作。ISACA 信息系统审计标准提供三个层次的框架：(1)标准为信息系统审计和报告定义了强制性的要求；(2)指南为信息系统审计标准的实施提供了指引；(3)程序为信息系统审计师提供项目审计时可遵循的步骤范例。

第一层次：信息系统审计标准。信息系统审计标准是整个信息系统审计准则体系的总纲，是制定信息系统审计指南和信息系统审计程序的基础依据。它规定了审计章程及审计过程（从计划、实施、报告到跟踪）必须达到的基本要求，是 CISA（国际信息系统审计师）的资格条件、执业行为的基本规范。

第二层次：信息系统审计指南。信息系统审计指南是依据信息系统审计标准制定的，是信息系统审计标准的具体化，为信息系统审计准则体系中标准的实施提供了指引。

第三层次：信息系统审计程序。信息系统审计程序是依据信息系统审计标准和信息系统审计指南制定的。它为信息系统审计师提供了一般审计业务(尤其是审计计划和审计实施阶段业务)的程序和步骤,是遵守标准和指南的一些通常审计程序,它为信息系统审计工作提供了很好的范例。

(四) COBIT 标准

COBIT 第一版由信息系统审计与控制基金会(ISACF)于 1996 年发布。信息系统审计与控制协会(ISACA)及其相关的基金会在 1998 年创立 IT'治理研究院(ITGI),由 ITGI 制定并发布了 COBIT 第三版,加入了管理指南,以及扩展和加强了对 IT 治理的关注;ITGI 于 2005 年发布了 COBIT 第四版,这一版对 IT 某些过程进行了调整,强调了 IT 控制与 IT 治理五个领域的对应关系,为企业规划、实施和更新 IT 资产,进行全生命周期管理提供了良好的控制体系。2012 年,ISACA 发布了最新版 COBIT 5.0 版。

COBIT 提出组织的 IT 资源主要有四大类:人、基础设施、软件应用和信息;COBIT4 提出 34 个关键 IT 流程,分别归集到四个控制域:IT 规划和组织(PO)、系统获得和实施(AI)、交付与支持(DS)以及监控与评估(ME)。COBIT 5 更进一步地融合 IT 治理思想,并将关键 IT 流程区分成治理和管理两层面,两个层面总共包含 37 个关键的 IT 治理和管理流程。

(五) ISO 27001 标准

ISO 27001 最初源于英国标准 BS7799,经过十年的不断改版,终于在 2005 年被国际标准化组织(ISO)转化为正式的国际标准,于 2005 年 10 月 15 日发布为 ISC/IEC 27001:2005《ISO/IEC 27001:2005 信息技术-安全技术-信息安全管理体系-要求》。

该标准可用于组织的信息安全管理体系的建立和实施,保障组织的信息安全,采用 PDCA 过程方法,基于风险评估的风险管理理念,全面系统地持续改进组织的安全管理。

ISO 27001 从政策、技术、管理和人员四方面对信息安全提供了科学指导和相关的实施细则,总共包含 11 个安全要素,分别是:

1. 安全方针

制定信息安全方针,为信息安全提供管理指导和支持,并定期评审。

2. 信息安全组织

建立信息安全管理组织体系,在组织内部开展和控制信息安全的实施。

3. 资产管理

核查所有信息资产,做好信息分类,确保信息资产受到适当程度的保护。

4. 人力资源安全

确保所有员工、合同方和第三方了解信息安全威胁和相关事宜,他们的责任、义务,以减少人为差错、盗窃、欺诈或误用设施的风险。

5. 物理与环境安全

定义安全区域,防止对办公场所和信息的未授权访问、破坏和干扰;保护设备的安全,防止信息资产的丢失、损坏或被盗,以及对业务活动的干扰;同时,还要做好一般控制,防止信息和信息处理设施的损坏或被盗。

6. 通信和操作管理

制定操作规程和职责,确保信息处理设施的正确和安全操作;建立系统规划和验收准则,将系统失效的风险降到最低;防范恶意代码和移动代码,保护软件和信息的完整性;做好信息备份和网络安全管理,确保信息在网络中的安全,确保其支持性基础设施得到保护;建立媒体处置和安全的规程,防止资产损坏和业务活动的中断;防止信息和软件在组织之间交换时丢失、修改或误用。

7. 访问控制

制定访问控制策略,避免信息系统的未授权访问,并让用户了解其职责和义务,包括网络访问控制、操作系统访问控制、应用系统和信息访问控制、监视系统访问问和使用,定期检测未授权的活动;当使用移动办公和远程工作时,也要确保信息安全。

8. 信息系统的获取、开发和维护

标识系统的安全要求,确保安全成为信息系统的内置部分;控制应用系统的安全,防止应用系统中用户数据的丢失、被修改或误用;通过加密手段保护信息的保密性、真实性和完整性;控制对系统文件的访问,确保系统文档、源程序代码的安全;严格控制开发和支持过程,维护应用系统软件和信息的安全。

9. 信息安全事故

报告信息安全事件和弱点,及时采取纠正措施,确保使用持续有效的方法管理信息安全事故。

10. 业务连续性管理

目的是为了减少业务活动的中断,使关键业务过程免受主要故障或天灾的影响,并确保他们的及时恢复。

11. 符合性

信息系统的设计、操作、使用和管理要符合法律法规的要求,符合组织安全方针和标准,还要控制系统审核,使系统审核过程的效力最大化、干扰最小化。

(六) ISO 20000 标准

2001年,英国标准协会(BSI)正式发布了以ITIL为基础的IT服务管理英国国家标准BS15000。BS15Q00是世界上第一个针对IT服务管理的国家标准。2005年,BS15000正式发布成为ISO 20000国际标准。ISO 20000标准由两部分组成:

第一部分,ISO 20000-1:2005 "IT service management part 1: specification for service management",该部分内容规范了IT服务过程包含的13个流程,是认证的依据;

第二部分,ISO 20000-2:2005 "IT service management part 2: Code of practice for service management",这部分内容主要涉及IT服务管理过程的最佳实践指南,旨在为实施IT服务管理体系提供指导。

ISO 20000标准包括服务交付、控制、发布、解决和业务5大过程,共13个管理面,如附表1所示。

附表1 ISO 20000 的五大过程

服务交付过程	控制过程	发布过程	解决过程	业务过程
服务等级管理 服务报告 能力管理 服务持续性与可用性管理 信息安全管理 IT服务预算编制与会计核算	配置管理 变更管理	发布管理	事故管理 问题管理	业务关系管理 供应商管理

ISO 20000关注IT系统的运维,追求的是IT服务质量。正确实施ISO 20000能够增加信息系统正常运行的时间、迅速解决运维问题、加强系统的安全性,从而提高IT部门的服务质量。

(七) 联邦信息系统控制审计手册

2009年,美国审计总署(GAO)发布了《联邦信息系统控制审计手册》(FISCAM),是广泛用来评估信息系统控制的国际标准。FISCAM的IT控制框架如附表2所示。

FISCAM提出开展信息系统审计的总体流程,包括明确审计目标和全面了解信息系统审计范围,了解被审计单位关键业务流程,了解被审计单位网络架构,初步评价信息系统风险,识别关键控制点,制订审计计划,执行信息系统审计控制测试,撰写信息系统审计报告等。

附表2 FISCAM手册中的IT控制体系

一般控制(5大类)	实体安全控制
	访问控制
	应用软件开发和变更控制
	职责分离控制
	应急计划
应用控制(6大类)	应用级一般控制
	输入控制
	处理控制
	输出控制
	接口控制
	数据管理系统控制

(八) 全球技术审计指南

国际内部审计师协会(IIA)的全球信息技术审计指南(Global Technology Audit Guide,简称为GTAG)为首席审计执行官(CAE)和审计主管人员提供了有关信息技术管理、控制或安全方面最及时的问题。

在全球信息技术审计指南(GTAG)中,IT控制可区分为一般控制和应用管制,同时为了更好的评估角色和责任,把IT控制区分为三个层次:治理控制、管理控制和技术控制,如附图1所示。

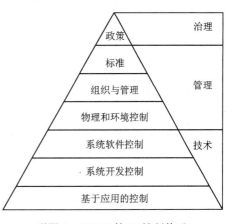

附图1 GTAG的IT控制体系

附图1中三种不同层次的控制要素并非互相排斥,它们是相互联系并互为补充的。治理控制通常是指信息管理方针和政策,IT绩效衡量机制和IT合规性等控制。管理控制通常包括系统开发标准、职责分离、变更管理、员工录用、IT员工培训、物理环境控制等。技术控制主要包括系统软件控制(操作系统,数据库系统,网络设备等),系统开发和获取控制,以及基于应用的控制(输入,处理,输出等)。

GTAG特别针对技术控制的相关主题,发布了相应的审计指南。自从2005年

发布第 1 号 GTAG 指南起至今,IIA 已发布了 15 项信息系统审计指南,如下所示:
- 指南 1:信息系统控制;
- 指南 2:变更与补丁管理控制:组织成功的关键;
- 指南 3:持续审计:确认、监督和风险评估的含义;
- 指南 4:信息系统审计管理;
- 指南 5:隐私风险的管理和审计;
- 指南 6:信息系统薄弱点的管理和审计;
- 指南 7:信息技术外包;
- 指南 8:应用控制审计;
- 指南 9:身份和访问管理;
- 指南 10:业务持续性管理;
- 指南 11:制订 IT 审计计划;
- 指南 12:IT 项目审计;
- 指南 13:舞弊预防与检测;
- 指南 14:用户自开发程序的审计;
- 指南 15:信息安全的治理。

(九) 信息系统审计手册(CISA Manual)

CISA Manual 是国际信息系统审计与控制协会(ISACA)开发的 CISA 考试的复习手册,已成为全球在信息系统审计,保障服务以及控制工作上经业界广泛认可的指南手册。该手册同样将 IT 控制区分为一般控制与应用控制两类(附表 3),并着重对一般控制如何审计进行详细阐述。

附表 3　CISA Manual 的 IT 控制体系

一般控制(5)	IT 治理
	信息系统与基础设施生命周期管理
	IT 服务交付与服务支持
	信息资产保护
	业务连续性与灾难恢复
应用控制(4)	输入控制
	处理程序和控制
	输出控制
	业务流程保证控制

CISA 手册中,一般控制审计共包括五项内容:

1. IT 治理审计:评估 IT 治理结构的效果;评估 IT 组织结构和人力资源管理;评估 IT 战略及其起草、批准、实施和维护程序等。

2. 信息系统与基础设施生命周期管理的审计:评估拟定的系统开发或采购,确保其符合组织发展目标;确保项目按项目计划进行,并有相应文档充分支持;评估系统的开发、采购和测试流程,确保其交付符合目标等。

3. IT 服务交付与服务支持的审计:评估服务管理实务,确保内部和外部服务提供商的服务等级是明确定义并受管理的;评估能力的使用和性能监控工具与技术;评估 IT 基础构架(网络、软硬件)功能,确保其对组织目标的支持等。

4. 信息资产保护的审计:评估网络框架和信息传输的安全;评估环境控制的设计、实施和监控,确保信息资产充分安全;评估保密信息资产的采集、存储、使用、传输和处置程序的流程等。

5. 业务连续性与灾难恢复的审计:评估组织的灾难恢复计划,确保一旦发生灾难,IT 处理能力可以及时恢复;评估组织的业务连续性计划,确保 IT 服务中断期间,基本业务运营不间断的能力等。

CISA Manual 中的应用控制有四项内容:

1. 输入控制:用于确保每一笔被处理的事务能够被正确完整地接受、处理和记录。确保只有合法、经授权的信息才能被输入,且只输入一次。

2. 处理程序和控制:用于保证应用程序处理的可靠性,包括数据确认和编辑检查程序,处理控制(保证计算数据的完整性和准确性),数据文件控制程序(系统控制参数,基础数据,主数据或平衡数据,事务文件)。

3. 输出控制:用于保证交付给用户的数据是符合格式要求的,可交付的,并以一致和安全的方式递交给用户。常见类型:输出报告分发、报告接收确认等。

4. 业务流程保证控制:指支持业务过程的应用系统中设计并内嵌的控制措施。可能是管理控制、自动控制或人工控制。比如,建立应用程序访问的职责分离机制,对访问权限进行阶段性审核与批准等。

二、国内相关标准与法规

(一)《中华人民共和国审计法》中有关条款

《中华人民共和国审计法》中第三十一条规定了审计机关有权获得财政财务收支电子数据和技术文档等资料,第三十二条规定审计机关有权检查运用电子计算机管理财政收支、财务收支电子数据的系统。

第三十一条　审计机关有权要求被审计单位按照审计机关的规定提供预算或者财务收支计划、预算执行情况、决算、财务会计报告,运用电子计算机储存、处理的财政收支、财务收支电子数据和必要的电子计算机技术文档,在金融机构开立账户的情况,社会审计机构出具的审计报告,以及其他与财政收支或者财务收支有关的资料,被审计单位不得拒绝、拖延、谎报。

被审计单位负责人对本单位提供的财务会计资料的真实性和完整性负责。

第三十二条　审计机关进行审计时,有权检查被审计单位的会计凭证、会计账簿、财务会计报告和运用电子计算机管理财政收支、财务收支电子数据的系统,以及其他与财政收支、财务收支有关的资料和资产,被审计单位不得拒绝。

(二)《中华人民共和国国家审计准则》中有关条款

2010年修订的《中华人民共和国国家审计准则》颁布,自2011年1月1日起实施。修订后的国家审计准则共分七章,包括总则、审计机关和审计人员、审计计划、审计实施、审计报告、审计质量控制和责任、附则,旨在规范和指导审计机关和审计人员执行审计业务的行为,保证审计质量,防范审计风险,发挥审计保障国家经济和社会健康运行的"免疫系统"功能。

新版国家审计准则分职业胜任能力、审计计划、审计实施、获取审计证据、作出审计结论、出具审计报告等共12个条款对信息系统审计的目标、内容、方法等作出了规定,表现出鲜明的关注信息系统以及信息技术环境下开展审计工作的特色。

比如第二十三条规定"审计组的整体胜任能力应当包括信息技术方面的胜任能力";第二十九条规定开展审计项目可行性研究,以及第六十条规定审计人员需调查"相关信息系统及其电子数据情况"等内容;第六十九条规定审计人员判断重要性时,要关注"是否属于信息系统设计缺陷";第一百三十五条规定审计发现被审计单位信息系统存在重大漏洞或者不符合国家规定的,应当责成被审计单位在规定期限内整改;第一百五十一条规定审计机关在审计中发现"关系国家信息安全的重大问题"时,可以采用专题报告、审计信息等方式向本级政府、上一级审计机关报告。其他典型条款列示如下:

第六十二条　审计人员可以从下列方面调查了解被审计单位信息系统控制情况:

(一)一般控制,即保障信息系统正常运行的稳定性、有效性、安全性等方面的控制;

(二)应用控制,即保障信息系统产生的数据的真实性、完整性、可靠性等方面的控制。

第六十三条　审计人员可以采取下列方法调查了解被审计单位及其相关

情况：

（一）书面或者口头询问被审计单位内部和外部相关人员；

（二）检查有关文件、报告、内部管理手册、信息系统的技术文档和操作手册；

（三）观察有关业务活动及其场所、设施和有关内部控制的执行情况；

（四）追踪有关业务的处理过程；

（五）分析相关数据。

第七十三条　审计组针对审计事项确定的审计应对措施包括：

（一）评估对内部控制的依赖程度，确定是否及如何测试相关内部控制的有效性；

（二）评估对信息系统的依赖程度，确定是否及如何检查相关信息系统的有效性、安全性；

（三）确定主要审计步骤和方法；

（四）确定审计时间；

（五）确定执行的审计人员；

（六）其他必要措施。

第七十六条　审计人员认为存在下列情形之一的，应当检查相关信息系统的有效性、安全性：

（一）仅审计电子数据不足以为发现重要问题提供适当、充分的审计证据；

（二）电子数据中频繁出现某类差异。

审计人员在检查被审计单位相关信息系统时，可以利用被审计单位信息系统的现有功能或者采用其他计算机技术和工具，检查中应当避免对被审计单位相关信息系统及其电子数据造成不良影响。

第八十七条　审计人员获取的电子审计证据包括与信息系统控制相关的配置参数、反映交易记录的电子数据等。

采集被审计单位电子数据作为审计证据的，审计人员应当记录电子数据的采集和处理过程。

第九十二条　审计人员可以采取下列方法向有关单位和个人获取审计证据：

（一）检查，是指对纸质、电子或者其他介质形式存在的文件、资料进行审查，或者对有形资产进行审查；

（二）观察，是指察看相关人员正在从事的活动或者执行的程序；

（三）询问，是指以书面或者口头方式向有关人员了解关于审计事项的信息；

（四）外部调查，是指向与审计事项有关的第三方进行调查；

（五）重新计算，是指以手工方式或者使用信息技术对有关数据计算的正确性进行核对；

（六）重新操作，是指对有关业务程序或者控制活动独立进行重新操作验证；

（七）分析，是指研究财务数据之间、财务数据与非财务数据之间可能存在的合理关系，，对相关信息作出评价，并关注异常波动和差异。

（三）信息安全等级保护相关标准

为推动我国信息安全等级保护工作，全国信息安全标准化技术委员会和公安部信息系统安全标准化技术委员会组织制订了信息安全等级保护工作需要的一系列标准，为开展安全工作提供了标准保障。

信息安全等级保护标准体系从技术和管理两方面对信息安全管理提出10个方面的要求。技术方面有物理安全、网络安全、主机安全、应用安全、数据安全与备份恢复；管理方面有安全管理机构、安全管理制度、人员安全管理、系统建设管理、系统运维管理。

部分典型标准列举如下：《计算机信息系统安全保护等级划分准则》、《信息系统安全等级保护基本要求》、《信息安全技术信息系统安全管理要求》、《信息安全技术信息系统安全工程管理要求》、《信息安全技术信息系统通用安全技术要求》、《信息安全技术网络基础安全技术要求》、《信息安全技术操作系统安全技术要求》、《信息安全技术数据库管理系统安全技术要求》、《信息安全技术服务器技术要求》、《信息安全技术信息系统物理安全技术要求》、《信息安全技术信息安全风险评估规范》、《信息安全技术信息安全事件分类分级指南》。

（四）灾难恢复规范标准

2005年4月，国务院信息化办公室联合银行、电力、民航、铁路、证券、税务、海关、保险国内八大重点行业，制定发布了《重要信息系统灾难恢复指南》，对国内各行业的灾难备份与恢复工作的开展和实施提供了指导和参考。

2007年7月，经过两年的实施以及广泛征求意见，《重要信息系统灾难恢复指南》升级成为国家标准《信息系统灾难恢复规范》（GB/T 20988—2007），并于2007年11月1日开始正式实施。

该规范规定了信息系统灾难恢复应遵循的基本要求，适用于信息系统灾难恢复的规划、审批、实施和管理。主要包括以下几部分内容：

● 灾难恢复行业相应的术语和定义；

● 灾难恢复概述（包括灾难恢复的工作范围、灾难恢复的组织机构、灾难恢复规划的管理、灾难恢复的外部协作、灾难恢复的审计和备案）；

● 灾难恢复需求的确定（包括风险分析、业务影响分析、确定灾难恢复目标）；

● 灾难恢复策略的制定（包括灾难恢复策略制定的要素、灾难恢复资源的获取方式、灾难恢复资源的要求）；
- 灾难恢复策略的实现（包括灾难备份系统计数方案的实现、灾难备份中心的选择和建设、专业技术支持能力的实现、运行维护管理能力的实现、灾难恢复计划的实现）。

该规范还对信息系统灾难恢复规范能力划分为6个等级，信息系统灾难恢复能力等级与恢复时间目标（RTO）和恢复点目标（RPO）具有一定的对应关系，如附表4所示。

附表4 灾难恢复能力等级及相应目标对应关系

灾难恢复能力等级	要　　求	恢复时间目标 RTO	恢复点目标 RPO
1. 基本支持	要求数据备份系统能够保证每周至少进行一次数据备份，备份介质能够提供场外存放；对于备用数据处理系统和备用网络系统，没有具体要求	2天以上	1天至7天
2. 备用场地支持	要求配备灾难恢复所需的部分数据处理设备，或灾难发生后能在预定时间内调配所需的数据处理设备到备用场地；要求配备部分通信线路和相应的网络设备，或灾难发生后能在预定时间内调配所需的通信线路和网络设备到备用场地	24小时以后	1天至7天
3. 电子传输和设备支持	要求每天至少进行一次完全数据备份，备份介质场外存放，同时每天多次利用通信网络将关键数据定时批量传送至备用场地。配备灾难恢复所需的部分数据处理设备、通信线路和相应的网络设备	12小时以上	数小时至1天
4. 电子传输及完整设备支持	在等级三的基础上，要求配置灾难恢复所需的所有数据处理设备、通行线路和相应的网络设备，并且出于就绪或运行状态	整小时至2天	数小时至1天
5. 实时数据传输及完整设备支持	要求每天至少进行一次完全数据备份，备份介质场外存放外，还要求采用远程数据复制技术，利用通信网络将关键数据实时复制到备用场地	数分钟至2天	0至30分钟
6. 数据零丢失和远程集群支持	要求实现远程实时备份，数据零丢失；备用数据处理系统与生产数据处理系统的处理能力一致，应用软件是"集群的"，可实时无缝切换	数分钟	0

灾难恢复能力等级越高，对于信息系统的保护效果越好，但同时成本也会急剧上升。因此，需要根据成本风险平衡原则（即灾难恢复资源的成本与风险可能造成的损失之间取得平衡），确定业务系统合理的灾难恢复能力等级。

（五）《内部审计具体准则第 20 号——信息系统审计》有关条款

为了规范组织内部审计机构及人员开展信息系统审计活动，保证审计质量，中国内审协会根据《内部审计基本准则》制定内部审计具体准则第 20 号—信息系统审计，自 2009 年 1 月 1 日开始实施。

该准则对信息系统审计的一般原则、信息技术风险评估、信息系统审计内容、信息系统审计方法、审计报告和后续工作共五个方面的内容进行了规定。

本节摘取相关典型条款列示如下：

第八条　信息系统审计划分为以下阶段：审计计划阶段、审计实施阶段、审计报告与后续工作阶段。

第十一条　制订信息系统审计计划时，应遵循其他相关内部审计具体准则规定的因素，同时针对信息系统审计的特殊性，审计人员还应充分考虑以下因素：

（一）高度依赖信息技术、信息系统的关键业务流程及相关的组织战略目标；

（二）信息技术管理的组织架构；

（三）信息系统框架和信息系统的长期发展规划及近期发展计划；

（四）信息系统及其支持的业务流程的变更情况；

（五）信息系统的复杂程度；

（六）以前年度信息系统内、外部审计等相关的审计发现及后续审计情况。

第十八条　信息系统审计通常包括对组织层面信息技术控制、信息技术一般性控制及业务流程层面相关应用控制的审计。

第二十五条　信息系统审计人员可以根据需要利用计算机辅助审计工具和技术进行数据的验证、关键系统控制/计算的逻辑的验证、审计样本选取等；审计人员在充分考虑安全的前提下，可以利用可靠的信息安全侦测工具进行渗透性测试等。